"L'étourdit"
de
Jacques Lacan

ラカン「レトゥルディ」読解

《大意》と《評釈》

佐々木孝次 著

せりか書房

ラカン「レトゥルディ」読解 ——《大意》と《評釈》 目次

第Ⅰ部　　3〜86

第Ⅱ部　　87〜168

第Ⅲ部　　169〜348

補足的評註——「あとがき」にかえて　349

第Ⅰ部

L'ÉTOURDIT

En contribuant au 50ᵉ anniversaire de l'hôpital Henri-Rousselle pour la faveur que les miens et moi y avons reçue dans un travail dont j'indiquerai ce qu'il savait faire, soit passer la présentation, je rends hommage au docteur Daumézon qui me l'a permis.

Ce qui suit ne préjuge, selon ma coutume, rien de l'intérêt qu'y prendra son adresse : mon dire à Sainte-Anne fut vacuole, tout comme Henri-Rousselle et, l'imagine-t-on, depuis presque le même temps, y gardant en tout état de cause le prix de cette lettre que je dis parvenir toujours où elle doit.

「レトゥルディ」
《大意》
　アンリ・ルーセル病院の創立 50 周年にあたって、私の学派の人たちと私に仕事が与えられた。それは患者紹介とそれに関連する患者（分析主体）と分析者の関係について理論的な考察を行なうことであったが、その機会を与えて下さったドーメゾン博士に感謝いたしたい。
　これから述べることは、いつもの私の習慣どおり、その宛先については、あらかじめ何の含みもない。私がサン・タンヌ病院で述べたことは、アンリ・ルーセル病院で行なったのとまったく同じように、言わば、地質学での「気孔」、生物学での「空胞」(vacuole)＊であって、いずれにしても同じように、私がいつもしかるべきところに届くと言っているような手紙（文字）の性質をもっていると思っていただきたい。

《評釈》

タイトル（L'étourdit）について。「レトゥルディ」と耳で聞けば、ふつうは動詞 étourdire の過去分詞が名詞化された語（L'étourdi）として、「うかつな者」「そそっかしい人」などと訳される言葉と受けとられるだろう。ところが、タイトルのように語尾に t をつけて書かれてみると、それは動詞 étourdire の直説法三人称の現在形か、過去形に定冠詞をつけた語であって、綴りのうえでは正しくない、つまり正書法上は誤りである。だが、その動詞には「ぼうっとさせる、うるさがらせる」などの意味があって、タイトルのような綴りは、定冠詞をとれば単純に「うかつな者」と音声上の同音異義語になる。

われわれが使う日本語には同音異義語が非常に多く、耳で聞く音声は、とっさに頭のなかで漢字に直してみないと、ときには言葉の意味が分からないほどであるから、とくに注目すべき現象ではない。しかし、そこには言葉の「聞き手」が、音声を文字として読む「読み手」になり、そこから言葉の意味作用が生まれるという過程が考えられる。精神分析は、解釈をおもな仕事にしているが、それは言われた音声を読むことである。言いかえると、それは音声を文字として聞き、それを読むことである。タイトルの「レトゥルディ」は、耳で聞く音声から、それを文字として読む過程に言葉の意味作用の謎があり、精神分析の実践上、理論上の課題は、それを解明することであるのを知らせようとしている。

────────────

（＊註）「空胞（vacuole）」は、学術用語で、地質学では固結した花崗岩などによく見られる球形に近い空間のこと。「気孔」「小孔」などと呼ばれている。また、生物学では「液胞」「空胞」などと訳され、植物や菌類に特有の細胞器官で、膜に囲まれた内部に水、無機塩などが含まれているが、中味そのものには定型がない。成熟した植物細胞では、その8〜9割の体積を占めるとされている。ラカンが、自分の「言うこと（le dire）」をどこであれ、いつも vacuole であると述べているのは、地質学

と生物学の用語上の連想から、そもそも、それが空洞であり、同時に、そこにある中味には定まった形がないとしているのである。すなわち、精神分析家のディスクールが始まるのは「見かけ」からであり、その内容は「対象 a」であるのを示唆している。

Je pars de miettes, certes pas philosophiques, puisque c'est de mon séminaire de cette année (à Paris I) qu'elles font relief.

J'y ai inscrit à deux reprises au tableau (d'une troisième à Milan où itinérant, j'en avais fait banderole pour un flash sur "le discours psychanalytique") ces deux phrases :

① **Qu' on dise reste oublié derrière ce qui se dit dans ce qui s'entend.**
② **Cet énoncé qui paraît d'assertion pour se produire dans une forme universelle, est de fait modal, existentiel comme tel : le subjonctif dont se module son sujet, en témoignant.**

《大意》
私は、はじめに二つの断片的な文をあげようと思うが、それらは、私が今年パリ第一大学で行なっている精神分析のセミネールであげたものなので、むろん哲学的な断片ではない。

私は、すでに二つの文をパリで二度板書したが、三度目は、場所がミラノに移って、そこでは「精神分析のディスクール」を説明するために、とくにそれを紹介した。文は、以下のとおりである。

①　ひとが言うことは、**聞かれることにおいて、言われたものの背後に忘れ去られる。**

② **この言表は、断定的であるかのようにみえて、全称形式で述べられているが、じつは様相的であり、まさしく存在的である。主語のとっている動詞の接続法が、そのことを知らせてくれる。**

《評釈》

①、②の番号は、テクストにはないが評釈する便宜のために付した。また、太字で表記した。

Miettes は、キルケゴールの『哲学的断片』の仏語訳のタイトル "Les miettes philosophiques" をもじっていて、二つの文が哲学的でないと断っているのは、精神分析のディスクールが、哲学のそれとはっきり違うのを強調しているかのようである。

ラカンは、1971年12月8日から翌72年6月21日まで、パリ大学で「ウ・ピール（…ou pire）」と題して16回のセミネールを行ない、その記録はジャック＝アラン・ミレールの編集によって出版されている。また、それに並行して71年11月4日から翌72年6月4日まで、パリのサン・タンヌ病院で「精神分析家の知（Le Savoir du psychanalyste）」と題した7回のセミネールを行なっている。こちらは、その記録が、通称アソシアシオン・グループから非売品として頒布されている。本論「レトゥルディ」は、末尾に7月14日の日付が記入されているから、二つのセミネールが終了した約一月後に脱稿したことになる。ちなみに、二つの断片が最初に板書されたのは、「ウ・ピール」のセミネールの最終回、6月21日である。

両セミネールと本論が書かれた前後の時期をみると、「ウ・ピール」の前年度の1971年1月13日から6月16日まで「見かけでないようなディスクールについて」（ミレール版、XVIII）と題して10回のセミネールを行なっている。その間の4月には、日本を訪れて、『エクリ』邦訳の出版社（弘文堂）と東京大学で話をしている。この旅行については、パリに戻ってから、5月12日のセミネールで「リチュラテールについて」と題して語り、みずから文章化して、同年の『リテラチュール』誌

に発表し、後に没後20年目に刊行された『オートル・ゼクリ』にも収録されている。続いて同年の12月から翌72年6月まで、「ウ・ピール」（ミレール版、XIX）のセミネールを行ない、その後、72年11月21日から翌73年6月26日まで、「アンコール」（ミレール版、XX）と題したセミネールを13回行なっている。

　ラカンが①②の断片を板書したのは、聴講生に「精神分析のディスクール」を講義するためだった。ディスクールは、本論のキーワードでもあり、本論は、精神分析のディスクールを他のディスクールと区別して、それを強調するためのラカンの「ディスクール論」であると言ってもよい。そこで、はじめにキルケゴールの書名をもじって「断片」としたのだが、とくに哲学のディスクールという固有のディスクールがあるわけではない。ディスクールは、ひとを「語る存在（être parlant. parlêtre）」とする精神分析にとって、ひとの語り方の一つである。その「語る」にはパロール（言）、ランガージュ（言語活動）、ラング（国語）など、いくつかの面から見た呼称がある一方で、本論では「言うこと（le dire）」「言われたもの（le dit）」「聞かれること（l'entendu）」が頻出する。ディスクールには、適当な訳語が見つからないが、それはひとが語ることによって、他のひとと社会的な絆を生みだしていく言語活動の実践面を指している。言いかえると、ひとがそれによってお互いのあいだに多少とも持続的な社会関係を作りあげていく話し方である。ラカンは、それを四つのタイプに分けて、「主人のディスクール」「ヒステリー者のディスクール」「大学人のディスクール」「分析者のディスクール」と呼んだ。ひとは、お互いにどういう言葉のやりとりをしようと、必ず四つのタイプのどれかのディスクールを実践しているのである。

　哲学に固有なディスクールはないと言ったが、それは、ひとが精神分析以外のどのディスクールを実践しても、それが哲学的とされたり、そう自称することができるからである。精神分析家は、よくソクラテスについて、症例として伝わる最初のヒステリー者と言うが、近代のヘーゲ

ルもニーチェも、まさしくヒステリー者のディスクールを実践したひとたちである。ただし、哲学者の「言うこと」や「言われたこと」は、それにとどまらず「主人のディスクール」にも「大学人のディスクール」にも移行できて、「分析者のディスクール」に移行するのも不可能ではない。ディスクールの本質的な特徴は、あるタイプからどのタイプへも移行することがありうる点である。その点について、ラカンは、「分析者のディスクール」を除いた三つのディスクールが、分析者のそれに移行する仕方の解明を本論で追究する。

そのようなディスクールは、各タイプに共通する四つの場所と、それぞれのタイプに応じて場所を移動する四つの要素からから成っている。共通する場所は、「見かけ」「大他者」「産出物」「真理」で、以下のように表示される。

$$\frac{見かけ}{真理} \quad \frac{大他者}{産出物}$$

四つの場所には、S_1(シニフィアン1)、S_2(シニフィアン2)、a(対象a)、$\mathcal{S}$の四つの要素が、例えば、主人のディスクールであれば、それらの要素が「見かけ」の場所から上記の順に現れる。

主人のディスクール $\quad \frac{S_1}{\mathcal{S}} \rightarrow\!\!/\!\!/ \frac{S_2}{a}$

上の例にならって、他の三つのタイプを示せば、次頁のようになる。
断片①と②について、上に表示したディスクールの仕組みに照らしてみると、二つの文はS_1、S_2として、①から②へと 場所を移動する要素とみることができる。例えば、主人のディスクールで、それらはS_1、S_2として「見かけ」と「大他者」の場所に、分析者のディスクールでは、

大学人のディスクール　　　　　$\dfrac{S_2}{S_1} \;\overset{\longrightarrow}{/\!/}\; \dfrac{a}{\cancel{S}}$

ヒステリー者のディスクール　　$\dfrac{\cancel{S}}{a} \;\overset{\longrightarrow}{/\!/}\; \dfrac{S_1}{S_2}$

分析者のディスクール　　　　　$\dfrac{a}{S_2} \;\overset{\longrightarrow}{/\!/}\; \dfrac{\cancel{S}}{S_1}$

「産出物」と「真理」の場所にあるとみることができる。「断片」は、どちらも複数の単語が並んだ文であり、それらをシニフィアン（1、2）と呼ぶのは、常識的でないとされるかもしれない。ソシュールの言語学などでは、シニフィアンは個々の言語記号の構成する要素とみなされ、単語の聴覚イメージのような表現面を指すとされている。しかし、精神分析では、個々の言語記号においてシニフィエとシニフィアンが対応するとか、適合するという考えから離れなくてはならない。ラカンは、「シニフィアンが、それとして措定されるのは、それがシニフィエとは何の関係もない、そのことによっている」、また「シニフィエは、耳とは何のかかわりもない。それは、シニフィアンとして聞かれたものから読みとられるものにかかわっている」（『アンコール』）と言っている。それはシニフィアンの移行だけが、精神分析で問題となるような意味作用を生むということである。しかし、それでは言語記号について、シニフィエの面をなぜ残す必要があるのかと問われるかもしれない。それは言語記号が、それ自体としては一元的な単位ではなく、本質的に二重性をもっているからであり、それゆえに、シニフィエの概念は、ソシュールの言うようにシニフィアンによって分節されたり、それと一枚の紙の表裏のような関係にあるのではないが、言語記号の概念にとっては必須である。ただし、ひとの住む世界を分節しているのは、あくまでひとの欲望であり、そのことよってひとが生きている社会集団の想像的世界を

記述することができるのである。そのさい、言語記号はつねにシニフィアンとして、これから読まれるべきものである。

　ディスクールにおける要素のつながりをみるために、ここで断片①と②を、主人のディスクールにおける「見かけ」と「大他者」の場所の S_1 と S_2 の関係として考えてみよう。①は、「言うこと」「聞かれること」「言われたもの」について述べており、それ自体がシニフィアンであって、主人のディスクールにおける「見かけ」であり、「大他者」の場所に向けて訴えている。それがシニフィアン2として、②の文になる。シニフィアン2は、内容的には①の文を検討し、注釈しているようにみえる。あるいは、①を言いかえているとみることもできる。そこでは、①の「断定的」「全称的」の語に「様相的」「存在的」という語が対置されている。すなわち、断定的なのは、動詞の形（rester の直説法、現在形）からそう見えるので、じつは様相的（dire が接続法の dise になっているのがその証拠）である。ここで言われている「断定（assertion）」「様相的（modal）」「全称形式（forme universelle）」「存在的（existentiel）」は、どれも論理学に関連した用語であり、断定と全称的は古典的な命題論理学にかかわり、様相的と存在的は様相論理学に関係している。命題論理学では、全称形式の断定によって、文の真偽を決定するが、様相論理学では、二値的な真偽とは別に、可能、不可能、必然、偶然など、もののあり方について述べるさいの規則を扱う。存在的は、古典論理学の全称形式の断定ではなく、そこで「特称形式（forme particulière）」で言われた「あるSはPである」を、「PであるようなSがある」という存在判断として述べたもので、あるSの個別的なあり方を様相としてとらえるのである。

Si le bienvenu qui de mon auditoire me répond assez pour que le terme de séminaire ne soit pas trop indigne de ce que j'y porte de parole, ne m'avait de ces phrases détourné, j'eusse voulu de leur rapport de signification démontrer le sens qu'elles prennent du discours psychanalytique. L'opposition qu'ici j'évoque devant être plus loin accentuée.

Je rappelle que c'est de la logique que ce discours touche au réel à le rencontrer comme impossible, en quoi c'est ce discours qui la porte à sa puissance dernière : science, ai-je dit, du réel. Qu'ici me pardonnent ceux qui d'y être intéressés, ne le savent pas. Les ménagerais-je encore, qu'ils l'apprendraient bientôt des événements.

《大意》
　私の聴講生のなかに歓迎すべき人がいて、セミネールの言葉に対してこう応じてくれるなら、すなわち、その言葉は、私がパロールによってそこで語ったことにまるきりそぐわないものではないと応じてくれて、そのことが私の関心を上記の文に留めておいてくれるなら、私は、やはりそれらの文がもつ精神分析のディスクールについての意味を、意味作用との関係から明らかにしようとすべきであろう。ただし、私がここでとくに指摘しているのは、意味と意味作用の対立であるから、それがずっと遠くの手がつけられないところへ行ってしまう前にそうすべきであろう。
　精神分析のディスクールは、論理によって現実界に達するが、それは不可能としての現実界に出会うことによっている。そこで、論理は精神分析のディスクールによって、現実界の最終的な力にまで到達するのである。それゆえ、私は、精神分析は現実界の科学であると言ったのである。私はそのことに関心をもちながらも、それを知らない人たちに、いま許していただきたい。私は、これからもその人たちを教育しなくてはならず、やがてその人たちはあれこれの出来事から、現実界との接触は不可能であるのを学ぶはずである。

《評釈》

われわれの言語活動（ランガージュ）は、精神分析のディスクールから、論理によって現実界の不可能に出会う。この不可能とは、前にあった様相の一つであり、言語活動によっては、そこに手が届かないということである。ディスクールの仕組みに戻ると、S_1 から S_2 へ、上記の文では①から②への行程、それは主人のディスクールでは「見かけ」から「大他者」への、精神分析のディスクールでは「産出物」から「真理」への場所の移動であった。不可能とは、この行程についての様相である。主人のディスクールでは、S_1 と S_2 を強引につなげる。それは①と②の文を論理によってつなげることであり、不可能を無理にも飛び越えることであるが、主人のディスクールは、それによって命脈を保つ。精神分析のディスクールでも、S_1 から S_2 への「産出物」から「真理」への行程は、つなげることができない。厳密には、様相の点からは可能であるが、それはけっして実現されない可能性で、じっさいには無力である。精神分析のディスクールが論理によって現実界と出会うというのは、それがランガージュによって現実界に達することの無力と不可能を受け入れることである。

そこで、こんどはディスクールの仕組みにおける場所と様相の関係を表示してみよう。

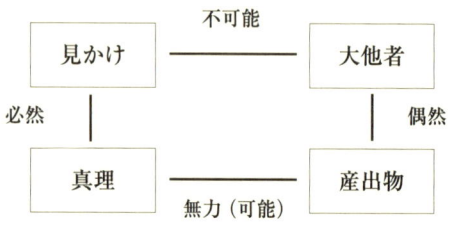

ディスクールが「見かけ」から出発するというのは、ひとを社会関係に導く言葉のやりとりが、あくまでもお互いの感覚的な接触から始まる

ということである。意味作用を生む言葉との出会いも、母子の接触がそうであったように感覚的な接触から始まる。古典的な命題論理は、ランガージュが真偽を明言できるとしているが、様相論理は、アリストテレスの古代から、言われたものと事象との合致、すなわちランガージュと真理の関係について断定をさしひかえている。一方、精神分析の論理は、もっと極端で、ディスクールにおいて産み出された「産出物」は、「真理」に達するのが様相的には可能であるものの、じつは無力であり、そこへの道はふさがれているとみなす。言いかえると、「見かけ」は「真理」の場所から必然的に生じるが、その「見かけ」から始まるディスクールの実践は、「真理」に到達することはできない。断片②は①から出発し、それを命題的にみえて、じつは様相的であると言っている。しかし、ディスクールによって、①から②への行程を完全につなげることはできない。主人のディスクールは、それを無理にもつなげようとするが、それは不可能である。

　「大他者」の場所は、断片②によって補完されないのである。その結果、さらにそこを補完しようとして、対象 a が産み出される。しかし、それはランガージュによってひとが分割されているという $\$$ の「真理」には届かないのである。

　四つのディスクールは、そのように「真理」への道はふさがれているが、どのディスクールもそれに直面して、こんどはもと来た道を時計の針とは逆方向に引き返す。主人のディスクールでは、対象 a が「大他者」の場所に戻り、S_2 が「見かけ」の場所に戻る。すると、そのディスクールは大学人のディスクールとなり、そのようにしてディスクールは移動する。分析者のディスクールも、S_2 への道がふさがれているので、S_1 が「大他者」の場所に戻り、$\$$ が「見かけ」に戻って、ヒステリー者のディスクールに移動する。分析者のディスクールが、他のディスクールと移動について異なるところは、S_1 と S_2 のつながりを、つまり断片①と②のつながりを、ランガージュにおいてはじめから妨げられているとして受け入れていることである。それが分析者のディスクールのいち

ばんの特徴であり、主人とヒステリー者のディスクールでは、あくまでつながりがあるとして、大学人のディスクールでは、つながりについて問わないかぎりで変化はしないが、分析者のディスクールは、はじめからランガージュにおけるディスクールの移動を予想している。

　現実界が不可能であるのは、語る存在であるひとがディスクールの論理によって現実界に近づこうとしても、それはできないからである。すなわち、ディスクールは現実界との出会いによって起こる「出来事（évènement）」を制御したり、支配したりすることはできない。出来事とは、語る存在が現実界との接触によって起こるさまざまな現象であるが、はじめに、ひとはそれと出会う。論理は、ひとが現実界と出会う出来事によって、真理に到達できないことを知らせてくれる。ひとは、ディスクールのそとで出来事に出会う。それによって、ひとはディスクールが真理に到達するのは不可能であるのを学ぶのである。ディスクールの各要素のつながりは、少なくとも様相的であって、それらを命題論理によってつなげることはできない。もし、それらが命題論理的につながるとすれば、各要素間の関係を断定的に確言することができるだろう。ひとの世界のランガージュは、そもそも出来事とは別の事象であり、それを利用して進行するディスクールは、出来事の事象と一つになることはない。したがって、各要素間の関係は、ディスクールのなかで命題論理的に確言することはできないのである。

　断片①と②の文が、精神分析のディスクールにおいてもつ意味については、意味作用との関係を考えなくてはならないと、ラカンは言う。さらに、はじめから意味と意味作用は対立すると断っている。では、二つの文すなわち S_1 と S_2 の意味とは何か。また、一般にシニフィアンと意味とはどういう関係にあるのか。シニフィアンは、意味作用を生むかぎりで意味とかかわりがあるのは言うまでもない。しかし、意味と意味作用の関係は単純ではない。意味作用（signification）は、「意義」とも邦訳されて、これはドイツ語のSinnの邦訳語でもあることから、フレーゲの「意味」と「意義」の関係が想起されるかもしれない。彼は、

「(言語)記号に結びつくものとして、すなわち、記号の意味（Bedeutung）と呼ぶものに加えて、記号の意義（Sinn）と私が名づけたものを考慮すべきである」（邦訳、『著作集』4、勁草書房、73頁）と述べている。そして、よく知られている「宵の明星」と「明けの明星」の例を出している。どちらも「金星」を指していて、「意味」は同一であるが、それらの「意義」は同一ではないと言う。しかし、そのとき二つの「明星」が指している「金星」という言語記号の対象が実在していると考えるなら、それはここで言及している意味と意味作用の関係とは根本的に異なる。

　ラカンの言う意味と意味作用の関係について、フロイトが論文「機知」のなかで紹介したユダヤの興味深い寓話を思いだしてみよう。「二人のユダヤ人があるガリチア地方の駅の汽車の中で出会う。『どちらへ？』と一人が尋ねる。『クラカウまで』と答えがかえってくる。『おい、お前さんはなんて嘘つきなんだ』と先の男が腹を立てて言う。『お前さんがクラカウまでと言うとき、ほんとうはレンベルクへ行くとわたしが思うように願っていたんだろう。ところがどうだ、お前さんは実際にクラカウへ行くじゃないか。なんでお前さんは嘘をつくんだ？』」（邦訳、『著作集』4、人文書院、25頁）。会話のなかで、クラカウを S_1 として「言われたもの」とすると、レンベルクは「聞かれたもの」としての S_2 であり、ディスクールの進行をうまく伝えている。クラカウとレンベルクの意味が、たんに東欧の地名でないのは明らかである。クラカウは、シニフィエとはそれとして結びつきのないシニフィアンそのものである。それが聞かれてレンベルクとなり、次のシニフィアンとして表現されると、そのあいだに意味作用が生まれる。意味作用は、あるシニフィアンが他のシニフィアンにとって代わるときに生まれるのであり、意味は、ソシュールの言語記号におけるシニフィエ（概念）のように、シニフィアンと紙の表裏のように結ばれているのではない。また、それ自体によって語を価値づけるわけではなく、あくまでもシニフィアンのつながりのなかで維持されるもので、その連関を探ろうとするのが解釈である。

　しかし、意味作用は、上の会話をとってみても突きとめるのは難しい。

クラカウとレンベルクのあいだに生まれる意味作用は、話すひとたちの欲望から探られるはずであるが、それを最終的な解釈によって言うことはできない。四つのタイプのディスクールは、それぞれの仕方で、ディスクールのなかの意味作用を安定させようとする。しかし、精神分析のディスクールが他の三つのディスクールと区別されるのは、それがはじめから論理的に道をふさがれているというアポリアを引き受けようとすることである。他の三つのディスクールは、語から語への意味作用の安定化に閉じこもろうとするが、精神分析のそれは、ディスクールにおける S_1 から S_2 への必然性、不可能性、偶然性のありさまを明らかにして、真理へのみずからの無力から引き返し、ディスクールを移動させ、変換させようとする。また、それはディスクールを現実的なものに直面するまで突き進めて、他のディスクールを揺り動かし、変換させようとすることでもある。そこで、ラカンは、精神分析は現実界の科学であると言うのである。

　精神分析は、ディスクールのなかの S_1 と S_2 には、つながりを最終的に確保するための仲立ちがないと考えている。これを言いかえると、それは「語る存在」であるひとのランガージュは、語と語の関係を確定する最終的な媒介項を欠いているということである。それゆえ、ラカンは、ひとの「性関係は存在しない」と言うのである。この文句は、かなり知られているが、もし、語るひとがディスクールによって「真理」に行きつくことができるなら、性関係は存在するだろう。精神分析は、むしろ、ランガージュの世界に住むひとにとって性関係はないという実際経験の集積から、ディスクールの仕組みを看破したと言うべきだろう。その結果、どのディスクールでも、いかなる方法によっても、意味作用の結果として、意味との最終的な出会いは不可能となった。

　意味と意味作用は、そうして遠ざかり、対立することになったが、もしディスクールのなかで両者が本当に乖離してしまったら、ディスクールそのものが実現しない。両者の何らかのつながりが、どうしても必要である。意味は、ディスクールのなかで維持されなくてはならず、その

ためには意味作用が多かれ少なかれ安定していなくてはならない。どのディスクールも、とくに精神分析を除く三つのディスクールは、もっぱら意味作用を安定させるのに力を注ぐ。それは当然のことかもしれないが、そのために三つのディスクールは、それぞれの行程を移動させようとはせず、ひたすらそれを固着的にくり返し、そこに閉じこもろうとする。そのあいだに、ランガージュとディスクールの仕組みは忘れ去られ、いつのまにか意味と意味作用の関係は、問われることもないほどに遠ざかる。精神分析が、ひとのランガージュにおいて問い直そうとするのは、そのようなディスクールにおける意味と意味作用の関係である。ラカンは、それが手のつけられないほど乖離してしまう前にそうしようと言うのである。

La signification, d'être grammaticale, entérine d'abord que la seconde phrase porte sur la première, à en faire son sujet sous forme d'un particulier. Elle dit : cet énoncé, puis qualifie celui-ci de l'assertif de se poser comme vrai, l'en confirmant d'être sous forme de proposition dite universelle en logique : c'est en tout cas que le dire reste oublié derrière le dit.

Mais d'antithèse, soit du même plan, en un second temps elle en dénonce le semblant : à l'affirmer du fait que son sujet soit modal, et à le prouver de ce qu'il se module grammaticalement comme : qu'on dise. Ce qu'elle rappelle non pas tant à la mémoire que, comme on dit : à l'existence.

La première phrase n'est donc pas de ce plan thétique de vérité que le premier temps de la seconde assure, comme d'ordinaire, au moyen de tautologies (ici deux). Ce qui est rappelé, c'est que son énonciation est moment d'existence, c'est que, située du discours, elle "ex-siste" à la vérité.

《大意》

意味作用は、文法にしたがって生まれてくるのであり、まずここでは、主語を「この言表（cet énoncé）」と特称形式で表現することによって、第2の文が第1の文をその対象にしているのを認めている。第2の文は、「この言表」について、それが「真」を措定する断定的な文であると言い、そのことは論理学のいわゆる全称の文形式によって確認されるとしている。すなわち、いずれにしても「言うこと」が「言われたもの」の背後に忘れ去られているのである。

しかし、第2の文は、反対命題（アンチテーゼ）として、文法的には同じ叙法に立っているのであるが、それを次の時点で「見かけ」であると告げるのである。そのさい、第1の文の主語（on）の動詞に接続法を用いていることから、じつはその叙法が様相的であって、文法的には、ひとの「言うこと」が「人が何と言おうと（qu'on dise）」に変調されているので、それと知られると言うのである。ここで第2の文が喚起しているのは、記憶というよりも、むしろ存在あるいは実存（existence）と呼ばれるものである。

第2の文は、第1の文について、このようなときいつも行なわれるように、ここでは二つのトートロジー（同語反復）を使って、第1の文が同じ水準に立って「真理」を措定しているわけではないと最初の時点から断言している。ここで喚起されているのは、第1の文の言表行為は、ディスクールから出発してはじめて位置づけされるような存在の時点であり、言表行為は、「真理」の「そとに位置する（ex-siste）」ということである。

《評釈》

ディスクールのなかでは、S_1 から S_2 へ進むうちに、S_2 は S_1 を引用して、もういちどくり返すことになるが、それは基本的にトートロジー（同語反復）である。断片①、②における二つのトートロジーとは、①の「忘れ去られる（reste oublié）」と「断定的であるかのようにみえる（paraît d'assertif)」は、同じ内容を別の言葉で表現した最初のトートロジーで、さらにそれを「全称形式（forme universelle）」と言ったのは、二つ目のトートロジーである。このように、②は、①を批判的に検討して、反対命題を述べているようだが、①と②のあいだに生まれる意味作用は、けっして確定されたものではなく、そこにはつねにあいまいな領域が残されていて、そこから精神分析の解釈における謎が生まれるのである。ラカンは、いわくありげな断片①と②を板書して、分析者の解釈は、けっして最終的なものではなく、いつも疑わしいもので、すっかり受け入れられないのが、むしろディスクールの本質なのだと、ことわっているかのようである。意味作用は、「言われたもの」と「聞かれること」のあいだから生まれてくるので、それはどの「話す存在」にとっても開かれたままなのである。

　ひとにとって何かを言うことは必然であり、何を言っても、そこから「言われたもの」が生まれる。しかし「言うこと」と「言われたもの」が同じでないのは、ことわるまでもない。「言うこと」としての言表行為は「言われたもの」をともなって、ディスクールのなかに、終始「見かけ」として現われる。それと同時に、「言うこと」は、「言われたもの」から離れる。それは、「見かけ」の場所に現われても、じつは、それとしてディスクールのなかにない。そこにあるのは、「言われたもの」（あるいは文）と「聞かれること」（あるいは意味作用）である。すなわち、「言うこと」は、象徴界や「真理」の領域のそとにある。

　Ex-siste は造語で、そとの場所にいることである。それは、むろん existence「存在」に関連した語である。「言うこと」がそとにあるとは、「存在」が「言われたもの」のそとにあることである。しかし、ひとの言語活動は、「存在」をディスクールのなかに押し込め、そこで確保しようとする。たしかに、ディスクールにおいて意味作用が安定的に維持されているあいだは、あたかも、そこに「存在」があるかのような想像にふけることができる。しかし、それはディスクールの様態に目を向けず、そのしくじりを糊塗するいとなみにすぎない。

ラカンは、第2の文が注意を促すのは、「記憶（mémoire）」というよりも「存在」であると言って、両者を対立させている。ここの記憶とは、「言われたもの」をくり返し、よみがえらせる心の働きだろう。それが、ひとのそれからの行動に影響を与え、ここではディスクールにおける意味の安定化に役立つのである。そういう心の働きによって、記憶は、「言われたもの」の想起から暗記へと変わる。たしかに、記憶には、決まり文句で分かったような気になるという、意味作用の安定を助ける一面がある。しかし、それは同時に、ディスクールのタイプを固定させて、「言われたもの」と「聞かれること」の関係を常同的に一定の枠にはめ込むのである。「言うこと」は、「言われたもの」のそとにあって、そういう記憶とは対立している。それは、ディスクールのなかに回収されないが、「言われたもの」は、そこで「真理」への道をふさがれている。「言うこと」によって、ひとがいるのは現実的な場所であり、そこは現実界と呼ばれるそとの場所である。

　Reconnaissons ici la voie par où advient le nécessaire : en bonne logique s'entend, celle qui ordonne ses modes de procéder d'où elle accède, soit cet impossible, modique sans doute quoique dès lors incommode, que pour qu'un dit soit vrai, encore faut-il qu'on le dise, que dire il y en ait.
　En quoi la grammaire mesure déjà force et faiblesse des logiques qui s'en isolent, pour, de son subjonctif, les cliver, et s'indique en concentrer la puissance, de toutes les frayer.
　Car, j'y reviens une fois de plus," il n'y a pas de métalangage" tel qu'aucune des logiques, à s'intituler de la proposition, puisse s'en faire béquille (qu'à chacune reste son imbécillité), et si l'on croit le retrouver dans ma référence, plus haut, au discours, je le réfute de ce que la phrase qui a l'air là de faire objet pour la se-

conde, ne s'en applique pas moins significativement à celle- ci.

《大意》
　ここで、必然の様相がどのようにやってくるかを見ることにしよう。「言われたもの」が真である可能性（じつは、真に行きつくための無力性）が実現するためには、何を言うにせよ、それが言われなくてはならない。すでに、それは「言われたもの」が「言うこと」の偶然性（qu'on dise）に拠っているのを明らかにしている。しかし、断片①と②では、文のつながりによって、そのことは隠されている。とはいえ、様相は扱いやすくはないが、少しずつ、いずれ不可能に近づくのである。どういう道をとっても、そこに「言うこと」があるのは変わらない。それは、様相概念を取り入れた良い論理学によって分かるのである。
　文法は、そういうところからすでに論理学の力と弱さを推し測っているのである。どういう論理学であろうと、接続法のためにそこから切り離され、命題はそれぞれが孤立しているのであって、それゆえに論理学は、ひたすらすべての文をつなげて道をつけることに力を用いざるをえない。
　そこで、私はもういちど「メタ言語学は存在しない」という、いつもの主張に戻ろう。論理学は、いずれにしても命題の名のもとに松葉杖（béquille）をついて歩くことはできるだろうが（ただし、どの論理学にも、それはいつまでたっても支えにならない（imbécillité）が）、もし、私が上に述べたことに照らして、だれかがそのとおりだと考えるとするなら、それは違うと言いたい。というのも、断片①の文は、②の文の対象となっているようにみえるかもしれないが、やはり意味作用の面からすれば、はっきりとつながっているからである。

《評釈》
　論理学には、命題文をつなげることによって真偽を最終的に決定する力はない。断片①の文には、動詞の接続法（dire → dise）が使われてい

る。ラカンは、仏語文法における動詞の使用例によってその理由を説明している。接続法は、印欧諸語にみられる動詞の叙法で、願望や仮定や譲歩など、総じて不確実な状態を表現しようとしている。とくに、現代の仏語では、動詞の直説法を補うように、主語の想念を表わす叙法として常用されている。けれども、仏語と日本語を比べてもすぐ分かるように、世界中の国語に共通する叙法はない。しかし、だからといって「真理」をたどる論理学のつまずきを、ある国語の文法から説明しようとするのは見当はずれではない。ひとが文をつないで、そこに想念が表現されるのは当然だが、そのさい、どこの国語でも、文の表現に何らかの文法的規則が関与してくると思われるからである。

そこで、ここではある国語の文法を越えて、ひとが広く「語ること」において従っているランガージュの規則と論理学とを検討しているとみられる。そうしてみると、論理学の弱さは、メタ言語（メタ・ランガージュ）は存在しないという主張と密接に関係しているのが分かる。メタは、個別的なものを集めて統合する、より高い次元を表わしているが、そこで包括されたものは分離したままではいけない。もし、そういう次元のランガージュがあれば、それはディスクールを含めたあるランガージュをさらに対象化することができるだろう。しかし、そもそもあるランガージュの効果として生まれているディスクールに、その要素である S_1 から S_2 へのつながりが欠けているのだから、ある文は、前の文を完全に対象化することはできない。したがって、あるランガージュを対象化できるような高い次元のランガージュはないのであって、もしあるなら、論理学によってすべての文をつなげる道が見つかるはずである。

しかし、論理学の道具には力がない。それをbéquille（松葉杖）に喩え、imbécillitéに掛けている。この語は、ふつう「愚かさ、馬鹿らしさ」などと邦訳されているが、語源的には「杖がない（imbecilitas）」ということらしい。あるいは、嘴（beccus）がない、武器がない（sans bec）に通じるだろうか。いずれしても、論理学はその手段が、目的をとげられないのである。だが、ラカンは、ある文が別の文を対象化するのに必

ず失敗するにしても、ランガージュには他のつながりがあると言う。①の「言われたもの」は、②の「言われたもの」によって反駁されているが、そこには①の「言われたもの」を否定する②の「言うこと」がなくてはならない。そこで、②の「言うこと」が、①と②のいずれの「言われたもの」に対しても、そとの関係にあるのが明らかになっている。分析者は、分析主体の「言うこと」のなかから文字を聞きとって、それを読むのだと言ったが、その読みは、解釈として告げられる。むろん、そこにも分析者の「言われたもの」とともに、彼の「言うこと」があって、分析主体の「言われたもの」は、分析者の「言われたもの」とは論理的につながらない。分析者の「言うこと」は、彼の欲望を荷なっているが、そこからお互いの「言われたもの」のあいだに謎が生まれる。にもかかわらず、分析者は聞きとった文字としてのS_1をS_2につなげようとする。そこで、分析者のディスクールでは、S_1とS_2をつなぐのは謎であると言ってもよい。それは真理へ行きつけずに引き返し、時計の針と逆方向に別のディスクールへ向かおうとする。すなわち、自己のディスクールにつまずいて、別のタイプのディスクールを巡回しようとするのである。それはあたかも、四つのディスクールに輪舞を仕掛けるかのようである。そして、三つのタイプの別のディスクールがそれぞれの意味作用を安定させて、そこに閉じこもろうとするのに待ったをかける。分析者のディスクールは、そのしくじりを隠さずに、四つのディスクールが根本の無能力そのものによってつながっているのを、以下のような図によって示そうとしている。

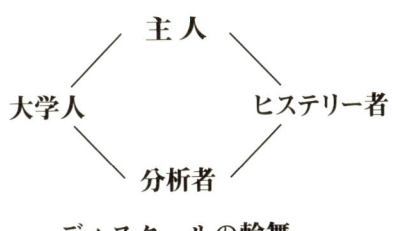

ディスクールの輪舞

Car cette seconde, qu'on la dise reste oublié derrière ce qu'elle dit. Et ceci de façon d'autant plus frappante qu'assertive, elle sans rémission au point d'être tautologique en les preuves qu'elle avance,

— à dénoncer dans la première son semblant, elle pose son propre dire comme inexistant, puisqu'en contestant celle-ci comme dit de vérité, c'est l'existence qu'elle fait répondre de son dire, ceci non pas de faire ce dire exister puisque seulement elle le dénomme, mais d'en nier la vérité — sans le dire.

A étendre ce procès, naît la formule, mienne, qu'il n'y a pas d'universelle qui ne doive se contenir d'une existence qui la nie. Tel le stéréotype que tout homme soit mortel, ne s'énonce pas de nulle part. La logique qui le date, n'est que celle d'une philosophie qui feint cette nullibiquité, ce pour faire alibi à ce que je dénomme discours du maître.

《大意》
というのも、第二の文は、たとえひとがそれを言ったところで、やはりそれは言っているものの背後にいつまでも隠れているからである。それはまさしく断定的に言われ、文そのものが暗黙のうちに証拠を提出しているように、まっすぐ同音異義的であるところにまで突き進んでいるので、いっそう印象的である。すなわち、それは第一の文のなかに見かけを嗅ぎつけて、それ自体の「言うこと」を存在しないとしているのだが、それというのも、第二の文は、真理を「言われたもの」としている第一の文に異議をとなえながら、第一の文がそれを「言うこと」によって第二の文に応答させているのは存在であるのに、じつはそれに名をつけたのみで、自分の「言うこと」を存在させたわけではなく、第一の文の真理を否定しているからである。

この成りゆきをみると、私のあの定言が浮かんでくる。すなわち、そ

れを否定するような存在によって支えられないほどの定言はない。普遍的な定言は、必ずそれを否定する存在によって支えられているのである。あのお決まりの常套句「すべての人は死す」をみても分かるように、それはついぞ、どこかで言われたことはない。たとえ言われたところで、それは「言うこと」とは無関係である。その文句を歴史に記した論理学は、私が主人のディスクールと呼ぶものを、そんなものはないと言い訳するために作りあげた、あの無時間性、無空間性を装った哲学の理屈にすぎないのである。

《評釈》
　「すべての人は死す」と言われた場所はどこにもないというのは、「言われたもの」と「言うこと」が、お互いに別の場所にあるからである。それゆえ、「すべて」によって普遍的な定言を告げるときは、その「すべて」からそのひとの「言うこと」は除かれる。普遍は、その普遍を否定する存在がなくては、「言われたもの」にならない。ひとは「言うこと」によって存在しているが、その存在は普遍のそとにある（ex-siste）から、「言われたもの」をいくら集めても存在をつかまえることはできない。普遍的な定言は、ひとの存在、すなわち「言うこと」を排除した「言われたもの」である。ひとは、語る存在として、あらゆるディスクールにつきまとうこの障壁に悩まされてきた。そこで、ひとは「言われたもの」によって、あたかも「言うこと」が存在しないかのように、あるディスクールのなかに閉じこもろうとしてきたのである。
　しかし、分析者のディスクールは、常套句を並べて意味作用を安定させているディスクールを動揺させようとする。「言われたもの」と「聞かれること」のあいだに、主人のディスクールとは別の動きを誘発しようとするのである。

Or ce n'est pas de ce seul discours, mais de la place où font tour d'autres (d'autres discours), celle que je désigne du semblant, qu'un dire prend son sens.

Cette place n'est pas pour tous, mais elle leur ex-siste, et c'est de là que s'hommologue que tous soient mortels. Ils ne peuvent que l'être tous, parce qu'à la mort on les délègue de cette place, tous il faut bien, puisque c'est là qu'on veille à la merveille du bien de tous. Et particulièrement quand ce qui y veille y fait semblant du signifiant-maître ou du savoir. D'où la ritournelle de la logique philosophique.

Il n'y a donc pas d'universel qui ne se réduise au possible. Même la mort, puisque c'est là la pointe dont seulement elle s'articule. Si universelle qu'on la pose, elle ne reste jamais que possible. Que la loi s'allège de s'affirmer comme formulée de nulle part, c'est-à-dire d'être sans raison, confirme encore d'où part son dire.

《大意》

さて、「言うこと」が意味をもつのは、この主人のディスクールにかぎったことではない。意味は、私が「見かけ」と名をつけて指定した場所から生まれるのであり、そこでは主人のディスクールの S_1 が S_2、a、$\mathcal{8}$ と次つぎに姿を変えて、あるディスクールから別のディスクールへ移動するのである。

その場所は、みんなにとってあるのではなく、みんなのそとにある。それゆえに、みんなが死ぬだろうと言っても、それが承認される（s'hommologue）のである。そして、ひとはそうやってみんなをその場所から死の方へ送りだすのである。みんなにそれが必要なのは、ひとがそうやってみんなの幸福のすばらしさに気を配っている（veille à la merveille）からである。とりわけ、それに気を配ることで、そこに主－

シニフィアンや知が生まれ、そこから哲学的論理学の決まり文句がくり返されるのである。

　それゆえ、可能に還元されないような普遍はない。死ですらそうであって、そこには、たんに死が口にされるような切っ先があるからである。たとえ、ひとが死を普遍的であるとして措定しても、死は、いつまでもただ可能としてある。法は、それを告げる場所はどこにもないものとして、すなわち理性のないままに告げられるものとして、みずからを明らかすることで重荷を下ろしてほしい。さらに、その「言うこと」がどこからやってくるのかをしっかり確かめてほしいものである。

《評釈》
　多くの生きものが外界に接して、何らかの反応を示すとき、その根底にある能力は感覚と呼ばれる。ひとは語る生きものであるが、生きる世界との最初の接触は、やはり感覚的である。「見かけ」は、その感覚と切り離せない。ここでは、それをひとの言語行為と「意味」につないでいるが、「見かけ」は、外界から感覚に訴えてくる最初の合図である。それは「意味」が生まれるところであるが、それ自体には意味がない。カエルは、目の前を飛び交う蚊などの昆虫を感覚でとらえ、反応するけれども、蚊がカエルにとって意味があると言うなら、それはカエルを擬人化しているのである。「意味」は、言語活動を行うひとだけにかかわる現象である。ひとは語ることによって、それ自体としては意味のない「見かけ」から「意味」を生んでいくのである。

　言語活動が「意味」を生むのは、主人のディスクールにかぎらないが、そこにおける S_1 から S_2 の行程を例にとれば、説明しやすい。ラカンは、二つの断片を例にあげて、かりにそれらが主人のディスクールとして言われたならば、ディスクールのなかでそれらが論理的につながるのは不可能とするのだが、それらを断片のような文ではなく、例えば「人間」と「自由」のような単語に変えて意味の生成を考えてみよう。それらは音声であっても、文字であっても、あくまで「見かけ」である。む

ろん感覚的に受容された刺激に、それらについての記憶が関与することはあるが、それはずっとあとからの現象であって、辞書の説明をすっかり覚えていたところで、刺激としてそれらが与えられたときは、そのつど「見かけ」であることに変わりはない。それらは論理的につながらないとしても、その行程において意味を生成する。意味は、そこからしか生まれない。例えば「人間は自由である」とつなげるところから意味が生まれる。

しかし、「私」がそれらの単語を言うとして、私の「言うこと」を「言われたもの」のそとにおいてみよう。すると、例えば「私は人間である」、「人間は自由である」、「私は自由である」とすると、そこにおいて「私」の「言うこと」が、「私」について「言われたもの」とつながるのは非常に疑わしい。「人間」は、心のなかの表象が単語になったものとしてはS_1であり、同じく「自由」は、S_2である。ラカンは、このS_2を知（識）（savoir）と呼ぶ。例えば、それは辞書ですでに説明されている内容であり、「人間は自由である」という文を読んで、それを記憶するときの、「自由」というS_2である。ラカンは、前に、意味と意味作用は対立し、遠くにかけ離れることがあると言った。それは「見かけ」から意味が生成される過程を意味作用とし、これがつねに運動しているとはかぎらず、意味はしばしば固定してしまうからである。知（識）は、S_2として、多かれ少なかれ凝固した意味の内容を指している。

「見かけ」には、そういう意味がなく、ひとがたんに感覚的にとらえるものである。聴覚からの音声も、視覚からの文字も、そもそも「見かけ」であることに変わりはない。けれども、その後のひとの言語活動が、例えば「人間は自由である」の「人間」を「みんな」として象徴的な領域に編入する。それが「みんな」のそとにある「見かけ」を、ディスクールとしてひとの世界に引き入れるのである。「承認される（s'hommologue）」とは、ひとの象徴的な世界で起こることである。この単語は、ラカンの掛け言葉で、homme（男性）と logique（論理）を一語にしているが、hommeは、「人間」の意味でもある。それを仏語の再帰動詞として使っている

が、造語の意味は、「男性は、普遍的な人間を自分で論理的に承認している」となろう。

「レトゥルディ」は、ラカンのディスクール論であると言ったが、その造語も、本論のもう一つのテーマにとって重要な意味をもっている。それは後に詳しく言及されるような、彼のいわゆる「性別化の論理」のテーマである。男性は全称と普遍を骨子とした論理によって S_1 と S_2 をつなぎ、二つのシニフィアンの無時間的、無空間的なつながりを語ることができると主張するが、それは真実らしさを装って、それを真理としているにすぎない。そうやって、性関係の不在を隠蔽しようとしているが、同時に、それは現実界から遠ざかることである。ひとにとっては、死でさえも現実的ではない。それは「言われたもの」であり、「見かけ」の場所で現実界から追い出され、みんなのディスクールのなかに引きずり込まれるのである。承認する（homologuer）とは、全称命題があたかも普遍を語った真理であるとして、認証されることである。男性は、そうやってみんなに定言を告げようとするが、それによって主語と述語をつなぐことはできない。

次に、ラカンは、母親の気配りが性関係の不在を埋め合わせていると言っている。やはり掛け言葉であるが、「たいそうなことに気を配る（veille à la merveille）」と書いて、「母親（mère）」が「たいそうなこと」に「気を配る」とほのめかしている。そして、そこにスローガン（主-シニフィアン）と知識を加える。それは、いわゆる快楽主義と功利主義の二大要素である。ひとは、昔から母親に注意深く見守られて、安全で、豊かな「幸福（善、財）」を目指してきた。いつも、それには激励を含んだ命令と知識がともなっていたが、「理性」という一見して非常に抽象的な内容をもつ言葉も、それと無関係ではない。それも「見かけ」の場所に登場したシニフィアンであり、母親というもっとも感覚的な対象に、それが代わったのである。母親は、それぞれのひとにとって個人的で、まったく特称的な存在であるかもしれないが、それが非常に観念的で、普遍的な「理性」につながり、実践のうえでも認識のうえでも、命令や

知識を継承している。しかし、母親の幸福も理性の普遍も、「見かけ」の場所から「言うこと」を追い出してしまった後に登場した「言われたもの」であって、換言すれば現実的にあるわけではない。それゆえ、「法」は、「理性」なしに「言われたもの」として、みんなに告げられるのである。

Avant de rendre à l'analyse le mérite de cette aperception, acquittons-nous envers nos phrases à remarquer que "dans ce qui s'entend" de la première, se branche également sur l'existence du "reste oublié" que relève la seconde et sur le "ce qui se dit" qu'elle-même dénonce comme, ce reste, le couvrant.

Où je note au passage le défaut de l'essai "transformationnel" de faire logique d'un recours à une structure profonde qui serait un arbre à étages.

Et je reviens au sens pour rappeler la peine qu'il faut à la philosophie
— la dernière à en sauver l'honneur d'être à la page dont l'analyste fait l'absence — pour apercevoir ce qui est sa ressource, à lui, de tous les jours : que rien ne cache autant que ce qui dévoile, que la vérité, Ἀλήθεια= *Verborgenheit*.

Ainsi ne renié-je pas la fraternité de ce dire, puisque je ne le répète qu'à partir d'une pratique qui, se situant d'un autre discours, le rend incontestable.

《大意》
精神分析は、そういうことにはっきり気づいているが、その長所を言う前に、もういちどあの二つの文に目を向けてみよう。そこでは、第一

の文の「聞かれることにおいて」は、第二の文が問題にしている「忘れ去られる」の存在につながっている。また、それは「言われたもの」にもつながっているが、これは当の第二の文によって「言われたもの」の残滓を覆い隠してしまうものであると告げられている。

それゆえ、私は、いわゆる階層樹形図で示されているような深層構造に依拠する論理学について、それを生みだしている≪変換的≫な試みの欠点を、ここでついでに指摘しておこう。

さて、ここで「意味」に戻って、哲学にまつわるその苦労を思い起こしてみよう。哲学は、世事万端に通じて「意味」の名誉を守ろうとしているが、分析者は、それが不在であると主張するのである。それは「意味」がつね日頃に発揮している力の根源がどういうものであるかをはっきり知るためでもある。何ものも、隠れなきものほど、隠すものはないのである。そこで、真理は、$Aλήθεια$ = Verborgenheit である。

だから、私は「言うこと」がわれわれと親しい関係にあるのを否定しない。分析の経験から、私はただ「言うこと」をくり返し強調しているだけであって、それというのも分析の実践は、つねに分析のディスクールとは別のディスクールによって位置づけられて、そのことが「言うこと」を動かしがたい、明白なものにしているからである。

《評釈》
第一の文には動詞が四つ（「言う」「聞かれる」「言われた」「忘れ去られる」）あり、「言う」は接続法現在形で、あとは直説法現在形である。第二の文は、第一の文の動詞「忘れ去られる」が直説法を用いているにもかかわらず、文が全体として様相的であるのをあばいている。ここで、「言うこと」と「言われたもの」との関係は、「言うこと」が「聞かれること」によって「言われたもの」の背後に「忘れ去られる」のである。しかし、そのことは第一と第二の文の関係についても言える。第二の文は、第一の文が「言われたもの」として「言うこと」の残余を隠してしまう

のをあばいているが、当の第二の文も、また「言われたもの」として、みずからの「言うこと」の残余を隠してしまう。そのことを、次に続く文があばくはずである。したがって、ある文と次の文のあいだには、つねに残余が生まれ、いつまでも十分なつながりはない。それは一つの文のなかの語と語のつながりについても同じである。

「≪変換的≫な試み」は、チョムスキーなどの生成文法あるいは変換文法の方法を指している。「変換」とは、いわゆる「階層樹形図」のなかで、文の基底をなす深層構造から表層構造までのあいだに言語記号がこうむる変換の手続きのことである。個々の言語記号は、文法にそって変換されても、文全体の意味は変わらない。言いかえると、文の意味は、樹形図の各階層における語の変換には影響を受けずに、不変のままである。そういう見方は、分析における「意味」の概念とはまったく相容れない。いま、変換文法の樹形図を模して、ラカンのシニフィアンのつながりをごく単純にして示すと、以下のようになろう。

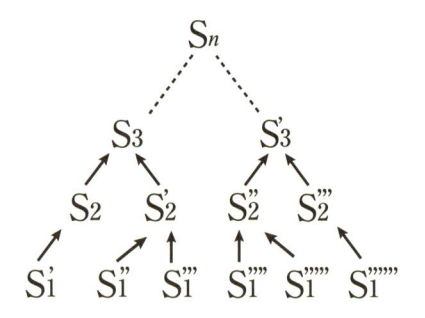

$$
\begin{array}{c}
S_n \\
\diagup \quad \diagdown \\
S_3 \quad\quad S'_3 \\
\nearrow \nwarrow \quad \nearrow \nwarrow \\
S_2 \; S'_2 \quad S''_2 \; S'''_2 \\
\uparrow \nearrow \uparrow \; \uparrow \; \uparrow \; \uparrow \\
S_1\; S'_1\; S''_1\; S'''_1\; S''''_1\; S'''''_1
\end{array}
$$

シニフィアンは、言語記号そのものではないが、その材料となり、主体を次のシニフィアンへ向けて代理表象する。シニフィアン S_1 から S_2 で、S_1 はディスクールのなかに登場する最初のシニフィアンである。そこで創設的シニフィアン、あるいは主-シニフィアンと呼ばれることもあるが、それは一つではない。むしろ数えきれないと言ってもよいほ

ど、多くの言語記号の材料になる。ラカンは、S_1 を同音の essaim（エサン）であると称して、言葉遊びをしている（『アンコール』）。エサンはミツバチなどの群れのことで、ぶんぶんと、いくらでも増えてくる。極端に言うと、ディスクールのなかでは、どんな言葉でも S_1 として S_2 に向けることができる。例えば、日本語の俳句では季節の常套語を集めた歳時記から、どの単語でも S_1 として選び、それを主語のように使って文を作ることができる。S_1 は、カントの「理性」でもあり、芭蕉の「古池」でもある。

しかし、どの S_1 を群れのなかからとってみても、それが「言うこと」をさておいて、S_2 とつながることはない。S_1 と S_2 のあいだに、あらかじめ安定し、確定した意味作用が予想されるわけではなく、「意味」は、あくまでも「言うこと」から生まれる謎を「言われたもの」から読みとることによって告げられるものである。つまり、「意味」は、どれほど慣習化されたランガージュによって強いられたつながりがあっても、そこにおける意味作用を特権化してくり返すような解釈は、「言われたもの」を聞こうとしない結果として告げられるのである。「言うこと」は、S_1 と S_2 のあいだに謎を残す。謎は、両者のあいだに生まれる残余である。主人のディスクールでは、その謎が両者のつながりを不可能にするのである。

分析者は、哲学者が何とかして「意味」をつなぎとめようとするのを、それはできないとして、「真理」を語る。つまり、哲学者が求める「意味」は不在であるが、かといって哲学者の「真理」を無視するわけではない。「真理」は、隠れなきものである。それだけに、「真理」ほど、それ自体を隠すものはない。本文中、ラカンは仏語の vérité（真理）、ギリシア語の *Ἀλήθεια* に、独語の Verborgenheit をあてているが、この語はハイデガーの「われわれは *Ἀλήθεια* を「真理」（Wahrheit）と訳さずに「隠れなさ」（Unverborgenheit）と訳する」という言葉につながる。ハイデガーは、続けて「この独訳はたんに『より直訳的』であるばかりではない。むしろ言表の正しさという意味における真理の慣習的な概念

を一転して、存在するものの開発されてあること、またそれを開発することというあのいまだ明確に把握されていない事態に遡って考えられるべきことを示唆する」(「真理の本質について」理想社版、選集、22頁)と述べている。ギリシア語のアレーテイアのアは否定辞、レーテーは隠されていることであるが、ハイデガーは Unverborgenheit と直訳している。しかし、ラカンは独語の否定辞 Un を消去して、たんに Verborgenheit (隠されている) と記している。おそらく、それによって「現われ」とは「隠すこと」であり、「真理」は、「隠れなさ」と「隠されている」のあいだに現われると言うのである。

　分析者のディスクールは、他の三つのディスクールとともに、ディスクール全体のなかにあって個別的には実現されない。ディスクールは、どれもつねに移動することができるが、とりわけ分析者のそれは、自身を移動させ、それとともに他のディスクールを移動させようとするのが特徴的である。他の三つのディスクールは、「言われたもの」のつながりから意味作用を安定させて、意味を慣用の枠のなかに閉じ込めようとする。そのために「意味」がそれとして、どこかに「ある(存在する)」のを前提にしようとする。しかし、分析者のディスクールは、分析の経験がもっぱら「言うこと」にもとづいていることから、その前提は受け入れない。反対に、「言われたもの」のあいだには確定される意味がない(不在である)ことを受け入れる。「言うこと」は、「言われたもの」のそとにあり、それゆえに、ディスクールにおけるシニフィアンのつながりは実現できないからである。そのような立場にある分析者のディスクールは、つねに自身が移動するとともに、他のディスクールを相対化し、閉じようとする意味作用をゆさぶり、それらを別のディスクールへ移動させようとするのである。

Pour ceux qui m'écoutent... ou pire, cet exercice n'eût fait que confirmer la logique dont s'articulent dans l'analyse castration et

Œdipe.

Freud nous met sur la voie de ce que l'ab-sens désigne le sexe : c'est à la gonfle de ce sens-absexe qu'une topologie se déploie où c'est le mot qui tranche.

Partant de la locution : "ça ne va pas sans dire", on voit que c'est le cas de beaucoup de choses, de la plupart même, y compris de la chose freudienne telle que je l'ai située d'être le dit de la vérité.

N'aller pas sans... , c'est faire couple, ce qui, comme on dit, "ne va pas tout seul".

C'est ainsi que le dit ne va pas sans dire. Mais si le dit se pose toujours en vérité, fût-ce à ne jamais dépasser un midit (comme je m'exprime), le dire ne s'y couple que d'y ex-sister, soit de n'être pas de la dit-mension de la vérité.

《大意》
　そういう精神分析の実践は、今年の私のセミネール「ウ・ピール」を聴講している人たちに対して、ひょっとすると、分析のなかで去勢とエディプスが強調されるような論理を確固たるものとして、認めさせることになるかもしれない。
　「意味の不在（ab-sens）は、性を指している」。フロイトは、われわれにそのことについての手がかりを与えてくれた。トポロジーが展開されるのは、この「意味－性の不在（sens-absexe）」が膨張した場所であるが、そこにおいて、言葉が裁断を下し、切断するのである。
　「言わなくては、始まらない」、この文句から始めよう。これはたくさんのことを含んでいる。すなわち、「言われたもの」としての真理である、私がそのように位置づけしたフロイトの「もの」にまで及ぶ、ほとんどすべてのものを含んでいる。
　「……なしでは、始まらない」。この文句は「たったひとりでは始まら

ない」という常套句と組になっている。

　それゆえ、「言われたもの」は、言わなくては始まらないのである。しかし、「言われたもの」が、いつもみずから真理を名のることになると、たとえ、それが（私の言うように）「半ば言われたもの（midit）」をけっして越えないにしても、「言うこと」が「言われたもの」と組になるのは、あくまでも「言うこと」がそとにある（ex-sister）かぎりのことであって、真理の「言われたものの次元（dit-mension）」にあるのではないのを忘れてはならない。

《評釈》
　ラカンは、みずからフロイトのエピゴーネンと称しているが、この文では、彼がフロイトから受け継いだ主張と、そうでない主張とが微妙な関係にあって、両者の違いをみることができる。ここで、彼はフロイトから「去勢」と「エディプス」の概念を、そのまま受け継いではいない。ここでは、聴講生たちに「ひょっとすると、たんに確認させてしまうかもしれない（n'eut fait que confirmer）」と書いて、動詞を接続法大過去にしている。それによって仮定や可能性を伝えようとしているので、事実として「確認させる」のを肯定しているわけではなく、むしろ、フロイトの概念を実践の基礎となるディスクールの理論のなかにそのまま持ち込むことの危惧をほのめかしている。

　フロイトは、ファルスを「去勢」と「エディプス」の中枢に据えたが、それは男子の身体部位として、見たり、触れたりすることのできる現実の器官（ペニス）でもあった。男子は、そのようなファルスをとおして両親との関係に入るが、幼い頃は、とくに母親への欲望と父親との葛藤によって両者とつながっている。一方、ラカンのファルスは、そもそも男子からも女子からも切り離されているシニフィアンである。「語る存在」における性は、解剖学や染色体の数によってあらかじめ決められているわけではなく、あらゆるア・プリオリな決定を免れている。フロイトの性は、男子のファルスが去勢不安の原因となり、それによって両親

とつながっているが、ラカンでは、男子も女子も人間が言葉を使う世界に入るやいなや、シニフィアンによって現実的な他者からは遠ざかるのである。すなわち、フロイトは、男子の現実的な身体部位と「エディプス」の普遍性によって、人間の性を全体的に説明しようとしたが、それによって、女子の性は、単純に、人間の性の普遍性と全体性における特殊例とされることになった。しかし、一方の性を特殊的とみることが、性を普遍的、全体的にみるのを不可能にするのは、ただちに明らかである。その結果、フロイトの理論は、人間の「性の不在（ab-sexe）」をもたらした。西欧の思想は、これまで「語る存在」の関係を全体として総括できる共通の意味作用を追い求めてきた。フロイトも、歴史の枠のなかで、両性の関係を一極集中させようとしたと言えよう。「ab-」は、通常「離れている」「遠ざかっている」などを表わす接頭辞だが、ここでは「－不在」と訳した。

　けれども、フロイトの精神分析は、むろん普遍的、全体的な真理の存在を前提とした形而上学ではない。彼が述べた人間における「性の不在」は、広く論議を呼び、膨張しきったところで、「語る存在」における「意味の不在（ab-sens）」に道を開いたのである。すなわち、彼は、早くから男性とは異なる女性の性現象を認めて、それに注目し、ずっとその謎をかかえながら、両性に共通する「言うこと」と「言われたもの」のあいだから無意識の標識を読みとろうとしたのである。そこで、フロイトは、あくまでも安定した意味作用を求めて「意味」のなかにとどまるために「性」から脱け出したが、ラカンは、「性」にとどまり、とくにその現実性にとどまるために意味作用の安定を捨てて、「意味」から脱け出したと言えよう。

　「言われたもの（le dit = ce qui est dit）」は、それ自体が全体的「真理」であるかのように装うが、必ずそれに続く「言われたもの」がある以上、あくまで「真理」の「半ば言われたもの」にすぎない。しかし、ここの「言われた『もの』」と、ラカンがフロイトの「もの」と呼んでいる、二つの「もの」の関係は非常に根本的で、ラカンの理論の基礎の一つで

ある。フロイト自身は、「もの」について、1895年（「科学的心理学草稿」）と1925年（「否定」）に言及しているが、どちらもひとが身近な他人から人生の初期に受けとった刺激の知覚に関係している。そして、その他人から受けとった知覚によって構成される内容は、「否定」の結論として、やがて二つに分かれる。一つは、それがある特徴をもったものであるかどうかを判断できる内容をもつ「もの」。もうひとつはそれが現実にあるかないかを認めることのできる「もの」である。「否定」では、ひとの属性判断は前者から生まれ、存在判断は後者から生まれる。しかし、1895年の「草稿」では、「（結局）われわれが『物』と呼んでいるものは、判断を免れた残滓なのである」と書いている。これは「もの」の特徴として見すごせない一面である。

　精神分析が「もの（Das Ding, La Chose）」の概念を取りあげたのは、おそらく西欧哲学の古代からの、とくに近代ではカントからハイデガーにいたる伝統を背景にしている。

　それによって、ラカンは、「もの」とディスクールのなかの対象 a を区別したのである。これから頻出する対象 a は、端的に、欲望の原因であり、その特徴を属性判断によって話すことができるが、「もの」はそれ自体として話すことができない。すなわち、あらゆる対象的な特徴や表象を越えた、いわば現実そのものである。そこで、ラカンは、「もの」を大他者の現実的な側面であると言い、つねに欠如として現れる、大他者のなかの象徴化できない不足分だと言う。かりに、それを対象に近づけるとすれば、その対象は、いつも感覚がとらえるだけで、前もって予知することも、つながりを捉えることもできない。いわば、名をもたない絶対的対象である。したがって、「もの」は象徴的世界で名を与えられるとき、「もの」としては消失する対象である。

　そこで、「言われたもの」が、「もの」としてひとの世界に現れても、それは対象 a として、「言うこと」をとおして「言われたもの」のそとに読みとられるべきである。こうして、「言われたもの」の真理は、「言うこと」の真理とは区別されなくてはならない。「言うこと」の真理は、み

ずから自明的に真理であろうとするどころか、つねに謎を残し、意味を抜け出して、どこかで再び読まれるのを待っている。分析するとは、その謎を読もうとすることであって、そのためには「言うこと」の真理がいつも「言われたもの」のそとにあって、謎はいくら読もうとしても、とどのつまり、それを「言われたもの」のなかに取り込むことはできないのを認めなくてはならないのである。

Il est facile de rendre cela sensible dans le discours de la mathématique où constamment le dit se renouvelle de prendre sujet d'un dire plutôt que d'aucune réalité, quitte, ce dire, à le sommer de la suite proprement logique qu'il implique comme dit.

Pas besoin du dire de Cantor pour toucher cela. Ça commence à Euclide.

Si j'ai recouru cette année au premier, soit à la théorie des ensembles, c'est pour y rapporter la merveilleuse efflorescence qui, d'isoler dans la logique l'icomplet de l'inconsistant, l'indémontrable du réfutable, voire d'y adjoindre l'indécidable de ne pas arriver à s'exclure de la démontrabilité, nous met assez au pied du mur de l'impossible pour que s'évince le " ce n'est pas ça", qui est le vagissement de l'appel au réel.

J'ai dit discours de la mathématique. Non langage de la même. Qu' on y prenne garde pour le moment où je reviendrai à l'inconscient, structuré comme un langage, ai-je dit de toujours. Car c'est dans l'analyse qu'il s'ordonne en discours.

《大意》
数学のディスクールでは、「言うこと」が「言われたもの」のそとにあ

るのをたやすく見ることができる。そこでは、数学の記号で書かれた定式の「言われたもの」が、何か触知できるような現実らしさに制約されることなく、むしろそのつど何か「言うこと」が取りあげられて、それをめぐって「言われたもの」が、いつもまたくり返されるのである。これはその「言うこと」が、あらかじめ「言われたもの」として予想されていた純粋に論理的な脈絡に押されて、それを言うことがあるにしても、その通りである。

そのことは、カントールについては言うまでもなく、ユークリッドから始まっている。

私が、今年カントールについて、すなわち集合論についてふれたのは、それが論理学において、不確実から不完全を、反証可能から「言われたもの」のなかにある証明不能を、それぞれ切り離して独立させ、さらには、そこに決定不能を証明不能と両立させたままつけ加えた、あの驚くべき成果を伝えるためであった。それによって、われわれは不可能の壁のもとにいることになり、「これは、それではない」という、現実界に向かってなされた鳴き声のような訴えがかき消されずにすんだのである。

私が言ったのは、数学のディスクールであって、数学のランガージュではない。そのところは、私がいつも言ってきた「無意識は、ランガージュのように構造化されている」に、やがて戻るつもりであるから気をつけていただきたい。というのも、ランガージュは、分析のなかではじめてディスクールの形をとるからである。

《評釈》
「言うこと」と「言われたもの」の関係をみるとき、数学のディスクールは、よい例を提供してくれる。数式は、「言われたもの」であるが、感覚的な現実らしさからは遠ざかっていて、真理を直接的に表現しているわけではない。つまり、それ自体が「見かけ」であって、規則にしたがった運算によって推論をすすめるための道具である。ラカンは、ディスクールにおけるシニフィアンの論理（＝つながり）を説明するために、

カントールの集合論をもち出しているが、同時に、カントールと同時代の数学者で、哲学者でもある、あとでふれるフレーゲの数論がその背景にある。

　フレーゲの「ゼロとは『自己自身と等しくない』という概念に帰属する基数である」と、「1は、自然な数列においてゼロに直属する」（『算術の基礎』邦訳、著作集2、136頁）という規定は、かなりよく知られている。「直属する」には、「あらゆる基数は、その前の基数によって定義される」という含みがある。2は、1の次の基数であり、3は、2の次の基数であるが、1の前にあるゼロは、それ自身と等しくない基数である。その意味は、ゼロという概念にはいかなる対象も属さないということである。そして、1はそのようなゼロに直属するがゆえに、「1とは、『ゼロと等しい』という概念に帰属する基数である」と言えるのである。すなわち、1は、リンゴや鉛筆や卵のような、いかなる具体的な対象の単位でもない。1を数えて12にしたところで、それは具体的な対象の1ダースにはならない。これをシニフィアンの論理につなげれば、S_2 は、S_1 に直属しており、S_1 は、続く S_2 によって、はじめてそれ自体の意味作用を生み、その後に続く S_n の創設者となり、主人ともなる。けれども、その S_1 には具体的な対象がない。すなわち「自己自身と等しくない」という欠如の概念を表わしながら、それを隠蔽し、縫合するための代理にすぎないのである。

　シニフィアンの論理は、ここで、現代の数論や集合論を参照するまでもなく、ユークリッドから始まっていると述べている。しかし、ユークリッドの1の定義は、現代のそれより広く知られているのではないか。『原論』第七巻の冒頭には、「1．単位とは存在するもののおのおのがそれによって1とよばれるものである。2．数とは単位から成る多である」とあり、1は存在するものの単位であり、数はその単位からできていると述べている。しかし、これは現代の基数論に何ら影響を及ぼさない。なぜなら、彼は、数を定義している「単位」について、また1という「存在」について、何も定義していないからである。一方、彼は、今

日では無定義（術）語と呼ばれている概念の創始者でもあるともみられるからであり、ラカンは、その点を重視しているようである。例えば、『原論』の点、直線、平面などの「定義」それ自体に現実的な意味はない。すなわち、それが存在するかどうかという意味はまったくないというのは、今日の常識だろう。現代ドイツの数学者ヒルベルトは、ある日ベルリン駅近くのビヤホールで、友人たちに「点、直線、それに平面というかわりに、いつでもテーブル、椅子、それにビールジョッキというように言いかえることができなくてはならないのだね」と語ったと伝えられる。この挿話は、S_1とS_2のつながりを思うとき、とても興味深い。ラカンは、その素地が、ユークリッドによってすでに準備されていたと言うのである。

　カントールは、集合論の創始者とされ、数えられないはずの無限を数えた数学者として知られている。数えることの基本は、数える対象である集合の要素を自然数の部分に対応させることだが、彼は有限とはかぎらない要素の無限の集合を、対応の代わりに濃度という概念を使って数えた。それまで数えることができないとされていた無限が、それによって数えられることになった。それを数学から論理の面に移してみると、命題の不可能をそのままにして、すなわち決定不能にはふれないままで、推論をすすめていくことができるということである。精神分析の面からは、「言うこと」と「言われたこと」のあいだに生まれる謎は解けないままにして、解釈を続けるのは理にかなっているということである。解釈の理由を集合論に基づく論理によって言いかえると、不確実（あるいは矛盾）は、たんに不完全なのではない。「AはAであると同時に、Aでない」は、フロイトの症例をみるまでもなく、日常の「言われたもの」においてありふれている。それはたんに不確実なのではなく、それぞれのひとの症状における「言われたもの」の不完全なのであり、二つは区別されなくてはならない。

　数学や論理学において、反証可能が生じるのはいつものことである。しかし、あらためて証明不能や決定不能と言われたと、多くの人がカン

トールに続く現代の数学者ゲーデルの名を思い出すだろう。分析者のディスクールにおける「言われたもの」の不完全は、やはりその証明不能と決定不能に通じている。そこにおける「不可能の壁」をゲーデルの二つの不可能に照らして、彼の不完全性定理を平易に表現すると、こうなる。「1.どんな体系も、そのなかに自然数論の体系を含んでいるかぎり、その体系内で定式化できる命題のうちには、否定も肯定もできない命題が存在する。2.どんな体系も、そのなかで自分自身の無矛盾性を証明することはできない」。この二つの定理は、興味深いことに、ラカンの四つのディスクールのすべてに通じている。ただし、二つの不可能は、パロールの主体に能力がないという意味ではなく、数学の場合のように、だれがどう話しても証明不能と決定不能の二つの不可能はなくせないという意味である。

　そこで、分析者は、終始「言われたもの」の不完全を補うことができない「不可能の壁」のもとにいるのである。それは、また、現実界の壁でもある。現実界の不可能は、ひとがそれを「言えない」ことである。さらに、だれかがそれを「言えない」のではなく、だれもそれを「言わない」ことである。ひとが言えないものは、ひとが言わないものである。これは、フロイトが若い頃「判断を免れた残滓」と呼んだ「もの」に通じる。ひとは、その残滓の名を言うことができない。ひとがそれに名をつけたとき、それは「もの」ではなくなる。しかし、ひとはその名が言えない「もの」を、言うことによって求めている。ひとがいつも現実界に向けている「これは、それではない」という鳴き声の訴えは、そこからやってくる。ラカンは、その訴えに前年のセミネールで言及し、翌年の「アンコール」でも次のように定式化している。「私は、私が君にさしだすものを、君が拒むことを望んでいる。なぜなら、これは、それではないからからだ」。つまり、相手が言うことによって求めているものを、こちらがその求めに応じてさしだしても、それは相手が求めている「もの」ではなく、それは当然のことなのだという意味である。すなわち、ひとは何を言っても、「言われたもの」と現実界の境目にある「もの」を

それとして名指すことはできないということである。

　ひとが「語る」という事実は、広くランガージュと呼ばれているが、それは同じ事実から生じるディスクールとは区別される。ディスクールは、ランガージュという広い事実から、とくにひとの社会関係が生まれる面に目を向けている。つまり、ランガージュがひとびとの関係の絆を生むために使用される面を、ディスクールと呼んでいる。ラカンは、精神分析によって、はじめてそういうディスクールをランガージュから取りだして論じることができるのを強調している。ランガージュは、あとでふれるように、何よりも無意識の培地であり、たんにないものをあるように思わせるひとの活動であるが、ディスクールは、そこから何らかの社会的な効果を生もうとする話し方のタイプである。公理に基づいて運算をすすめる数学の話し方は、そのような意味から、たんなるランガージュではなく、ひとつのディスクールである。

　Reste à marquer que le mathématicien a avec son langage le même embarras que nous avec l'inconscient, à le traduire de cette pensée qu'il ne sait pas de quoi il parle, fût-ce à l'assurer d'être vrai (Russell).

　Pour être le langage le plus propice au discours scientifique, la mathématique est la science sans conscience dont fait promesse notre bon Rabelais, celle à laquelle un philosophe**(1)** ne peut que rester bouché : la gaye science se réjouissait d'en présumer ruine de l'âme. Bien sûr, la névrose y survit.

　Ceci remarqué, le dire se démontre, et d'échapper au dit. Dès lors ce privilège, il ne l'assure qu'à se formuler en "dire que non", si, à aller au sens, c'est le contien qu'on y saisit, non la contradiction, — la réponse, non la reprise en négation, — le rejet, non la correction.

Répondre ainsi suspend ce que le dit a de véritable.

Ce qui s'éclaire du jour rasant que le discours analytique apporte aux autres, y révélant les lieux modaux dont leur ronde s'accomplit.

Je métaphoriserai pour l'instant de l'inceste le rapport que la vérité entretient avec le réel. Le dire vient d'où il la commande.

《大意》
　さて、ここで数学者がそのランガージュに対して抱く困惑は、われわれ精神分析家が無意識に対して抱くそれと同じものであるのを認めなくてはならない。ラッセルの言うように、数学者は自分の語ることが真であると言ったところで、彼は自分が何について語っているかを知らないからである。
　数学が、科学のディスクールにもっとも都合のよいそれであるというのは、あの良きラブレーが請け合ってくれたように、それが意識（良心）なき科学（知識）だからである。哲学者（註1）のなかには、どうしてもその先に行けないひとがいるが、「悦ばしき知識」は、意識なき科学を「魂の廃墟」と見なして楽しんだのである。もちろん、神経症（ヒステリー）は、その後に生き延びるのであるが。
　そのことに目を向けるなら、「言うこと」は、おのずと明らかになり、「言われたもの」から脱け出すのである。「言うこと」の特権は、もっぱら「否と言う（dire que non）」という表現によって保証される。たとえ、それが意味をもとうとしたところで、そこでつかまれる意味は、矛盾ではなく、内容（contien）であり — 答えは、「言われたもの」をまたくり返して、否定することではない — それは正否の判定を放棄することであって、それを訂正することではない。
　それゆえ、答えることは「言われたもの」がもつ本当らしさを宙づりにするのである。分析者のディスクールが他のディスクールに対しても

たらすものは、様相の舞台を指し示しながら、みずからのディスクール を地平線すれすれにある太陽の薄明かりで照らすことである。

「言われたもの」は、以上のように、「言うこと」を迂回しなくては真 理に届くことができないし、ひとはいちどに真理と現実界とに関係する ことはできない。そこで、私はさしあたり、真理が現実界に対してもつ 関係を近親相姦にたとえてみたい。現実界は、真理を支配して、それを 命じる。「言うこと」は、そこから生まれるのである。

《評釈》
　ラカンは、「ローマ講演」の名で知られる1953年の学会報告では、ラ ンガージュとパロールを対置していたが、70年代に入ると、ランガー ジュとディスクールが対置されるようになり、パロールは、ディスクー ルのなかで問題にされるようになった。といっても、パロールの役目が 小さくなったわけではなく、それはディスクールにおいて語る主体の訴 えを担い、真理の場所と関わりつつ、意味作用を生み、ディスクールを 移動させる原動力になるのである。こうして、数学のランガージュは、 数学のディスクールになったとき、はじめてラカンのディスクール論の なかに登場する。そして、そのディスクールは分析者のディスクールと 並んで、どちらもランガージュに対して同じような困惑を抱くというの である。

　困惑の根底には、ともに両者が、それぞれのランガージュによって現 実的な存在から離れてしまうことがある。そのために、両者のディス クールは、ともに存在の現実性、すなわち真理には近づけないのである。 このことは、精神分析については、すでに「無意識は、ランガージュの ように構造化されている」として言われている。すなわち、精神分析家 によって解釈される無意識のランガージュは、それ自体が、すでに「言 うこと」の現実性のそとで言われているのである。つまり、精神分析家 は自分が語っていることについて知らないのを、あらかじめ認めていな くてはならないのである。同じように、数学のランガージュは、数学者

たちによって記号化されてそのディスクールのなかで活用されるのだが、そのさいに徹底的に形式化され、現実らしさを失った記号によるディスクールは、やはり自分が何について語っているかを知らないのである。何かを語りながら、存在の現実性から切り離されていることは、自分が何について語っているかを知らないのと同義である。それは「意識なき科学」の実践であるが、ある数学者たちは、そのことによってのみ知識を享楽することができる。

　分析者のディスクールは、ディスクールの四つのタイプの一つであるが、数学のランガージュについては、とくに数学者のディスクールがあるわけではない。そのディスクールは、あえて言うなら、どのタイプのディスクールにもなりうる。例えば、ある公理を「見かけ」の場所に据えて、それを S_1 とし、そこから証明されるべき定理を S_2 として、「大他者」に向けてつなごうとする。これは数学における主人のディスクールであり、やがて S_1 を必然的に生んだ「真理」の場所にある $\mathcal{S}$ には届かないことになる。また、すでに証明された定理の S_2 を「見かけ」の場所に据えれば、その数学は大学人のディスクールになるが、これは文字どおり自分が何を語っているかを知らない「意識なき科学」であって、対象 a に向かおうとして語る数学である。そして、S_2 を必然にした真理である S_1 の場所に行きつけないかぎりで、そのディスクールの意味作用から出ることはない。しかし、数学のディスクールを生むのは、主人と大学人だけではない。たとえ、それらのディスクールが「言うこと」の現実性から離れても、「神経症」は、やはり「語る存在」のうちに生き延びるのである。

　その神経症はヒステリーであり、そのランガージュは、ヒステリー者のディスクールとなって実現するはずである。このディスクールは、「見かけ」の場所に語る主体として $\mathcal{S}$ を、すなわちランガージュによって引き裂かれた主体を据える。そして、その主体を代理表象する S_1 を求めて、大他者に向かい、そこから S_2 にいたる。数学では、みずから得た公理から新しい定理にいたった例として、ヒルベルトやゲーデルの

名をあげることができるかもしれないが、彼らもヘーゲルやニーチェと同じようにヒステリー者である。それゆえ、彼らには、分析者のディスクールが「見かけ」に据える対象 a にいたる道はふさがれている。対象 a は、一般の数学にとっては「意識なき科学」であるが、精神分析にとっては幻想と固く結ばれた欲望の対象である。しかし、その対象 a を「見かけ」におく分析者のディスクールも、他の三つのディスクールとまったく同じように、ディスクールの全体のなかであくまで相対化される一つのタイプであって、S_1 が向かう知（知識）としての S_2 には行きつけない。

　分析者のディスクールは、対象 a が「見かけ」の場所をとり、それが S_2（知）にとどかないのは、実践において「言うこと」が「聞かれること」によって「言われたもの」となり、現実性から離脱して、無意識のディスクールになるからである。ランガージュは、もともと現実性に由来するのではなく、「見かけ」の場所をとるディスクールの諸要素を、ある（存在する）ものとして押しつけてくる。それは、語るひとに「ない」ものを「ある」と思い込ませる意味の効果をもってはいるが、そのさい、ディスクールにおいては「真理」の場所にくる諸要素とつながるのに必ず失敗するので、分析者のディスクールでは、その真理である S_2 にいたることができない。分析者のディスクールは、この不可能の壁に直面して、こんどは時計の針とは反対方向に、ヒステリー、主人、大学人と、それぞれのディスクールに次つぎと戻らざるをえない。

　また、三つのディスクールにおいても、それぞれに真理への道はふさがれているので、ディスクールの諸要素についてはまったく同じことが起こる。そこで、主人は大学人へ、大学人は分析者へ、分析者はヒステリー者へ、ヒステリー者は主人へと、次つぎに移動してやむことはない。それが、ディスクールの輪舞である。というのも、ランガージュがディスクールによって存在を押しつけようとしても、それはあくまでも「言うこと」の現実性のそとでしようとしていることで、それに対して「言うこと」は、やはりランガージュのそとから応答するからであり、それ

が「ノー（否）と言う」なる表現によって明確になるのである。しかし、この「ノー」は、「言われたもの」を論駁したり、否定したり、訂正したりするような、通常の使用法とは少し異なる。

　ランガージュは、例えば分析者のディスクールにおける対象 a のような「見かけ」の場所にやってくる諸要素を、言語記号の感覚的効果によって、それらがあたかも現実に存在していると思わせるような錯誤を生む。分析者のディスクールは、「無意識は、ランガージュのように構造化されている」と定義して、そのようなランガージュのからくりを明らかにしようとしている。そこから、「ノー」は、「言われたもの」を別の「言われたもの」に入れかえることではなく、あるディスクールのタイプを別のタイプに移動させようとする活動が生まれる。それによって、「ない」が「ある」となって、その意味作用を固定しようとする動きを中断させる。それゆえ、分析者のディスクールは、ランガージュにおける意味作用の安定を動揺させ、そこで固定した意味作用にひびを入れる。しかし、それは「言われたもの」の意味作用の矛盾を突くことではなく、その足りないところを補うことでもない。

　ひとの世界では、ランガージュのそとには何もない。しかし、そとから聞こえてくる「ノー」は、あるディスクールのなかで「言われたもの」の肯定や否定ではなく、そのディスクールのタイプに特有な不可能に対する「ノー」である。そこで、何らかの意味をもった、ある内容（le contien）をそこに加えなくてはならない。その内容によって、ディスクールを移動させるような意味の効果を生もうとするのである。「内容」と訳した contien は、con と tien を合わせたラカンの造語であり、con は「ともに、いっしょに」を表わす接頭辞、tien は文字どおりには「君のもの」である。同時に音声では動詞 contenir「含む、（容積、容量などが）ある」の三人称、単数、現在の活用形と同音である。つまり、君のディスクールとともにありながら、その不可能に「ノー」と言って、ディスクールを移動させるような意味の効果をもつ内容であろう。そうしてみると、その「ノー」には「言われたもの」の正否をわきにおいて、

ともに別のディスクールに移動しながら、ものの言い方を変えようという提案が含まれている。

(I)

Le philosophe s'inscrit (au sens où on le dit d'une circonférence) dans le discours du ême plus qu'utilisable. Lisez Shakespeare.

Ça ne dit pas non plus, qu'on y prenne garde, qu'il sache ce qu'il dit. Le fou de cour a un rôle: celui d'être le tenant-lieu de la vérité. Il le peut à s'exprimer comme un langage, tout comme l'inconscient. Qu'il en soit, lui, dans l'inconscience est secondaire, ce qui importe est que le rôle soit tenu.

Ainsi Hegel, de parler aussi juste du langage mathématique que Bertrand Russell, n'en loupe pas moins la commande : c'est que Bertrand Russell est dans le discours de la science.

Kojève que je tiens pour mon maître, de m'avoir initié à Hegel, avait la même partialité à l'égard des mathématiques, mais il faut dire qu'il en était au temps de Russell, et qu'il ne philosophisait qu'au titre du discours universitaire où il s'était rangé par provision, mais sachant bien que son savoir n'y fonctionnait que comme semblant et le traitant comme tel : il l'a montré de toutes manières, livrant ses notes à qui pouvait en faire profit et posthumant sa dérision de toute l'aventure.

Ce mépris qui fut le sien, se soutenait de son discours de départ qui fut aussi celui où il retourna : le grand commis sait traiter les bouffons aussi bien que les autres, soit en sujets, qu'ils sont, du souverain.

〔註Ⅰ〕
《大意》
　哲学者は、幾何学で円について言われる意味で、主人のディスクールに内接する。彼は、そこで宮廷の道化師の役を演じる。といっても、彼の言うことが馬鹿げているというわけではない。シェークスピアをお読みになれば分かるでしょう。
　また、ひとが彼の言うことを気にかけたり、彼が自分の言うことを知っているというわけでもない。宮廷の道化師は、真理の代役という役目をはたしている。彼はその役目を、無意識とまったく同じように、あるランガージュとして表現するによってはたすことができる。彼自身が無意識のうちにそうしているかどうかは、それほど重要ではない。その役目をつとめているかどうかが重要なのである。
　それゆえ、ヘーゲルは、バートランド・ラッセルと同じように、数学的ランガージュについて正しく語ったにもかかわらず、やはり方向を誤ってしまった。その意味は、バートランド・ラッセルは、まさしく科学のディスクールに身をおいているということである。
　私が師と仰ぐアレクサンドル・コジェーヴは、私にヘーゲルの手ほどきをしてくれたが、彼は数学者たちに対してヘーゲルと同じような偏った見方をしていた。しかし、彼はラッセルと同時代人であって、ただ数学を、もっぱら大学人のディスクールとして哲学的に考察していたのだと付言しなくてはならない。しかし、彼はいっときだけ大学人のディスクールのなかにいたのであって、その知識は、たんに見かけとして働いているにすぎないのをよく知っていて、まさしくそのように利用していた。いずれにせよ、彼は自分のノートを後に利用するひとたちに委ね、自分のすべての冒険に対する嘲笑を死後に残して、それを証明したのである。彼が投げかけた侮蔑は、その出発となったディスクールによって表現されているが、彼はそこに再び戻った。すなわち、時代の高級官僚は、主権者である王の臣下たちと同じように、政府の役人となって道化師の役目をこなすことができるのである。

《評釈》
　哲学者と主人のディスクールの関係を円周によって示すと、次のようになる。

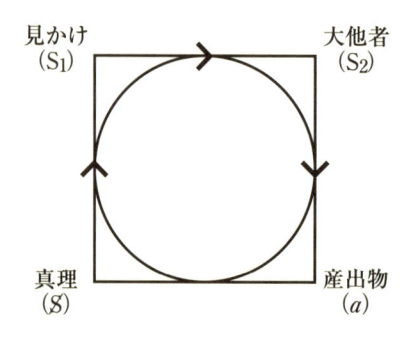

```
見かけ              大他者
(S₁) ────→────── (S₂)
  │   ╱─────╲    │
  │  ╱       ╲   │
  │ │         │  │
  ↓  ╲       ╱   ↓
  │   ╲─────╱    │
真理                産出物
($)                 (a)
```

　正方形に内接した円によって主人のディスクールを示すと、それは「見かけ」の場所をとるカッコ内の S_1 から出て、「大他者」の S_2 に向かうが、もともとディスクールにおいてこの行程をつなげることはできない。けれども、ディスクールを実現するためには、そこをつなげなくてはならないから、そのつながり方は、いわば強引で、恣意的な、無理やりなものである。したがって S_1 と、それが向かう S_2 すなわち知識とは必当然のつながりはない。そこで「産出物」の場所には、余剰としての対象 a が生じる。これは実在する対象ではなく、欲望の原因であるが、それがどういう姿で現われようと、結果は偶然である。そして、この偶然の産物が「真理」の場所へ向かう道には切れ目としての障壁が待ち受けているので、このディスクールは、ランガージュの世界にある主体 $ $ をつかむことができない。そこで、あくまでも自己の中途半端なディスクールにとどまるか、あるいは矢印の方向を逆行して、大学人のディスクールの方へと戻らざるをえない。
　ここで、哲学のディスクールという固有のタイプがあるわけでないのは、数学の場合と同じである。哲学者といわれる人たちが実践している

のは、ほとんどが大学人のディスクールであって、基本的には、既存のようにみえる知識を文字として、「見かけ」の場所で棒読みしながら、そこにとどまっているのである。主人のディスクールは、ヒステリー者のディスクールの近くにある。それは、ヒステリー者のディスクールが「真理」にとどかず、逆戻りして、S_1が「見かけ」の場所に戻ったさいの話し方である。それを実践する哲学者の言うことは、真理の代わりに、そのふりをしているのであるが、それでも隠れているものを垣間見せてくれるので、ひとの「言うこと」が、例えば聞くひとを魅惑し、籠絡するような意味作用を生まないわけではない。隠れているのは、言うまでもなく、ランガージュの世界にいる自分自身の表象であるが、それは無意識の基底にあり、やがてまた無意識のランガージュとして「語る存在」の世界に現われるのである。

　ヘーゲルとラッセルは、ともに数学のディスクールについて正しく語ったが、両者とも分析者のディスクールによってそれを語ったわけではない。彼らはギリシア以来の古典的数学が、主人のディスクールとして自分が何を語っているかを知らないと言うところで共通している。ヘーゲルが、『精神現象学』の序文で、数学のディスクールを批判しているのはよく知られているが、かなり長々とした論述で、結局、「数学が、われこそは明晰な認識の持主だと自負し、哲学の上を行くものだといばることさえある。とんでもない話で、数学の明晰さは、その目的が貧弱で、その素材が不十分なるがゆえに獲得できるもの、したがって、哲学の目から見れば軽蔑すべき明晰さでしかない」と言うのである。その理由は、「数学の目的ないし本質は『大きさ』である。が、大きい小さいといったことが、まさしく非本質的で没概念的な事柄なのだ。大小にかんする知の運動は表面をなでるだけで、事柄の本質や概念にふれるものではなく、したがって、なにかを概念的にとらえることもないのだ。数学がそれを相手に格闘し、喜ばしい真理の数々を手にする当の素材は、『空間』と『一』（数）である」（邦訳、作品社、28頁）と言う。

　ヘーゲルが「空間」と言うのは、むろん、それが「時間」の対極にあ

る概念で、精神は「時間」によって現実に存在する主体として生成されるのである。しかるに、数学における「空間」とは、「概念のちがいが位置のちがいとしてあらわれるだけの、空虚な死んだ場であって、そこにあらわれるちがいの一つ一つも、動きや生命をもたない」。したがって、「現実の存在は、数学で考察されるような空間的存在ではなく、数学のあつかうような非現実的存在にかんしては、具体的直観も哲学もなりたたない」（同上、同頁）のである。ヘーゲルの「数学」観は、当初から批判されているが、ここで、彼が言うのは同時代の数学であるのを忘れてはならない。当時は、「一」から単位の資格を剥ぎとったフレーゲも、「無限」を数として扱ったカントールもいなかった。すなわち、数学のディスクールは、現実に存在する対象を直接的にとらえようとする古代からの科学のディスクールを、すっかり脱け出してはいなかった。そこで、ヘーゲルの目には、数学が現実の対象として扱う「一」が、「（命題としては）一つ一つが、ばらばらで」、何のつながりもなく、みずから動くことをしない死物であり、「その本質にずれが生じたり、対立や不一致が生じたり、対立物からつぎの対立物へと移行したり、質的で内在的な運動や自己運動をしたりすることがない」（邦訳、同、28頁）と映ったのである。ラッセルは、フレーゲやカントールの後世代で、ゲーデルとほぼ同世代の哲学者、論理学者、数学者である。ところが、ラカンは、彼もまた、まさしく科学のディスクールのなかにいると言う。

　科学のディスクールも、哲学のそれと同じように、あるディスクールのタイプに閉じ込められているわけではない。しかし、ここでラカンの言うそのディスクールには、ひとつの特徴がある。数学者は、伝統的な科学から現実に存在する対象の直接性を剥ぎとったが、それによって、「一」は内容をすっかり抜き取られて、ゼロの後継数となり、たんなる計量化のための象徴記号になった。しかし、そうなるとフレーゲの言うとおり「ゼロという概念のもとにおかれる対象は存在せず」、その後に続く数は内容的にゼロとして数えられるとしても、その数えられる数とそれを数える主体との関係は、問題のまま残される。だれが、その現実

的対象のない数を数えているのか。ここで言う科学者は、その数えるひとが「一」と同一化している主体であって、「一」が現実的に存在する対象として、内容のある実質的な概念であると想像するのをやめないひとである。その意味で、ヘーゲルとラッセルは、「数学者は、自分が何について話しているかを知らない」と言い、それは本当だが、二人が「知らない」と言うのは、「一」の内容に関することで、数学のディスクールに関することではない。

　ラカンは、医学生だった当時パリの警視庁医務局で講義していた精神科医クレランボーと、彼より一歳年下のコジェーヴを、生涯、自分の師と呼んでいたが、とくにフロイトの精神分析とともに、コジェーヴのヘーゲル講義から受けた影響が大きかったことは、ここのディスクール論からも明らかである。ただし、コジェーヴは、ヘーゲルと同じように数学のディスクールを見誤っていた。大学人のディスクールは、主人が見かけの場所に据える S_1 には手が届かず、それを隠したまま、たんに知（識）を受け売りしているのだが、古典的な数学のディスクールは、S_1 を直接的な現実存在のように見せかけて、主人のディスクールをすすめていた。コジェーヴは、それを大学人のディスクールに移動させて、S_2（知）を見かけの場所に据えたふりをしていたのである。しかし、近代の数学は、数える対象をたんに量として象徴化し、形式化して、数える主体のそとに出したことによって、古典的な主人のディスクールからヒステリー者のディスクールへ移動したのである。それとともに、科学のディスクールも移動することがありえたとみなすこともできる（ただし、ここのラッセルの場合は、そうではない）が、かといって移動後のディスクールと、そこからそとに出された、数える主体の関係には、何ら手がつけられないままである。

　宮廷の道化師は、知ってか知らずにか、「真理」の代役をつとめていたが、コジェーヴは、大学人として、「見かけ」の場所（S_2）で「真理」（S_1）を語っているふりをしながら、あたかも主人のように知（識）を語っていることをよく承知していて、それを嘲笑しながら、生前は、ま

もなくヨーロッパ共同体でフランス政府を代表する高級官僚になった。そして、大学で語ったものの残滓をノート（文字、書かれたもの）として死後に残し、読むひとに委ねたのである。コジェーヴの語ったヘーゲルは、数学の「一」を無内容で、非現実的であるとしたものの、自身はそれを精神の概念的な運動によって実現する現実存在とみなして、当時の科学を支配した主人のディスクールにとどまった。しかし、ラカンがコジェーヴから教えられたのは、ヘーゲルの「精神」がつねに運動のなかにあって、概念は一つ一つのつながりによって生まれ、そこにバラバラなものはないということだった。ラカンがとくに論じようとしているのも、ディスクールの個々のタイプではなく、それらが輪舞のように、つねに移動をくり返しながら運動しているということである。そこにラカンと、コジェーヴによって語られたヘーゲルとの結びつきがあると言えよう。

Mais ne peut-il y avoir aussi dire direct ?

Dire ce qu'il y a, ça ne vous dit rien, chers petits de la salle de garde, sans doute dite ainsi de ce qu'elle se garde bien de contrarier le patronat où elle aspire (et quel qu'il soit).

Dire ce qu'il y a, pendant longtemps ça vous haussa son homme jusqu'à cette profession qui ne vous hante plus que de son vide : le médecin qui dans tous les âges et sur toute la surface du globe, sur ce qu'il y a, se prononce. Mais c'est encore à partir de ceci que ce qu'il y a, n'a d'intérêt qu'à devoir être conjuré.

Au point où l'histoire a réduit cette fonction sacrale, je comprends votre malaise. Pas même possible pour vous, le temps n'y étant plus, de jouer au philosophe qui fut la mue dernière où, de faire la valetaille des empereurs et des princes, les médecins se survécurent (lisez Fernel).

Sachez pourtant, quoique l'analyse soit d'un autre sigle — mais qu'elle vous tente, ça se comprend — ce dont je témoigne d'abord.

Je le dis, de ce que ce soit démontré sans exception de ceux que j'ai appelés mes "dandys" : il n'y a pas le moindre accès au dire de Freud qui ne soit forclos — et sans retour dans ce cas — par le choix de tel analyste.

C'est qu'il n'y a pas de formation de l'analyste concevable hors du maintien de ce dire, et que Freud, faute d'avoir forgé avec le discours de l'analyste, le lien dont auraient tenu les sociétés de psychanalyse, les a situées d'autres discours qui barrent son dire nécessairement.

Ce que tous mes écrits démontrent.

《大意》
　しかし、「言うこと」が真理に直接届くことは、ありえないのではないか。
　当直室に勤務する若い医師たちに言いたいのだが、予後すなわち病後の見通しについて、そこに何かがあると言っても、それはあなた方に何も言っていないのである。それはおそらく、当直室の医師を支配している権威がどういうものであろうと、それに逆らうのを用心深く警戒しながら言われたのである。
　何かがあると言うことは、その人物を長いあいだ、あなた方の目にはもはや空虚としか映らない職業の高みにまで押し上げていた。医者は、いつの時代にも、地上のあらゆるところで、何かがあると告げているのである。しかし、それはやはり何かがあること、そのこと自体を厄払いする必要があるので、そう告げられるのである。
　歴史が、この聖なる役目を解消させつつあるときにあたって、私には、

あなた方の不安が理解できる。あなた方は、すでに時代が過ぎ去っているので、哲学者を気取ることはできないが、医者たちは、哲学者が最後の脱皮をとげたときに、皇帝や君主の従僕となって、そのまま生き延びたのである（フェルネルをお読みなさい）。

精神分析は、例えば国際精神分析協会（I.P.A）のように、医者たちのグループとは別のイニシャルをつけた。それでも分析があなた方の気をひくのは分かるが、ここで、私がはじめに述べた証言を知っていただきたい。

それは、私が「ダンディーたち」と呼ぶひとたちによって完全に証明されたのである。言いかえると、フロイトの「言うこと」は、そういう分析者の選択によっては排除されないのだが——ただし、フロイトには戻らない——それでも、フロイトの「言うこと」には、ほんのわずかでも近づけないのである。

じつを言うと、分析者の教育は、この「言うこと」を保持すること以外には考えられないのである。フロイト自身は、分析者のディスクールによって弟子たちを鍛えることはしなかったので、精神分析の複数の協会を相互に結ぶはずの絆は、それぞれを別のディスクールのなかに閉じ込めてしまった。そして、フロイトの「言うこと」は、必然的に行く手をふさがれてしまったのである。

私の「書かれたもの（エクリ）」は、すべてそのことを明らかにしている。

《評釈》
現実界は、ひとが「真理」へ向かうように指図している。ひとの「言うこと」は、そこから生まれるのである。しかし、ひとはディスクールによって、直接に「真理」と関係することはできない。「真理」は現実界の側にあり、現実界はひとに密接しているといっても、ひとは言葉によってそこに達することはできない。言葉がそれと直接に関係するのは、言わば禁止されているのである。ところが、ランガージュは、その本質

的な一面として、ひとに「何かがある」と思わせるところがある。そこで、ランガージュの効果として生まれるディスクールにも、ひととひとを同じ思い込みによってつなぐ働きがある。つまり、ひとは言葉をやりとりしながら、そこに何か現実的な存在があると思い込むようになる。

　医学は、病気を治療と学問の対象にしているが、それは病気という「何かがある」という思い込みのうえに立って、ひとに病気という対象の今後の見通しを告げるのである。一般に、自然科学の役目は、対象にこれから起こることを見越して、それをひとに知らせることである。医局を支配する医者たちに社会的権威を与えているのも、対象の将来を見越すという彼らの能力である。「何かがある」と言うことは、主人のディスクールがたまたま科学のディスクールとして実践されたときの権威を生むが、医学においては、医者の社会的地位にもかかわらず、そういう主人のディスクールはすでに時代遅れとなり、権威の土台は揺らいでいる。すなわち、医学が対象とする病気という何かは、その存在を剥ぎとられて、「見かけ」の中味をなす空虚になった。

　一方、哲学が、「真理」をランガージュと事象の一致としてかかげることは、言葉とひとつになった存在が「真理」としてあると言うことである。しかし、哲学では、すでにディスクールが移動している。それによって、空虚を隠蔽する存在（S_1）から始まったディスクールが、ランガージュの世界にあって引き裂かれた主体（S）から始まるディスクールに、主人のディスクールからヒステリー者のディスクールとなった。しかし、医者は、経験的知識に基く実践の社会的効用性が哲学者とは異なり、伝統的社会のなかでこれまでと同じディスクールによって生きる道を見つけることができた。主人のディスクールとしての医学は、太古からの呪術につながる実用的、現世的役目によって社会的承認をえている。そこで、フェルネルのような人は、すでに16世紀には早々と哲学者の肩書を捨てて、医学者となり、『医学汎論（Universa medicina）』を著した。彼は、やがてアンリ二世の侍医となり、はじめは哲学者として、後に宮廷医として重きをなした多才な学者であった。

精神分析家たちは、グループの名を医者たちとは別の看板に書き変えたが、昔から医者（médicin）という語が意味する「心を癒すひと」「悩みを和らげるひと」という役目をはたすにあたって、やはり分析者のディスクールとはまったく別の道を選んだのである。彼らは、おそらく主人のディスクールと大学人のディスクールを行きつ戻りつしながら談話療法を続けていたが、フロイトの「言うこと」と分析の実践とのつながりに目を向けたことはいちどもなかった。ラカンは、そういう人たちを「ダンディ」と呼んでいる。そういう「しゃれ者」や「気どり屋」たちは、呼び名のイニシャルを変えて、見かけの新しさをアッピールしようとしたが、自分たちのものの言い方、話し方については無頓着で、旧態依然として人々を支配するディスクールを揺り動かすことはできなかった。「ダンディ」は、フロイトの弟子たちや後継者たちについて、ある精神分析家や特定の精神分析グループを指しているわけではない。あくまでフロイト以後の精神分析が、分析者のディスクールに近づき、それを実践することはなかったと言うのである。また、そのことにはフロイト自身にも責任がある。

　フロイトは、生涯、ひとのものの言い方にずっと注意を向けていたが、ディスクールの諸タイプについて、とくに分析者のディスクールについては自覚的でなかった。そこで、当然ながら弟子たちに、自分でいくぶん自覚せずに従っているディスクールの手ほどきをして、その実践的な訓練をすることもなかった。もちろん、分析者のディスクールは、それ自体で孤立してはいない。他のタイプに目を向けて、はじめてその特徴と効果が把握されるのであり、それだけでは何の働きもない。また、それ自体も、他のタイプに移動する。分析者のディスクールが、あるとき他のタイプに移動するのは、ふつうのことである。ラカンのディスクール論から実践的な示唆を引きだすとすれば、分析者のディスクールは、他のディスクールについて語ることによって展開され、他のタイプに目を向けなければ、分析者のディスクールは姿を消すということだろう。フロイトは、弟子たちにそういう見地からの訓練を徹底させなかったの

で、彼らはただ人々に目を見張らせ、感覚を刺激するだけの「ダンディ」に終わったのである。

Le dire de Freud s'infère de la logique qui prend de source le dit de l'inconscient. C'est en tant que Freud a découvert ce dit qu'il ex-siste.

En restituer ce dire, est nécessaire à ce que le discours se constitue de l'analyse (c'est à quoi j'aide), ce à partir de l'expérience où il s'avère exister.

On ne peut, ce dire, le traduire en termes de vérité puisque de vérité il n'y a que midit, bien coupé, mais qu'il y ait ce midit net (il se conjugue en remontant : tu médites, je médis), ne prend son sens que de ce dire.

Ce dire n'est pas libre, mais se produit d'en relayer d'autres qui proviennent d'autres discours. C'est à se fermer dans l'analyse (cf. ma *Radiophonie*, le numéro juste d'avant de cet apériodique) que leus ronde situe les lieux dont se cerne ce dire.

Ils le cernent comme réel, c'est-à-dire de l'impossible, lequel s'annonce :

il n'y a pas de rapport sexuel.

《大意》
　フロイトの「言うこと」は、無意識の「言われたこと」から生まれる結果を論理によってたどっている。フロイトは、この無意識の「言われたこと」を発見したのであり、だからこそ彼の「言うこと」が、そとに－ある（ex-siste）、すなわち実在するのである。
　ディスクールのなかで、この「言うこと」を復元するのは、分析者のディスクールを生んでいくのに欠かせないことである（私が力を尽くし

ているのは、そのことである)。それはディスクールのなかで、「言うこと」が、それとして明らかに実在していることを経験することからやってくる。

　ひとはこの「言うこと」を真理の言葉に表現しなおすことはできない。というのも、真理については、半ば言われたこと (midit)、それがまさしく切断されていること、それ以外にはありえないからである。しかし、この中途半端に言われること(この語の動詞 midire の mi- は、類音の mé- をとって、tu médites, je médis＜悪口を言う、中傷する＞のように活用する)、それはただ「言うこと」によって、意味をもつのである。

　この「言うこと」は、自由ではなく、別のディスクールと次つぎに交代する他のディスクールから生まれるのである。つまり、ディスクールでは、それを構成する四つの要素が次つぎに交代して、四つのタイプを生みだすような輪舞が行なわれており、それによって諸要素の場所が決定される。そして、「言うこと」が、それはどの場所であるかを知らせてくれるのである。それは四つの場所と、同数の要素によって閉じている輪舞と言えるが、分析は、その動態を明らかにする(本論掲載の不定期刊行誌『シリセット』の前号に掲載された「ラジオフォニー」を参照)。

　ディスクールの場所は、「言うこと」を現実的なものとして、すなわち不可能によってそれとして知らせてくれる。それを述べるなら、こうである、

　　　　　　　性関係は存在しない。

《評釈》
　精神分析は、「言われたもの」から浮かびあがる無意識を論理的に探ろうとする。といっても、その論理は、「言われたもの」のつながりを真偽によって判定するような通常の論理ではない。フロイトが発見したのは、彼が防衛と名づけた心的機制によって生じる「言われたもの」のつながりとその揺れ動きであって、その論理は、「聞かれること」から無意識のつながりを探ろうとする筋道である。ラカンの方法は、その筋

道をディスクールにおけるシニフィアンの移動として明らかにしようとする。「言うこと」は、「聞かれること」によって「言われたもの」の背後に隠れてしまうのであるから、分析者のディスクールは、あくまでも「言うこと」を復元させるところに主眼をおいている。

そこで、「言うこと」と真理の関係をみると、通常の論理が、「言われたもの」のうちに言葉と対象の十全な合致があるのをあっさり認めて、それを真理の概念としているが、分析の経験からは、「言うこと」からついぞそういうことは起こらない。それは「言うこと」が「聞かれること」によって、真理に届くことはないという意味である。「言うこと」は、真理との関係では、つねに言い足りないまま、半ば言われたことになるのである。それは「言うこと」と真理のあいだに切断のあることを示しているが、「半ば言う（midire）」は、ラカンの造語で、médire（悪く言う、けなす）と同じように活用すると書いているが、それならば、テキストで二人称の tu は、vous であろう。しかし、2001 年刊行の "Autres écrits" でもそのままである。また、テキストにある ce midit net とは、「この正真正銘の半ば言う」とでも訳せようが、ラカンは俗語の midinette（いわゆる、軽薄なミーハー娘）にかけて、それがけっして真理に届かない、つねに軽はずみな言葉であると仄めかしている。

「言うこと」は、現実的なものとしてディスクールのなかを移動し、それにともなってディスクールのタイプを変えていくが、自由自在にそうするわけではない。たしかに、ディスクールは次つぎと交代するが、あるディスクールは、必ず別のディスクールにつながっている。どのディスクールも四つの場所（見かけ、大他者、産出物、真理）と四つの要素（S_1＜主シニフィアン＞、S_2＜知＞、$\bar{S}$＜主体＞、a＜欲望の原因＞）で構成されているが、分析者のディスクールを例にとってみよう。ここで「見かけ」の場所にある対象 a は、ヒステリー者の $\bar{S}$、主人の S_1、大学人の S_2 と、それぞれ同じ場所にあった要素の後継者である。そして、対象 a が再び $\bar{S}$ と入れかわれば、これがまたヒステリー者の「見かけ」となって、ディスクールのタイプは変化するだろう。ラカンは、本文で、

そのようすを知るのに「ラジオフォニー」(邦訳、弘文堂、『ディスクール』に収録) の末尾に掲げた図を参照して欲しいと書いているが、それを参考のために紹介しておこう。

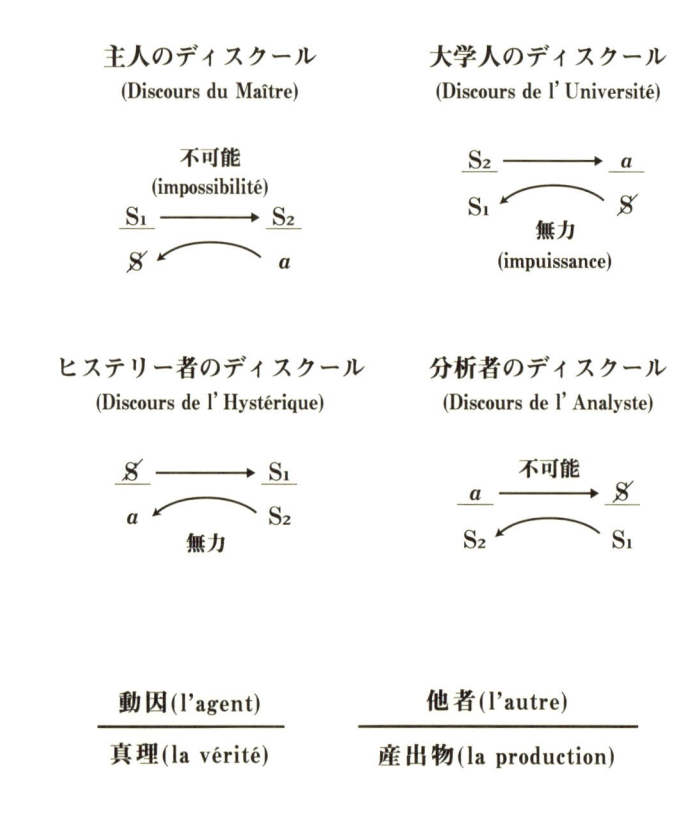

主人のディスクール
(Discours du Maître)

不可能 (impossibilité)
$$\frac{S_1 \longrightarrow S_2}{\displaystyle\not{S} \longleftarrow a}$$

大学人のディスクール
(Discours de l'Université)

$$\frac{S_2 \longrightarrow a}{S_1 \longleftarrow \not{S}}$$
無力 (impuissance)

ヒステリー者のディスクール
(Discours de l'Hystérique)

$$\frac{\not{S} \longrightarrow S_1}{a \longleftarrow S_2}$$
無力

分析者のディスクール
(Discours de l'Analyste)

不可能
$$\frac{a \longrightarrow \not{S}}{S_2 \longleftarrow S_1}$$

$$\frac{動因(l'agent)}{真理(la\ vérité)} \quad \frac{他者(l'autre)}{産出物(la\ production)}$$

S_1　主-シニフィアン (le signifiant maître)
S_2　知 (le savoir)
$\not{S}$　主体 (le sujet)
a　剰余享楽 (le plus-de-jouir)

この図は、本論を発表してから約半年後のセミネール『アンコール』（第二講、1972年、12月19日）の記録（ミレール版）に再掲されているが、本論とは、場所と要素の呼称が少し異なっている。すなわち、本論の「見かけ」の場所は「動因」に、大文字の「大他者 Autre」は小文字の「他者 autre」となっている。また、（対象）a を「剰余享楽」としているが、これは『アンコール』の前年度のセミネール『…ウ・ピール』で板書した（1972年、6月1日）呼称を受け継いでいる。ラカンが四つのディスクールについて講義したのは、1969年12月から始めた『精神分析の裏側』と題したセミネールからであるが、呼称の変化は、ディスクール論の趣旨には無関係と言ってよく、「動因」は、かなり原理的な考察によるものという印象を受けるが、ひとは「語る存在」でありながらも、ひととひとのゲームが現実にはじまるのは、他の生きものたちと同じように「見かけ」の場所からである。この用語は、ロジェ・カイヨワの『遊びと人間』（1967年、邦訳、講談社）からとっている。また、剰余享楽は、この図では（対象）a の説明として使っているが、『…ウ・ピール』では「大他者」の場所が「享楽」、「産出物」の場所が「剰余享楽」となっている。この用語は、剰余価値をもじっているようだが、その意味は、マルクスの経済学から精神分析の倫理学に移されて、とくに、次のセミネール『アンコール』で詳しく説明されている。あえて想像するなら、ひとは経済の世界でどれほど稼いでも稼ぎ足りないように、ディスクールにおいてどれほど享楽しようとしても、産出されるのはもっと享楽したいという剰余享楽で、つまりは享楽が不可能であるのを知らせている。

　さて、ディスクールはタイプの交代をくり返すが、精神分析についてみれば、その実践は、対象 a がディスクールにおいて「見かけ」の場所にくるまでの道のりを、話すひとの歴史としてたどり直すことだと言えよう。このディスクールでは、「真理」の場所にある S_2 に行きつくことができないので、他のディスクールの要素が「産出物」の場所から、時計の針とは逆方向に「見かけ」の場所に戻った結果である。すなわち、

大学人の「大他者」から、主人の「産出物」から、ヒステリー者の「真理」から、対象 a が「見かけ」の場所に引き返してきた結果である。ヒステリー者は、そこに戻るまですべての場所をたどり直さなくてはならない。それだけに、分析者のディスクールと親密な関係にある。さらに、精神分析家は、だれでもヒステリー者のディスクールから出発するのだとも言える。彼にとって、対象 a を現実的なものとして「見かけ」の場所に据える分析者のディスクールは、四つのディスクールがそこで閉じる場所である、にもかかわらず、そこはつねに移動する可能性をもっている。というのも、分析者は知にゆきつくことができず、それぞれのディスクールは、「真理」の場所にある要素へ行きつくことができない。そこで、どのディスクールも、それ自身で閉じることができないのである。そのことを、ディスクールのなかで各要素がたどる道筋に照らして、「性関係は存在しない」という定言によって述べている。

    Ceci suppose que de rapport (de rapport "en général"), il n'y a qu'énoncé, et que le réel ne s'en assure qu'à se confirmer de la limite qui se démontre des suites logiques de l'énoncé.

    Ici limite immédiate, de ce que "n'y a" rien à faire rapport d'un énoncé.

    De ce fait, nulle suite logique, ce qui n'est pas niable, mais que ne suffit à supporter nulle négation : seulement le dire que : nya.

    Nia n'y apportant que juste d'homophonie ce qu'il faut en français pour, du passé qu'il signifie, d'aucun présent dont s'y connote l'existence marquer que nya la trace.

    Mais de quoi s'agit-il? Du rapport de l'homme et de la femme en tant justement qu'ils seraient propres, de ce qu'ils habitent le langage, à faire énoncé de ce rapport.

    Est-ce l'absence de ce rapport qui les exile en stabitat? Est-ce d'labiter que ce rapport ne peut être qu'inter-dit ?

Ce n'est pas la question : bien plutôt la réponse, et la réponse qui la supporte, — d'être ce qui la stimule à se répéter —, c'est le réel.

Admettons-le : où il est-là. Rien à attendre de remonter au déluge, alors que déjà celui-ci se raconte de rétribuer le rapport de la femme aux anges.

《大意》
　さて、「性関係は存在しない」における関係は、通常の意味の関係であるが、それゆえ「言表されたもの」がそこにおいてすべてであり、それ以外には何もないこと、そして、現実界がそれによって確認されるのは、境界が「言表されたもの」の論理的帰結によって、やがて明らかになること、もっぱら以上のことによっている。
　現実界には、「言表されたもの」との関係を生むものは何も「ない（"n'y a"）」のであって、それゆえに媒介を欠いた直接の境界を生みだすのである。
　そのことが、いかなる論理的帰結であろうと、それ自体は否定できる（niable）ものではないにもかかわらず、どういう否定的なしぐさをもってしても、その否定を可能にするには十分でなく、たんに「ない（nya）」という「言うこと」だけが残る事態を生むのである。
　Nia（〜でない）は、まさしく nya の同音異義語であって、フランス語では、動詞 nier の過去を表わすのに必要であるが、それによって示されるような現在はなく、存在（existence）について過去の痕跡は、たんに「ない（nya）」のである。
　しかし、それによっていったい何が問題になっているのだろう。それは、男性と女性が、ともにランガージュの世界に住んでいて、まさにその関係が必ず「言表される」かぎりで、両性の関係が問題になっているのである。

だが、両性を安定の続く状態（stabitat）に追いやったその関係は、そもそも不在なのであろうか。それとも、その関係は、不安定である（labiter）がゆえに、ただ禁止される（inter-dit＜お互いのあいだで言われる＞）より他にありえないのだろうか。
　以上は、質問ではなく、まさしくそう質問させ、それをかき立て、くり返させているような答えそのものであって、その正体は、現実界である。
　それゆえ、現実界がそこにあるところで、それを認めようではないか。そのために、ノアの洪水までさかのぼるには及ばない。歴史は、すでに女性と天使たちの関係の謎を探るための貢ぎ物として語られている。

《評釈》
　関係とは、通常の場合、例えばA＝B、C＞Dのように、ある項と別の項を媒介となる第三項（＝、＞）によってつなぐことで、そこに何らかの意味（作用）が生まれることである。そこで、意味の不在（ab-sens）とは、いくつかの項があっても、それらをつなぐ媒介項がないか、あってもつなぐことができないことである。すべて、それはひとが言葉を使って生きていることから起こる。言葉で口をきかない生きものには、関係も意味作用もない。関係にまつわるすべては、「言われたもの」のうちで起こるのである。日常のランガージュでは、ある言葉と別の言葉とを、媒介になる言葉によってつないだとき、それらの言葉のもつ通常の意味から、そのつながりが理解できれば、言葉はひとの思考の筋道にしたがっているとされ、その言葉遣いは論理的と言われる。論理的帰結とは、言葉の筋道にしたがって生まれる意味作用が、当然そこへ行きつくところである。
　ランガージュの世界では、ひとが「言うこと」を「聞くこと」によって、その「言われたもの」について、「それは、そうではない」と言うことができるし、その否定が論理的に正しくても、誤まっていても、そこから意味を生むことができる。しかし、そういう否定そのものが、ある

ところからその先に進めない、その場所をここでは「境界」と言っている。その手前では、言葉のつながりについて肯定したり、否定したりする論理的なしぐさができるのを否定する（niable）わけにはいかないが、そこからは、しぐさそのものがない。つまり、境界の向こうでは、「言うこと」の道具である言葉がなく、言葉をつなぐ言葉もないのである。ランガージュは、「AはBである」を「AはBでない」と否定することによって、ともかくも二つの「言われたこと」を論理的につなげることはできるが、そのそとにある世界は、こちらの世界とそんなふうにつながりはしない。こちらからは、せいぜい「ない（n'y a）」と言えるくらいである。

　こうしてみると、ランガージュは、ひとに言葉の論理的な使用を可能にさせたが、他方において、ひとを言葉の媒介がない世界との境界に直面させたのである。われわれは、境界の概念によって、ランガージュの世界の向こうを現実界と考えることができる。そこには、関係を生むものは何もない。にもかかわらず、そこはひとの世界に干渉する。とくに、ひとを社会関係の実現へ向けているディスクールにおいて、そこは大きな力を及ぼしていて、それがディスクールにおける四つの場所のつながりをぐらつかせて、各要素の移動を促しているのである。

　nya（ない）と nia（〜でない）は、二つの性質の違う否定を表わすのに作られた、後に nianya と一語で使われる言葉遊びの同音異義語である。nya は、il n'y a pas de（〜がない）の一部をとった造語で、il は、形式主語と呼ばれるように、性、数とは無関係に使用されるので、その語はたんに「ない」を表わすとされるのに対して、nia は、語形上は nier（否定する）の三人称、単純過去形で、何かを「〜でない」と否定する動詞の活用形である。そこで nya は、ディスクールにおいて場所を決定できない主体が、ただ nya と言うだけで、それが表わすのは肯定でも否定でもなく、たんなる意味の不在（ab-sens）である。一方、nia は、過去において実在するものを述べるのに、その普遍性を否定することもできた。nya が、普遍性の否定された存在がいるということにはいっさ

い関わらないのに対して、niaは、ともかくも過去の否定によってそういう存在が現にいるということを述べているのである。そこで、nyaは、性、数、歴史的過去などに関係のない、いまの「言うこと」にかかわるのに対して、niaは、とくに現在において過去の歴史を認める「言われたもの」にかかわると見なすことができる。そして、この二つの否定の仕方が、ともにランガージュの世界に生きる男性と女性のものの言い方の違いを、根本において規定しているのである。

　nyaとniaの同音異義語は、nianyaと一語になって、ディスクールにおける両性のものの言い方を表わしている。そして、その違いには、両性における去勢の結果が反映している。去勢は、フロイト以来の中心的な概念の一つであるが、ディスクール論では、あくまでもランガージュの世界に生きるひとに則して、その内容は洗練されている。niaは、男性のものの言い方で、過去にこだわり、「かつて、去勢されていないひとがいた」という、男性の幻想に特有の、普遍を否定した存在判断を表わしている。nyaは、つねに現在で、過去の歴史は、たんにその痕跡（trace）がないのである。すなわち、それは「去勢されていないひとはいない」という女性の存在判断に示される。ちなみに、男性は、神話（ノアの洪水）を作って、過去の歴史があたかも現在に続いているように語るが、女性は、いま目の前に現われる天使を想像する。

　そのように、両者はそれぞれの存在判断に立って、ひとの世界をじっさいに支えている述語判断を口にするが、それによって生まれる現実の社会秩序は、いつも多かれ少なかれ安定しているが、根本的には不安定で、流動的である。というのも、ランガージュの世界には、両者の存在判断を媒介して関係としてつなぐような言葉はないからである。それはディスクールにおいて、四つの場所を移動する各要素に、お互いのつながりがないことに示されている。主人のディスクールにおいても、分析者のそれにおいても、S_1とS_2が「見かけ」と「大他者」のあいだで、また「産出物」と「真理」のあいだでつながるのは不可能である。そして、それがまた両性における性関係の不在を表わしている。

それゆえ、性関係の不在は、意味－不在（ab-sens）であるが、そのことと切り離せないランガージュは、そこに現実の社会関係における安定をもたらすことができるだろうか。

　答えは、イエスであり、ノーである。ひとは、ランガージュの世界に住んでいて（habitant）、「言われたもの」によって、そこに安定した関係を築こうとしているが、それはいつも半ば成功し、同時に失敗している。そこで、性交渉のうちでもとくに近親相姦は、「言われたもの（le dit）」の「あいだ（inter）」で、禁止されるのである。すなわち、ひとはランガージュの世界に住み、それによってみんなが安定する状態（stabitat）を作りだそうとして、それはつねに多少とも長続きするが、本質的に不安定で、変化する（labiter）のである。なを、stabitatはstabiliser（安定させる）からの、labiterはlabile（不安定な）からの造語である。つまるところ、性関係が存在しないとは、例えば主人のディスクールにおいて、S_1とS_2がつながらないことである。ディスクールの各要素は、すべてが現実的な一面をそなえており、それぞれのつながりのあいだには現実界が割り込み、そこに関与しているからである。

　Illustrons pourtant cette fonction de la réponse d'un apologue, logue aux abois d'être fourni par le psychologue, puisque l'âme est aboi, et même, à prononcer (a) petit a, (a)boi.

　Le malheur est que le psychologue, pour ne soutenir son secteur que de la théologie, veut que le psychique soit normal, moyennant quoi il élabore ce qui le supprimerait.

　L'*Innenwelt* et l'*Umwelt* notamment, alors qu'il ferait mieux de s'occuper de l'homme-volte qui fait le labyrinthe dont l'homme ne sort pas.

　Le couple stimulus-réponse passe à l'aveu de ses inventions.

Appeler réponse ce qui permettrait à l'individu de se maintenir en vie est excellent, mais que ça se termine vite et mal, ouvre la question qui se résout de ce que la vie reproduit l'individu, donc reproduit aussi bien la question, ce qui se dit dans ce cas qu'elle se ré-pète.

C'est bien ce qui se découvre de l'inconscient, lequel dès lors s'avère être réponse, mais de ce que ce soit elle qui stimule.

《大意》

「性関係は不在であって、それゆえに禁止されるより他にないのだろうか」、この質問に対して、あるたとえ話（un apologue）によって答え、そのようすを説明しよう。それは心理学者によって出される苦しい答えである。すなわち、大学人のディスクールにしたがう心理学者にとっては、魂は苦しい状態（aboi）にあり、それは小文字の対象 a の＜a (boi)＞でもあるからだ。

すなわち、心理学者にとって、大他者の場所には苦境にある対象 a としての魂があるのだが、不幸にして、その場所を神学と同じようなやり方で維持しようとするために、心的なものには正常な状態があることになって、それを壊そうとするものの正体をつきとめようとしているのである。

ヤーコプ・フォン・ユクスキュルの「内的世界（Innenwelt）」と「環境世界（Umwelt）」のようなものについては、それよりも人間（l'homme）がそこから出られない迷宮を作りあげているディスクールの輪舞（l'homme-volte）に目を向けた方がよいだろう。

刺激－反応の組み合わせは、心理学者の創作であるのが明らかになっているが、人生において、個人に長続きさせてくれるような何かを解答と呼ぶのは、立派なことではあるけれども、それは間もなく、良くない状態で終わる。このことが質問を生みだし、生命が個体を再生産することをもって、その解答とする。すなわち、質問がふたたびくり返される

のであるが、その質問は、それがくり返されるような、この状況のなかで口に出されるのである。

　このような状況は、無意識によって明らかになり、無意識は、それゆえ解答なのであるが、それとともに解答が質問となって、それを刺激するのである。

《評釈》
　心理学者とされるひとが、すべて大学人のディスクールに従っているかどうかは別として、ここでは人間の魂（âme）すなわち精神あるいは心を、大他者の場所に据えて対象aとし、ありもしないその対象をあたかも実在するかのように追い求めているひとたちを指している。
　苦境（aboi）は、声（a-voix）に通じるかけ言葉として、対象aを探しあぐねる心理学者の苦しい発言を示唆している。かれらは、それでも神によって救済された状態があるという信仰のうえに立つ神学者と同じように、人間の苦しい心にも安定した、平穏な状態があるのを、いわゆる科学的な方法によって示そうとしている。
　ドイツの動物生理学者ユクスキュル（1864-1944）は、わが国でもその著書『生物から見た世界』（邦訳、思索社）などによって知られているが、彼は、「意味」の観念を動物の世界にまで持ち込み、それぞれの動物は「内的世界」と「環境世界」を意味として統合しながら生きているとした。しかし、意味は、精神分析にとって、ディスクールが輪舞する世界に住む「語る存在」に特有の現象であって、その出口のない世界は、動物たちの環境世界とはまったく性質の違ったものである。心理学者は、あたかもそれらを連続しているかのように見なそうとして、刺激と反応の因果関係を、ちょうど自然現象についてするように、やはり科学的とされる方法で示そうとしている。
　ここで、動物と人間のいわゆる心理現象を比較するよりも、「ディスクールの輪舞（l'homme-volte）」に目を向ける方がよいと言うとき、ラカンは、ドイツ語のUmweltとフランス語のhomme-volteがやや同音

的であることのほかに、volte（舞曲）と volt（電圧の単位、ボルト）の同音を利用して言葉遊びをしているようだ。ひとはランガージュの世界で、現実界のそとに閉じ込められている。そのためにひとのなかに生まれる抵抗を、言葉遊びで仄めかしているのである。

　生命は、個体の死と再生をくり返す。だが、ひとの世界では、個人の誕生と死のあいだに、両性の性関係は実現しない。そこには、「ただ、禁止があるだけなのか」という、質問であると同時に解答である「言うこと」がくり返されるのみである。ランガージュの世界には、心理学者が夢想しているような均衡のとれた平穏状態はない。無意識は、ランガージュの本質的な一面が実現した結果であり、ランガージュにはひとが生きているあいだ、ディスクールのなかでその質問と解答をくり返すように促す面がある。

　C't aussi en quoi, quoi qu'il en ait, le psychologue rentre dans l'homme-volte de la répétition, celle qu'on sait se produire de l'inconscient.

　La vie sans doute reproduit, Dieu sait quoi et pourquoi. Mais la réponse ne fait question que là où il n'y a pas de rapport à supporter la reproduction de la vie.

　Sauf à ce que l'inconscient formule : "Comment l'homme se reproduit-il ?", ce qui est le cas.

　— "A reproduire la question", c'est la réponse. Ou "pour te faire parler", autrement-dit qu'a l'inconscient, d'ex-sister.

　C'est à partir de là qu'il nous faut obtenir deux universels, deux *tous* suffisamment consistants pour séparer chez des parlants, — qui, d'être des, se croient des êtres —, deux moitiés telles qu'elles ne s'embrouillent pas trop dans la coïtération quand ils y arrivent.

《大意》
　いずれにせよ、心理学者は、そのようにくり返される輪舞のなかに入っていくのであり、それはひとが無意識に行なう反復なのである。
　たしかに、生命は再生産する。しかし、何を再生産するのか、またなぜするのか、それはだれも知らない。だが、生命の再生産を保証してくれるような関係はない。それゆえに、解答は、まさしく質問を生むのである。
　けれども、無意識とは、「どのようにして、ひとは自分を再生産するのか」と言う質問と解答を交互にくり返すことであって、それがまさに今の場合である。
　解答はこうである。すなわち、再生産するのは、質問を再生産するためである。あるいは、無意識がきみに対して、きみがそとにいる（ex-sister）ことについて別の言い方をさせるためにである。
　われわれは、そこから二つの普遍をつかまえなくてはならない。それらは、つまり二つの「すべて」であるが、話す存在のうちで、それらは別々になり、それぞれ十分な一貫性をそなえているのである。だが、話す存在の方は、不定冠詞（des）をとる漠然としたものであるにもかかわらず、それぞれにともかく自分は存在であると思っている。そして、二つの半分は、二つの普遍性がそれぞれに一貫しているときには、ともかくも「言うこと」のくり返しである性交（coïtération）において、さほどの混乱にも見舞われないのである。

《評釈》
　はじめのC'tは、C'est（それは、～である）とすべきところを、前文の最後のstimule（刺激する）の音声を受け、それによって質問と解答が反復され、心理学者を無意識のうちにディスクールの輪舞に誘い込むのを示唆しているのであろう。
　生命は、自然界で再生産をくり返すが、高等動物のひとにとっては、それが個体の誕生と死のあいだに、次の個体を生むという経験となって

現われている。ひとの心理現象も、やはり個体の誕生と死の短いあいだに起こることがすべてである。語る存在としてのひとにとって、それはランガージュの世界で起こることであるが、そのことが、個体の一生をひとの住む世界のうちとそとに分けてしまうのである。しかし、ひとは、そとにいながら（ex-sister）も、うちにいる（être）ことを求めてやまない。ランガージュは、ひとにそとの場所を作りだしたが、ひとはそれでもランガージュによって、うちとそとを一つにした存在を実現しようとする。そこに無意識が生まれ、その結果がさまざまの「言われたもの」として現われるのである。

　普遍は、ランガージュの世界で、シニフィアンを材料にして作られた言葉から生みだされる、「すべて」という観念である。それは「すべてのＳはＰである」という、主語とそれをすべて規定する述語の二つの言葉を思い浮かべて、それをつなげればよい。「すべてのひとは死ぬ」、「すべての奴隷は自由でない」など、例は、容易にあげることができる。ところが、この「すべて」の観念の表出が、男性と女性において異なる。

　男性と女性は、ひとの「すべて」であるが、両性は、それぞれが「すべて」の観念をもっている。もし、それらが一つであれば、ひとの語る「すべて」は、まさしく両性にとって普遍となり、その「言われたもの」は事象と一致するだろう。しかし、ランガージュの世界には、主語のすべてを規定するような述語はない。それは、ランガージュを背景とするディスクールにおいて、あるシニフィアンから生まれるS_1が、それの求めるS_2とつながるのは不可能であることに直結している。そこでS_1とS_2のつながらないことが、性関係が存在しないことであるのを、一つの普遍があるのではなく、両性にそれぞれの普遍があるのを意味している。

　無意識は、ひとに別の言い方（autrement-dit）をさせる。Autrement-dit には、ふつうハイフンはなくて「言いかえると」の意味であるが、ここでは、無意識がランガージュにおいて、ひとに通常の言い方とは別の言い方をさせるのを、ハイフンをつけた一語によって強調している。

ひとは、個体として誕生と死をくりかえしながら、それぞれの性としてランガージュの世界のなかに生きている。それは現実界から離れた、普遍のない世界であり、ひとはそこで不定冠詞（des）をつけた無限定な存在として生きているが、ともかくも両性は、そのようにしてそれぞれが存在していると信じている。そして、それぞれの普遍にゆるぎがないときには、お互いが性の行為をくり返すなかで、さほどのもつれは生じない。Coïtéraion は、coït（性交）と itération（くり返し）を合成した造語である。

Moitié dit en français que c'est une affaire de moi, la moitié de poulet qui ouvrait mon premier livre de lecture m'ayant en outre frayé la division du sujet.

Le corps des parlants est sujet à se diviser de ses organes, assez pour avoir à leur trouver fonction. Il y faut parfois des âges : pour un prépuce qui prend usage de la circoncision, voyez l'appendice l'attendre pendant des siècles, de la chirurgie.

C'est ainsi que du discours psychanalytique, un organe se fait le signifiant. Celui qu'on peut dire s'isoler dans la réalité corporelle comme appât, d'y fonctionner (la fonction lui étant déléguée d'un discours) :

a) en tant que phanère à la faveur de son aspect de plaquage amovible qui s'accentue de son érectilité,

b) pour être attrapé, où ce dernier accent contribue, dans les diverses pêches qui font discours des voracités dont se tamponne l'inexistence du rapport sexuel.

On reconnaît, même de ce mode d'évacuation, bien sûr l'organe qui d'être, disons, "à l'actif" du mâle, fait à celui-ci, dans le dit de la copulation, décerner l'actif du verbe. C'est le même que ses noms divers, dans la langue dont j'use, bien symptomatiquement féminisent.

《大意》
　フランス語の「半分（moitié）」は、文字どおり「わたし（moi）」にかかわることである。私がはじめて国語の教科書で出会った若鳥の半分は、フランス語とともに、私に主体の分割の手ほどきをしてくれた。
　語る存在の身体は、いくつかの器官に分割されて、それぞれに象徴的な役目が与えられる。そのために、ときにはいわゆる通過儀礼の年齢が必要である。その証拠に、割礼の慣習に服する表皮は、何世紀ものあいだ、身体の突起部分が外科の象徴的な手術を待っている。
　身体の各器官は、そのように切り離されて、精神分析の見地からシニフィアンになるのである。それらは、身体の現実性をとおして個別的に現われ、ひとをおびき寄せる誘惑的な餌のようなものと言えるだろうが、その働きは、ディスクールによって与えられた役目をはたすことである。
　a）器官の現われとしては、身体から切り離すことができる勃起性の目立った表面の部位。
　b）器官の誘惑的な餌としての面では、性関係の不在を埋め合わせる貪欲のディスクールを生む餌のうちで、とくに勃起性の目立つ部位がそれを亢進させる。
　こうして、男性のいわゆる「能動的」とされる器官は、性関係の不在を排出するためのものとして知られている。そして、性交についてみると、男性に対して「言われたもの」のうちに能動態を探るよう促すのである。しかし、私の使っている国語（フランス語）において、例えば口唇的、肛門的、性器的などのいくつかの言葉は、それ自体が症候的に見て、能動態がじつは女性化しているのを教えている。

《評釈》
　ラカンがはじめて習った国語の教科書には、ひとが若鳥の半分を食べ

てしまったら、あとの半分は、若鳥でなくなってしまうという話があったという。その記憶から、ひとはいくつもの器官に分割されて、それらの器官から切り離され、いわば身体の半分として生きているが、もし切り離された半分が消失してしまったら、ひととして生きていけなくなると言うのである。そこで肝心なのは、ひとの身体から切り離された器官は、ひとが話す世界のディスクールにおいてシニフィアンになるということである。それによって、ひとの身体の諸器官は、話す世界のなかで象徴化される。

　割礼は、ふつうには男性の交接器であるペニスの包皮の一部を切除することと理解されている。ペニスは、男性の身体の突起部分であるが、とくにその勃起性によって目立っている。そして、この器官がディスクールのなかで、男性のいわゆる「能動性」を支える身体部位とされる。しかし、現実の器官とディスクールにおけるシニフィアンとを混同してはならない。後者はシニフィアンとしてのファルスであり、ペニスが象徴化されて、ディスクールのなかで働く、いわばひとの世界だけの呼び名である。ある身体器官は、それがディスクールのなかで何らかの性質を割り当てられると、それはすでに現実の器官ではなく、身体から切り離されて、ランガージュによって象徴化されたシニフィアンであるのが明らかになる。男性の勃起性をもった器官が、性交における性関係の不在を埋め合わせるかのように「能動的」とされるのは、むろん「言われたもの」において起こることである。それは、そうでないものをそうであるかのようにランガージュにおいて語った症候的な例であり、すでにランガージュそのものが、男性の普遍に逆らう別の「言われたもの」に、口唇や肛門などの別の器官を象徴化することによって別の意味を与えている。

Il ne faut pourtant pas s'y tromper : pour la fonction qu'il tient du discours, il est passé au signifiant. Un signifiant peut servir à bien des choses tout comme un organe, mais pas aux mêmes. Pour la castration par exemple, s'il fait usage, ça n'a (bonheur en général) pas les mêmes suites que si c'était l'organe. Pour la fonction d'appât, si c'est l'organe qui s'offre hameçon aux voracités que nous situions à l'instant, disons : d'origyne, le signifiant au contraire est le poisson à engloutir ce qu'il faut aux discours pour s'entretenir.

Cet organe, passé au signifiant, creuse la place d'où prend effet pour le parlant, suivons-le à ce qu'il se pense : être, l'inexistence du rapport sexuel.

L'état présent des discours qui s'alimentent donc de ces êtres, se situe de ce fait d'inexistence, de cet impossible, non pas à dire, mais qui, serré de tous les dits, s'en démontre pour le réel.

Le dire de Freud ainsi posé se justifie de ses dits d'abord, dont il se prouve, ce que j'ai dit, — se confirme à s'être avoué de la stagnation de l'expérience analytique, ce que je dénonce, — se développerait de la ressortie du discours analytique, ce à quoi je m'emploie, puisque, quoique sans ressource, c'est de mon ressort .

(1) Ici s'arrête ce qui paraît concurremment dans le mémorial d'Henri-Rousselle

《大意》
両性における身体器官の相違を考えるとき、見誤ってならないのは、それがディスクールのなかではたしている役割である。身体器官は、そこでシニフィアンになる。そして、あるシニフィアンは、ちょうどある器官のようにいくつもの役に立つが、同じように役立つわけではない。例えば、去勢を例にとると、それが行なわれるにしても、ペニスという

身体器官に行なわれるのであれば、総じて幸いにも、同じ結果をもたらすわけではない。それゆえ、「すべてのひとは去勢されている」は、それが器官についての「言われたもの」であるならば、両性に同じ結果をもたらすわけではない。身体器官は、ひとをおびき寄せる誘惑的な餌であり、それがいま述べた貪欲を釣りあげる針になるときには、その対象は乳房、尻、まなざし、声などさまざまであるが、それを「原初の女性的口唇（origyne）」の役目と呼んでみよう。だが、シニフィアンは、それとは反対に、ディスクールが続くのに必要なものを呑み込む魚であって、ある器官にさまざまな意味を与えるのである。

　身体器官は、シニフィアンとなって、それが話す存在にどこで性関係の不在という結果を与えるかを知らせる。シニフィアンがそれ自体で考えていることを追ってみると、それは存在であり、性関係の不在である。ディスクールのなかで、シニフィアンが考えることと話す存在とは、そのように分離しているので、話す存在によって育まれているディスクールの実態は、性関係の不在、不可能という事実のもとにおかれているのである。この事実は、「言うこと」によってではなく、各タイプのディスクールのあらゆる「言われたもの」によって明るみに出され、それらの輪舞によって、現実界の方へと向けられるのである。

　フロイトの「言うこと」は、われわれにはそのように与えられているが、まず、彼の「言われたもの」が、それを釈明している。「言うこと」は、私がすでに述べたことだが、それによって性関係の不在が明らかになり、また私がここで告発しているのだが、それによって分析経験の停滞がはっきりと認められるのである。私が述べたことや告発していることは、ふたたび分析者のディスクールをはじめることで明らかになるはずである。私は、たとえそれをする手段がなくても、それが私の持ち場であるので、そのことに専念しているのである。

　〔註１〕。ここまでが、おおよそ、アンリ・ルーセル病院の記念行事に

83

臨んで述べたことである。

《評釈》
　フロイトは、口唇、肛門、性器などの身体部位を、欲動がそこから生まれる源泉として重視した。とくに男性のペニスについては、両性の器官が生物学的対象として対立しているのではなく、それがあるかないかが、その後の去勢（コンプレックス）をとおして両性のあり方に決定的な役割をはたすと考えた。そのさい、去勢とともに、ペニスがあるかないかも解剖学的な器官を離れて、その意味はまったく象徴的である。
　一方、ラカンは、その象徴性をさらに一歩進めて、ひとの欲動がその対象に向かう身体部位を、ディスクールにつながる器官と見なした。つまり、ひとの欲動は、ランガージュの世界でディスクールへと向かい、そこでディスクールの効果であるシニフィアンになるのである。ディスクールがなければ、シニフィアンはない。したがって、口唇も肛門もシニフィアンとして働く。とくに、ペニスが象徴化されたファルスは、やはり象徴的去勢をとおして、両性の「言うこと」のうちで重要な役目をはたすシニフィアンである。ラカンは、そのさいにペニスだけでなく口唇や肛門なども、それらが欲動の通路として解剖学的に実在する器官であるときは、その働きはシニフィアンとはっきり区別しなくてはならないと言う。前者の働きは、意味にかかわらないが、シニフィアンはディスクールのなかで意味作用を生み、やがて意味の不在（ab-sens）を知らせるのである。
　シニフィアンとしてのみ働くファルスは、去勢をめぐって、両性に同じような意味作用を生まない。身体器官のペニスに対する「すべてのひとは去勢されている」という象徴的去勢は、両性のあいだで同じ意味をもつわけではない。すなわち、ペニスがあるかないかの現実から発するその「言われたもの」は、それがはじめからない女性にとっては直接にかかわりのないことである。しかし、そのような意味作用の不均衡と、身体の現実的な各部位がもつ誘惑的な面とは分けて考えなくてはならな

い。それらはひとをおびき寄せる餌のようなもので、それらに対する無定形な、いわゆる前性器期的な貪欲は、もともと個別的な器官から何らかの意味作用に向かうわけではない。ラカンは、それを＜ origyne ＞であると言う。これは oral（口唇的）、origine（起源）、gyne（女性を意味する接尾語）を組み合わせた造語で、「女性的な起源をもつ口唇的な領域」とでも言えよう。そこからはどんな対象も生みだされるが、意味は形成されない。シニフィアンは、それらを魚のように餌として呑み込んで、意味作用を生じさせるのである。

　生物学的対象として実在するひとの身体器官は、ランガージュの世界でシニフィアンとなり、それはディスクールにおいて、性関係の不在という事実を明るみに出す。「言うこと」は、ディスクールにおいて「言われたもの」とともに、その残滓として文字をのこす。分析者は、ひとの「言うこと」を聞いて、そこから文字を読む。フロイトの「言うこと」は、聞かれることによって「言われたもの」になり、いま、われわれには文字として残されている。ラカンは、アンリ・ルーセル病院の創立記念行事で述べたことの結びとして、精神分析家がフロイトの「言うこと」から文字としてこぼれ落ちた、その「言われたもの」をどのように聞くべきかについて、自分の立場を述べている。ひと言で、それはディスクールの輪舞に加わりながら「言われたもの」の意味を聞くことであり、精神分析家は、そのさい分析者のディスクールをもって、ランガージュの社会的な役割をはたしていこうと言うのである。

　つまるところ、それは「語る存在」としてのひとの世界では、ひとのあいだにどれほど精神分析で転移と呼ばれる心的なやりとりがあるにせよ、「性関係は存在しない」という事実を認めなくてはならない。分析者のディスクールは、その事実を認める過程で、他の三つのタイプのそれを相対化し、揺り動かす。というのも、それらのディスクールは、いずれもその事実に目をふさぎ、身をそらそうとしているからである。例えば、ここで指摘されている「分析経験の停滞」は、「言うこと」の痕跡としての文字を、あたかも鵜呑みにすべき既存の知識として、どこにも

ない欲望の対象につなげようとする大学人のディスクールからもやってくる。しかし、それは分析者のディスクールが移動した一つのタイプであって、ディスクールは、輪舞のなかを次つぎと別のタイプに移動するのである。そのなかで、ラカンは、分析者のディスクールに踏みとどまり、実践することが、そのためにどうしてよいかは分からないが、ともかくも自分の務めであると言っている。

第Ⅱ部

Dans la confusion où l'organisme parasite que Freud a greffé sur son dire, fait lui-même greffe de ses dits, ce n'est pas petite affaire qu'une chatte y retrouve ses petits, ni le lecteur un sens.

Le fouillis est insurmontable de ce qui s'y épingle de la castration, des défilés par où l'amour s'entretient de l'inceste, de la fonction du père, du mythe où l'Œdipe se redouble de la comédie du Père-Orang, du pérorant Outang.

On sait que j'avais dix ans pris soin de faire jardin à la française de ces voies à quoi Freud a su coller dans son dessin, le premier, quand pourtant de toujours ce qu'elles ont de tordu était repérable pour quiconque eût voulu en avoir le cœur net sur ce qui supplée au rapport sexuel.

Encore fallait-il que fût venue au jour la distinction du symbolique, de l'imaginaire et du réel : ceci pour que l'identification à la moitié homme et à la moitié femme, où je viens d'évoquer que l'affaire du moi domine, ne fût pas avec leur rapport confondue.

Il suffit que l'affaire de moi comme l'affaire de phallus où l'on a bien voulu me suivre à l'instant, s'articulent dans le langage, pour devenir affaire de sujet et n'être plus du seul ressort de l'imaginaire. Qu'on songe que c'est depuis l'année 56 que tout cela eût pu passer pour acquis, y eût-il eu consentement du discours analytique.

《大意》
フロイトは、彼の「言うこと」のうちに付属臓器を移植したが、そのことがまた彼の「言われたもの」を移植させることになった。しかし、そこから生じた混乱については、ちょうど雌猫が子猫を見つけるのがだ

いじなように、彼の読者がその「言われたもの」から意味を見つけるのがだいじなことである。

　それらの雑然とした集積物は、例えば去勢とか、愛が近親相姦によって養われる経緯とか、父親の機能とか、〈エディプス〉がシニフィアンやファルスの働きをわきにおいて、おしゃべりな森のオラン親父（オラン・ウータン）によって見当はずれに語られる神話とか、そういうものにとどまっているかぎり、その先に進むことはできない。

　そこで、私は、フロイトが彼のデッサンによって描くことのできた道筋を、フランス庭園風の幾何学模様をもって描き直すのに10年の歳月をかけた。彼の最初のデッサンは、第一の局所論と呼ばれる心的装置の図で、直線的に描かれている。しかし、意識と無意識の関係は、つねに想像的な軸と象徴的な軸が交叉することによって生じているから、何が性関係の不在を埋め合わせようとしているかをはっきり示そうとすれば、それはねじれた線になるだろう。

　さらに、ディスクールの各タイプにおける性関係の不在を、象徴界、想像界、現実界の区別をはっきりさせることによって認める必要があった。また、それによって半分（moitié）としての男性と、半分としての女性へのそれぞれの同一化は、私が述べたようにもっぱら自我（moi）にかかわる事柄で、両性の混乱した関係とは別であるのを認める必要があった。

　自我の問題とファルスの問題とは、分かっていただけたように、ともにランガージュのなかで明らかにされる。そして、それは自我の問題になるのであって、たんに想像界という一つの領域にあるのではない。そのことは、私が1956年に「精神分析の現況と分析家の養成」と題して小論を公表して以来、すでに既得事実として認められ、そこに分析者のディスクールの承認があったはずである。それを思い起こしてほしい。

《評釈》
　去勢、近親相姦、父親、エディプスなど、フロイトの使った用語がそ

れぞれに説明されると、それらは往々にして理論の根幹を離れ、恣意的な内容をもつことになる。ラカンは、理論の全体を鳥瞰するための最初の足場を、フロイトが心的な場所を表わすものとして描いた最初の図に見いだそうとする。それは二つあるとされるフロイトの場所論の最初の図で、彼が1896年12月に、友人フリースに宛てた手紙に描いた次のような図である。

知覚 → 知覚記号 → 無意識 → 前意識 → 意識

この図は、4年後に公にした『夢の解釈』の第7章にも、次のように用語の一部を変えて提出されている。

知覚 → 記憶 → 無意識 → 前意識 → 意識

図は、どちらも心的な場所の関係を直線的に示して、説明を分かりやすくしている。ちなみにラカンは、自分のシニフィアンはフロイトが手紙に書いている「知覚標識（Wahrnehmungszeichen）」にいちばん近いと言っている。彼が、図をさらに分かりやすくするために10年の歳月をかけたと言うのは、フロイトの直線的な図を次のように描き直し、やがて1956年に書かれた「『盗まれた手紙』についてのゼミナール」のなかのシェーマLと呼ばれる図になったことを指している。以下はその骨子である。

　象徴界、想像界、現実界、これらの用語は主体を規定する三領域として使われ、ラカンは、しばしばボロメオの輪のような三つの紐輪で表現するが、場所論的な概念ではなく、それらがともに働いて主体を生みだすとされる機能的な概念である。しかし、主体をそれらの働きによって規定したことから、フロイトの直線的な図は、二本の交叉する図に描き直されたのである。ディスクールにおける無意識の関与と性関係の不在を考えるためには、三領域を峻別しなくてはならない。フロイトの直線

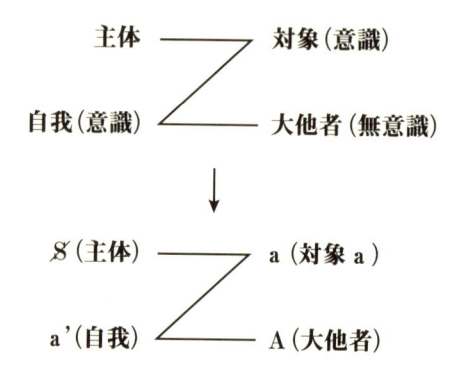

```
        主体 ───────┐   対象（意識）
                    ╲ ╱
                    ╱ ╲
    自我（意識） ───┘   大他者（無意識）
                    ↓

        $S$（主体）──┐   a（対象 a）
                    ╲ ╱
                    ╱ ╲
        a'（自我）──┘   A（大他者）
```

的な図は、いわば想像界を中心的な軸として心的過程が描かれている。しかし、心的過程に無意識が生まれるのは、その根本に象徴界の働きがある。大他者は、象徴界の構成に与るが、それ自体は機能的な概念ではなく、あくまでも場所であって、特定の材料や実質や内容はもたない。しかし、この場所が無意識の主体を生むのに、決定的な役目をはたすのである。

　想像的関係は、対象と自我、L図では対象aと自我a'を結ぶ斜線で表わされているが、そこは分析の実践において分析者のディスクールが分析主体に働きかけることのできる、いわば唯一のところであって、現実界にかかわる主体Sや象徴界にかかわる大他者Aは、実践のそとにある。想像界は、知覚によって受けとった見かけの像から、それを自己像として想像的に作りあげて形成されるが、分析主体を悩ます症状も、その過程で形成される。その場合の症状は、現実界が象徴界の効果によって主体の想像的な領域を動きのとれないものにしている状態であるが、分析者は、そこに主体と想像的な自己像とのそもそもの不一致、不調和を浮かび上がらせる。それによって、分析主体が語る存在でありながら欲望する主体でもあるのに手を貸そうとするが、それには主体がたんに

見かけの知覚像によって想像的に魅惑されている状態から、その欲望をシニフィアンとして大他者につなぐことが求められる。すなわち、主体をディスクールにおけるシニフィアンの働きに誘い、それを直視するのに手を貸すことである。

　精神分析にとって、分析主体が想像的領域で徘徊するのを見すごすのは、その実践が停滞する原因になる。そのことは、どの精神療法においてもたやすく分かることである。しかし、それを精神療法の現場からランガージュの広場に移してみると、例えば、大学人のディスクールがそこを徘徊しているのは、見かけの場所で知覚から受けとった知識（S_2）が、この世にない対象 a を求めてランガージュとの亀裂を生みだし、そこから引き返して往復をくり返しているからであり、これが、そのディスクールのたどる必然の道筋である。ランガージュの材料としてのシニフィアンは、ディスクールの効果として生まれ、それが主体を代理表象しながら、象徴界が主体の想像的領域に関与するきっかけを生み、シニフィアンは次つぎと代わりながら、その過程で意味作用を生む。大学人のディスクールには、その過程がふさがれている。たんに、見かけの場所で既存の知識（S_2）を並べたり、並べ替えたりしても、それによってディスクールを移動させる意味作用は生まれないのである。

　そうしてみると、ラカンが無意識の形成における象徴界の決定的な役割を強調したのは、そこにはっきりした理由があると言える。分析者のディスクールは、知識（S_2）に届くことができない。そこで少しつきつめれば、分析者には主体を代理表象するような知識はない。しかし、「言われたもの」も、シニフィアンと同じように、ランガージュの材料である。そして、それはやがてランガージュにおける知識となる。また、象徴界も、その「言われたもの」を材料にして主体の想像的領域に働きかける。その結果、無意識はディスクールのなかで、ランガージュの一面として生まれるのである。象徴界は、前述したように機能概念であり、そこに特定の内容はない。しかし、それは「言われたもの」の既存の知識として無意識を生み、これも言葉として表現される。すなわち、「言

われたもの」は内容を特定されることなく、それぞれの集団のラング（国語）として象徴界の働きを担って、それがあらゆる集団のなかに無意識を生み、それぞれの集団における症状を生むのである。

Car c'est dans " la question préalable " de mes *Écrits*, laquelle était à lire comme la réponse donnée par le perçu dans la psychose, que j'introduis le Nom-du-Père et qu'aux champs (dans cet Écrit, mis en graphe) dont il permet d'ordonner la psychose elle-même, on peut mesurer sa puissance.

Il n'y a rien d'excessif au regard de ce que nous donne l'expérience, à mettre au chef de l'être ou avoir le phallus (cf. ma *Bedeutung* des *Écrits*) la fonction qui supplée au rapport sexuel.

D'où une inscription possible (dans la signification où le possible est fondateur, leibnizienne) de cette fonction comme Φx, à quoi les êtres vont répondre par leur mode d'y faire argument. Cette articulation de la fonction comme proposition est celle de Frege.

Il est seulement de l'ordre du complément que j'apporte plus haut à toute position de l'universel comme tel, qu'il faille qu'en un point du discours une existence, comme on dit : s'inscrive en faux contre la fonction phallique, pour que la poser soit " possible ", ce qui est le peu de quoi elle peut prétendre à l'existence.

C'est bien à cette logique que se résume tout ce qu'il en est du complexe d'Œdipe.

《大意》
　というのも、精神病については、それを知覚されたものから与えられる応答として、そこに問題を読みとるべきだが、そのことは『エクリ』

に収録されている「精神病のあらゆる可能な治療に対する前提的問題について」(1957-58) で述べたとおりである。私は、いまここで、そこに「父の名」を導入し、同時に、精神病そのものを支配し、その支配力を推定させてくれるような領野（『エクリ』では、グラフで示されている）を導入したい。

　われわれが分析経験から教えられるところからみれば、性関係の不在を補う機能の第一に、「ファルスであるか、それをもつか」をあげるのは、少しも大げさではない（拙論「ファルスの意味作用」(1958) を参照）。

　ディスクールにおいては、「見かけ」と「大他者」の二つの場所のあいだに関係はない。しかし、ちょうどライプニッツの言う「可能」のような、あらゆる現象の創始者としての可能性がその意味作用のなかにあって、それをファルス関数としてΦxと書き込み、xを変項として両方の場所をつなぐことができる。語る存在者たちは、そこにそれぞれの仕方で変項を書き込み、その可能性に応えることができる。フレーゲによって、この関数は命題として書き込まれることになったのである。

　それは、単純に「補語」の次元に属することであるが、私は、前からそれを「普遍」そのものの状況全体に持ち込んでいるのである。そうなると、ディスクールには「存在」の一面がなくてはならず、それはファルス関数Φxに対してその「普遍」に否認を表明し、たんにそれを「可能」であるとするだろう。とはいえ、ファルス関数は、やはり「可能」によって「存在」を要請することができるのである。

　エディプス・コンプレックスについてのあらゆることが、まさしく以上のような論理によってまとめられる。

《評釈》
　ここでは、精神病についての論文に言及して、ディスクールにおけるシニフィアンの役割を「父の名」、去勢、ファルスにつないで述べている。すなわち、それは象徴界が、いかにディスクールにかかわるかにつ

いてふれることである。

　「父の名」は、「父」と「名」を分けて考えなくてはならない。「父」は、家族のなかでそう呼ばれている男性を指しているわけではなく、ここでは抽象化されて、どこにもその姿はなく、たんに「名」を与えるだけの役目を指している。「名」は、ランガージュの世界で初めて問題になる現象で、それによって言葉や語を連想させる。「父の名」は、そのような「名としての父」あるいは「父が与える名」であり、いずれも、「父」はたんなる機能を表わしている。グラフは、1957年から59年にかけてのセミネール（Ⅴ、Ⅵ）で描かれ、紹介されている論文のなかにはなく、同じ『エクリ』の「フロイトの無意識における主体の壊乱と欲望の弁証法」（1960年）のなかに紹介されている。それは、ふつう「欲望のグラフ」と呼ばれ、『エクリ』では完成まで四図に描かれているが、そこにも「父の名」の用語はない。ラカンは、「レトゥルディ」でそれを「導入する」のに、本文で現在形を使い、いま、そうしたいと言うのである。その趣旨は、ディスクールのなかで「父の名」をシニフィアンの働きに、とくにファルスにつなげようとするところにあるとみられる。

　「父の名」とファルスは、むろん別の概念であるが、ともに機能を表わしており、どちらもシニフィアンと密接に関係している。「父の名」は、シニフィアンの集積所とされる大他者のなかでとくに去勢にかかわる「法」のシニフィアンと結ばれ、ファルスは、あるシニフィアンと別のシニフィアンをつなげる特殊なシニフィアンである。両者をつなげるのは、言語学や論理学でコプラと呼ばれる繋辞や連結詞の働きであるが、そのことから、ファルスは意味作用を生むシニフィアンであると考えられる。本文で、ドイツ語による講演（Die Bedeutung des Phallus）を参照して欲しいと注記（「ファルスの意味作用」）しているのは、それと関連している。日本語の「意味」を表わすドイツ語は、ふつうSinnとBedeutungとされているが、ラカンはファルスについて、Bedeutungと言っている。フランス語では、Sinnはsensと訳され、Bedeutungはsignification（意味作用）であるが、同時に、ここでは言語学のréférence

（指向、参照）の意味を含ませている。

　Bedeutung は、言葉とその指向対象がつながることで生まれる意味作用である。ファルスでは、そういう Bedeutung が問題になる。続く本文で紹介されているフレーゲは、ドイツ語で意味（Sinn）と意味作用（Bedeutung）を区別した（論理学では、Sinn を意義、Bedeutung を意味と訳しているが、ここではフランス語からの訳にしたがう）ことによってよく知られている。ラカンは、フレーゲのおかげでファルス関数を命題として書き込めると述べている。それはフレーゲが、たったひとつの意味作用は、命題の真偽を決めるには不十分であるのを明らかにしたからである。例えば、「明けの明星」と「宵の明星」は、どちらも「金星」を指し、同じ指向対象をもっている。しかし、A 君は金星が明けの明星であるのを知っているが、B 君は金星が宵の明星であるのを知らない。また、金星が地球より小さいとすれば、明けの明星も宵の明星も地球より小さいということは、ともに真のはずである。ところが、B 君は宵の明星が金星であるのを知らないので、彼にとってそれが地球より小さいのは、真ではない。そのように、ある言葉の意味作用をたったひとつの指向対象を参照することで決めようとしても、それによって真偽を判定するのは十分でない。

　フレーゲは、意味（Sinn）と意味作用（Bedeutung）を分けて、後者は指向対象にかかわるが、前者はいわばある言語表現について、その内容を知っているかどうかにかかわるとして、両者を区別した。ラカンは、それを大いに評価しているが、彼の「ファルスの意味作用（Die Bedeutung des Phallus, la signification du phallus）」における Bedeutung は、フレーゲのそれと同じではない。というのも、フレーゲの指向対象である金星は、それがあるかないかは問題ではなく、彼はおそらく言葉の指向する対象が実在するのを否定していないと思われるのに対して、ラカンの指向対象であるファルスは、機能として抽象化された対象で、どこにもあるものではないからである。ファルスという指向対象は、主体がそれとどのようにかかわったかによってはじめて機能を生む。それ以外に、ど

こにもないからである。そこで、その指向対象には、いつもその働きが問題になり、それがファルス関数（機能）Φxとして表記されるのである。

　ラカンの Bedeutung は、そのように、たんなる指向、参照ではなく、ファルスというシニフィアンが生む意味形成作用（signifiance）でもある。また、それはディスクールのなかで二つのシニフィアンが、S_1 から S_2 へと移行するさいに生まれる意味作用でもある。そこには実在物に満ちた、いわゆる現実への参照はない。ある意味作用は、つねに次の意味作用につながる。そのように、分析において「言われたもの」は、すべてファルスへの参照によって表現される。それは現実への指向ではなく、ファルスの働きへの指向である。すなわち、ディスクールにおける四項の移動は、主体がそのつどファルス関数によってどう書き込まれるかを背景にしてすすめられる。そして、それが「命題」として書き込まれるのである。

　命題のもっとも基本的なものは、∀x・Φxで表わされる。Φは、通常の論理学のFをファルス関数に直した記号だが、それは「すべてのxについて、xはファルスの関数である（その機能に服している）」と読む。その意味は、ランガージュの世界に生きるすべてのひとは、「去勢」されているということである。ひとはxという変項であり、フレーゲがアーギュメントと呼んだものである。すべてのひとが、「去勢されている」という補語（述語）によって規定されているのは、全称の主語であり、それは「普遍」を表わしている。ラカンは、その普遍に批判を向ける。「すべてのSはPである」は普遍文であり、そこには述語判断がある。しかし、古典論理学のなかにも、特称の主語をとる「あるSはPである」という命題があり、それを今日では存在文と呼び、ファルス関数では∃x・Φxと記される。それは「PであるようなSが存在する」という意味であり、そこには「去勢されているひとが存在する」という存在判断がある。そして、ラカンが「普遍」に否認を表明するというのは、全称の主語を述語によって肯定する普遍文があるとしても、同時に、そ

れが存在文によって否定されうるということである。両者は明らかに矛盾しているが、それによってディスクールにおいては性関係が存在せず、そのもとで、ファルス関数がどのようにひととかかわっているかを知らせている。

　ファルスの働きはシニフィアンをつなげることであるが、語るひとにとって、そこから生まれる意味作用は一様でない。そのことが、エディプス・コンプレックスの様態を複雑にしている。けれども、ファルスの意味作用（Bedeutung、signification）は、続いて述べられる性別化の定式によってまとめられることになる。

　Tout peut en être maintenu à se développer autour de ce que j'avance de la corrélation logique de deux formules qui, à s'inscrire mathématiquement $\forall x \cdot \Phi x$, et $\exists x \cdot \overline{\Phi x}$, s'énoncent:

　la première, pour tout x, Φx est satisfait, ce qui peut se traduire d'un V notant valeur de vérité. Ceci, traduit dans le discours analytique dont c'est la pratique de faire sens, "veut dire" que tout sujet en tant que tel, puisque c'est: là l'enjeu de ce discours, s'inscrit dans la fonction phallique pour parer à l'absence du rapport sexuel.(la pratique de faire sens, c'est justement de se référer à cet ab-sens) ;

　la seconde, il y a par exception le cas, familier en mathématique (l'argument *x*= o dans la fonction exponentielle $1/X$, le cas où il . existe un *x* pour lequel Φx, la fonction, n'est pas satisfaite, c'est à- dire ne fonctionnant pas, est exclue de fait.

　C'est précisément d'où je conjugue le tous de l'universelle, plus modifié qu'on ne s'imagine dans le *pourtout* du quanteur, à l'*il existe* un que le quantique lui apparie, sa différence étant patente avec ce qu'implique la proposition qu'Aristote dit particulière. Je les conjugue de ce que l'*il existe un* en question, à faire limite au pourtout, est ce qui l'affirme ou le confirme (ce qu'un proverbe objecte déjà au contradictoire d'Aristote).

La raison en est que ce que le discours analytique concerne, c'est le sujet, qui, comme effet de signification, est réponse du réel. Cela je l'articulai, dès l'onze· avril 56, en ayant texte recueilli, d'une citation du signifiant asémantique, ce pour des gens qui y eussent pu prendre intérêt à s'y sentir appelés à une fonction de déjet.

《大意》
　以上のすべては、私が二つの定式の論理的な関係について述べていることをめぐって展開されているのである。それらの定式は、数学的に、$\forall x \cdot \Phi x$、$\exists x \cdot \overline{\Phi x}$ と記される。
　はじめの式は、すべてのxはΦxを満たす、と読まれ、真理価値 (valeur de vérité) を表わすVをもって記すことができる。分析者のディスクールでは、それは意味を生みだす実践と読むことができる。また、そのディスクールは、そのことに賭けているのであるから、あらゆる主体は、主体であるかぎりファルスの関数として登録されるという意味になり、そうすることによって性関係の不在をかわそうとするのである。(ファルスの機能は、それ自体としては意味がなく、意味を生む実践とは、まさしくこの意味－不在に向かおうとすることである)。
　次の式は、数学では親しい例外（指数関数x分の1において、項x = 0）を示す場合で、関数Φxを満たさないようなあるxが存在する、すなわち、関数関係が適用されることなく、じっさいに排除される例である。
　私は、まさしくそれら二つの式によって、「普遍のすべて」を量記号 (quanteur、$\forall x$) がこれまで「すべてについて (pourtout)」として考えられていることからだいぶ逸らせて、量子 (quantique)」を、その記

号にふさわしいように「あるものが、1として存在する」としたが、これはアリストテレスのいわゆる特称命題の内容とは、明らかに異なる。そこで取りあげている「ある1が存在する」は、「すべてについて」の境界をなし、それを確言し、確証するのである（「例外が規則を作る」という格言が、すでにアリストテレスの「矛盾関係」にさからっている）。

というのも、分析者のディスクールは主体にかかわっているが、その主体こそ、意味作用の効果として、現実界の応答であるから。私は、1956年4月11日以来、無意味なシニフィアンの例をあげて、そのことにふれてきたが、これはテキストに収められている。それは分析者のディスクールに関心を向けることのできる人たちのために、また、そのシニフィアンが廃棄物の役目をはたし、やがて分析者のディスクールにおいて見かけの場所をとる対象aとして、その役目をみずから引き受けようとする人たちのために述べたことである。

《評釈》

$\forall x \cdot \Phi x$ と $\exists x \cdot \overline{\Phi x}$ は、通常の論理学では、前者が全称肯定「すべてのSはPである」（$\forall x \cdot fx$）、後者が特称否定「あるSはPでない」（$\exists x \cdot \overline{fx}$）と呼ばれる命題を表わす。ラカンは、式中のfxを$\Phi x$に変えて、ファルス関数と呼んだ。また、命題を生む判断のうえからは、広く、前者は普遍判断、後者は存在判断と呼ばれる。後者は、日本語ではやや回りくどい表現になるが、「PでないようなSが存在する」という意味である。

ディスクールのなかで、もしすべてのxがΦxを満たす全称肯定として実現されるなら、その命題は真理の価値をもつ。だが、精神分析の実践において、xとは「主体」である。すると、分析者のディスクールにおいて、$\forall x \cdot \Phi x$ が実現するとはどういうことだろう。それは分析者のディスクールで見かけの場所をとる対象aが、シニフィアンの貯蔵庫とされる大他者に直接つながることである。言いかえると、主体が感覚的刺激から生まれる想像的イメージを、ランガージュの世界でそのまま

取り戻せるということである。そうなれば、対象 a と主体 $\cancel{S}$ は完全につながる（a → $\cancel{S}$）。しかし、精神分析の実践において、つまり分析者のディスクールにおいて、それは不可能である。

　一般に、全称肯定は、その命題から意味を生もうとする判断によって支えられているとみられている。例えば、「すべての人は平等である」や「すべての生きものは死ぬ」などは真理である、と。それらの命題において、たしかに、意味は全称の主語と述語のつながりから生まれるとみられる。しかし、それが精神分析における主体と、ファルスとのかかわりから生まれる場合はどうであろう。ファルスは、あるシニフィアンを別のシニフィアンにつなげる働きをするが、その働き自体には意味がない。それはシニフィアン「人」が、次のシニフィアン「平等」に向けて主体を代理表象するさいに働きはするが、二つのシニフィアンをつなげる過程は、意味の不在によって行なわれているのである。

　次の例外を示す式 $\exists x \cdot \overline{\Phi x}$ は、指数関数（fonction exponentielle）を x 分の 1（1／x）と分数関数（fonction fractionnelle）として表記しているが、『オートル・ゼクリ』では訂正されている。指数関数は、a を 1 でない正の定数として、x を変数としたとき、y=ax の形を指して、a を底（辺）とした指数関数というが、x がゼロのときはどうなるかを、ここでは例外として示している。指数関数は、1 でない正の数を成立条件としているが、それならば「あるものが 1 として存在している」とはどういうことか。それは、数をつながりとして定義する（1 は 0 によって、その次にくる数として定義される）さいの、意味の境界を示している。そのとき、0 によって定義される 1 は、「ない」と判断されるかもしれないが、それは普遍判断におけることで、存在判断においては「ある」という命題になる。そして、この判断が、すべてを主語とする普遍判断に否（ノー）と応答するのである。

　存在判断は、「すべて」から排除されたところに、「1（のようなもの）がある」を、命題として登場させる。分析者のディスクールでは、それは「言われたもの」の普遍と「言うこと」の存在に比較できるかも

しれない。しかし、そのような存在判断は、全称肯定と特称否定は互い
に矛盾するという、アリストテレスの対当関係では、とうてい論理的に
認められないだろう。古典的論理学では、全称は特称を含むか、もしく
は特称と矛盾する。しかし、分析者のディスクールでは、特称は「言わ
れたもの」の全称に含まれるのではなく、1の存在として「言うこと」
のうちにある。いわば普遍の及ばないところで言われるのであり、それ
が否定（$\exists x \cdot \overline{\Phi x}$）として表明されるのである。それゆえ、その判断は、
真理としての命題よりも、例外としてあることの主張につながるだろう。

　1956 年 4 月 11 日に、ラカンは「シニフィアンは、それだけでは何も
意味しない」と題した講義（邦訳、『精神病』（下）、43 頁）で、はじめに
ローマ時代の哲人政治家キケロの次の一節をあげ、フランス語に意訳し
ている。

　Ad usum autem orationis, incredibile est, nisi diligenter,
quanta opera machinata natura sit.

　「ランガージュの機能は、もしそこに細心の注意を払うならば、何と
多くの驚くべき事柄を秘めたものであろう」。これは逐語訳とは言えな
いが、原文の oratio をパロールではなく、より広くランガージュとし
て、そこにおけるシニフィアンと意味のかかわりを、分析者のディス
クールの立場で述べている。それによって、ラテン語の「驚くべき事柄
（incredibile）」には、言葉の材料となるシニフィアンが、それ自体では
何も意味せず、何も意味しなければしないほど、それ自体としては破壊
されにくいものになると言っている。そして、そのようなシニフィアン
を意味作用（シニフィカシオン）と取り違えることのないように注意を
促している。

　そのように、シニフィアンは、それ自体としてあり、ディスクールに
おいては当初から見かけの場所に、四つの要素のいずれかとして登場す
る。ヒステリー者に対しては、ランガージュの世界に生きながら（8）、

103

その意味作用が謎であり続けるシニフィアンとして、分析者にとっては、たんなる欲望の原因（対象 a）として、いずれも意味作用とは直接かかわりなく現われる。それらがやがて意味作用を生むのは、見かけの場所をとる諸要素が、どれも「それはある（存在する）」という意味に向かおうとするからである。しかし、そこに何があるのか。たしかに、それは意味されるものとしてあるだろう。けれども、そのことによって、それはひとを欺くためにあるようになるのである。分析者のディスクールにおいて、それが対象 a として登場するとき、分析者は、たしかにそれを「ある（存在する）」ものの方へ向ける。ただし、廃棄物としてあるものの方へ向ける。分析主体にとって、対象 a はやがてはねつけ、捨て去るべき対象だからである。そして、分析者とは、分析主体に対して、その対象 a の役目を引き受けようとする者である。

Frayage certes pas fait pour qui que ce soit qui à se lever du discours universitaire, le dévie en cette dégoulinade herméneutique, voire sémiologisante, dont je m'imagine répondre, ruisselante qu'elle est maintenant de partout, faute de ce que l'analyse en ait fixé la déontologie.

Que j'énonce l'existence d'un sujet à la poser d'un dire que non à la fonction propositionnelle Φx, implique qu'elle s'inscrive d'un quanteur dont cette fonction se trouve coupée de ce qu'elle n'ait en ce point aucune valeur qu'on puisse noter de vérité, ce qui veut dire d'erreur pas plus, le faux seulement à entendre *falsus* comme du chu, ce où j'ai déjà mis l'accent.

En logique classique, qu'on y pense, le faux ne s'aperçoit pas qu'à être de la vérité l'envers, il la désigne aussi bien.

Il est donc juste d'écrire comme je le fais : $\exists x \cdot \overline{\Phi x}$. L'un qui existe, c'est le sujet supposé de ce que la fonction phallique y fasse forfait. Ce.n'est au rapport sexuel que mode d'accès sans espoir, la syncope de la fonction qui ne se soutient que d'y sembler, que de s'y embler, dirai-je, ne pouvant suffire, ce rapport, à seulement l'inaugurer, mais étant par contre nécessaire à achever la consistance du supplément qu'elle en fait, et ce de fixer la limite où ce semblant n'est plus que dé-sens.

Rien n'opère donc que d'équivoque signifiante, soit de l'astuce par quoi l'ab-sens du rapport se tamponnerait au point de suspens de la fonction.

《大意》

大学人のディスクールに依拠して、この道筋からはずれ、解釈学的な、さらには記号学的な流れをたどっていては、たしかに主体の道を示すのは無理である。私は、この流れが今日いたるところで見られるのは、分析が行為の善悪や正邪を、その結果や目的に帰着させない義務論（déontologie）にしっかり据えなかったからであると想像している。

私が主体の存在を、指数関数 Φx に対して「否と言うこと」をもって明言したのは、その存在が量記号によって記されているからである。量記号は、その関数がいかなる真理値を与えることもできないことから、連続性を断たれているのである。つまり、それは真でも偽でもなく、たんにはずれたものとしての「誤り（falsus）」にすぎない。そのことは、すでに私が強調したところである。

古典論理学では、誤謬は真理の裏側としてしか認められないが、誤謬もまた真理を指しているのを思っていただきたい。

そこで、それを私がするように、$\exists x \cdot \overline{\Phi x}$ と書くのは正当である。それは存在する「ある１」で、ファルス関数からはずれたものとしてあるはずの主体ある。しかし、この式によって性関係に近づこうとしても希望はない。ファルス関数をそのように切り取る方法は、もっぱら見かけと、性急さのゆえになされるので、たんに性関係の端緒を開くために

も十分でなく、反対に、それによって性関係の不在というファルス関数の一貫性を補い、例外の見かけがもはや意味 – 離脱（dé-sens）でしかない境界を定めて、その一貫性を完成させるのに役立っているのだと言いたい。

そういうことが起こるのは、ひとえにランガージュにおけるシニフィアンの多義性のためであり、言いかえると、性関係の意味 – 不在（ab-sens）が、ファルス関数の停止点で弄する、巧みな策略のせいである。

《評釈》

義務論（déontologie）は、ふつう行為の価値を、その目的や結果から判定する目的論に対立する倫理的教説とされているが、フランス語では、とくに職業上の至上命令的な義務を含意するようになり、イギリス人のベンサムを祖とするこの語は、曲折を経ている。大学人のディスクールは、広く近代からの功利主義を支えているとみられるが、ここではフッサールの現象学やソシュールの言語学も、現代の解釈学的、記号学的潮流に沿った目的論的視点に立つ思想とみられている。それに対して、精神分析は、功利主義的立場をはなれ、主体とファルスのかかわりに目を据えるという職業的義務に従うべきと言うのである。

すると、主体の存在（∃x）は、古典論理学における命題の真偽関係のそとにあるべきものとみなされるようになる。主体は、Φxによって、関数関係の境界にいたるまではΦの変数項として連続性を想定されていたが、ラカンは、その境界で真偽を問う命題に「否」と言う主体の存在（∃x）を、量記号（quanteur）によって記す。それによって、主体を量子（quantum）になぞらえ、シニフィアンに代理表象される主体の存在の不連続性を強調する。量子は原子や電子のような、とびとびの値をとる極微の物質の物理量が、ある単位量の整数倍の値しかとれない場合を想定している。そこで、主体は、関数関係にはない、ばらばらの値をとる不連続な存在であり、たんにそこから落とされたもの（le chu）になる。chuは、choirの過去分詞で、ラテン語ではcado、落ちる（tomber）

の意味である。ラテン語の falsus は、フランス語では faux、ラテン語 fallo の過去分詞で、意味はフランス語で「落とす (faire tomber)」である。

　古典論理学では、命題は全称（すべての S）か特称（ある S）が主語となり、真理と誤謬は、命題関係によって真理価値が定まる概念として一対となっている。そこで、主体の存在が、真偽関係のそとにあるとすれば、そのことを $\exists x \cdot \overline{\Phi x}$ と記すのは正当である。それは、真理として「言われたもの」ではないが、正当性をもって「言うこと」である。すなわち、ディスクールにおいて「言うこと」が働く一面を、$\exists x \cdot \overline{\Phi x}$ と記すことは正当で、それは「去勢されてない x が存在する」という命題で表わせる。しかし、それは真理価値を問う $\forall x \cdot \Phi x$ の命題、「すべての x は去勢されている」とは、明らかに矛盾している。すなわち、全称命題にかかわる真理と、存在命題にかかわる正当とは相いれない。やがて明らかになる性別化の定式の全体のなかで、この二つの矛盾する命題は、男性の側に編入される。言わば、それらは男性の矛盾したものの言い方である。

　しかし、そこには全称判断から生まれる真理と、その判断形式に対して「否」と「言うこと」の正当とは無関係だという背景がある。男性は、全称判断による真理を「言われたもの」によって追い求める一方で、それに対して「否」と「言うこと」によって自分が真偽関係のそとに「いる」のを主張している。双方は、当然、ランガージュの世界では矛盾した言い方になるが、男性が「いる」ためには、真理にさからって、それを「言うこと」がなくてはならず、存在命題が出現するのは必然的 (nécessaire) である。それでは、男性が、自分は「去勢されていない」と言うことによって、性関係の不在を解消することができるだろうか。だが、それには「希望がない」。というのも、男性が去勢の例外として存在しているところは、見かけの場所であり、男性はたんにそこへ駆け込むことによって「ある（存在する）」にすぎないからである。

　ファルス関数は、ランガージュの世界で、主体を性関係が意味 – 離脱

（dé-sens）する境界にまで追いつめる。男性が見かけの場所に例外として存在するのを強調するのは、それによってランガージュにおける意味－離脱から遠ざかろうとしているのであり、性関係の意味－不在（ab-sens）に蓋をしようとしているのである。ファルス関数は、だからといって機能を停止することはない。なぜなら、その詐術は、もっぱらシニフィアンのつながりから生まれる意味作用の曖昧、不明瞭、不確定を拠りどころとしているからである。そのようにして、たとえ主体が例外として存在すると「言うこと」は正当であるとしても、その「言われたもの」のはらむ意味の多義性によっては、とうてい性関係の意味－不在に蓋をすることはできないのである。

C'est bien le dé-sens qu'à le mettre au compte de la castration, je dénotais du symbolique dès 56 aussi (à la rentrée : relation d'objet, structures freudiennes: il y en a compte rendu), le démarquant par là de la frustration, imaginaire, de la privation, réelle.

Le sujet s'y trouvait déjà supposé, rien qu'à le saisir du contexte que Schreber, par Freud, m'avait fourni de l'exhaustion de sa psychose.

C'est là que le Nom-du-Père, à faire lieu de sa plage, s'en démontrait le responsable selon la tradition.

Le réel de cette plage, à ce qu'y échoue le semblant, "réalise" sans doute le rapport dont le semblant fait le supplément, mais ce n'est pas plus que le fantasme ne soutient notre réalité, pas peu non plus puisque c'est toute, aux cinq sens près, si l'on m'en croit.

La castration relaie de fait comme lien au père, ce qui dans chaque discours se connote de virilité. Il y a donc deux dit-mensions du pourtouthomme, celle du discours dont il se pourtoute et celle des lieux dont ça se thomme.

 Le discours psychanalytique s'inspire du dire de Freud à procéder de la seconde d'abord, et d'une décence établie à prendre départ de ces — à qui l'héritage biologique fait largesse du semblant. Le hasard qui semble ne devoir pas se réduire de sitôt en cette répartition se formule de la *sex ratio* de l'espèce, stable, semble-t-il, sans qu'on puisse savoir pourquoi: ces— valent donc pour une moitié, mâle heur à moi.

《大意》
　私は、1956年以来、この意味 – 離脱 (dé-sens) を去勢の面から考えて、去勢は象徴的なものにかかわりがあると述べてきた。そして、ふたたび対象関係についてのフロイト的構造に戻ったが、その講義は、現在「報告」として残されている。私は、そのさいに去勢を、想像的なものにかかわる欲求不満 (frustration) と、現実的なものにかかわる剥奪 (privation) の両者から区別した。
　フロイトは、シュレーバー症例によって、精神病を徹底的に解釈した。そこにおいて、主体は、すでにその解釈が私に提供してくれた文脈のなかでとらえられていたのである。
　ところで、何がシュレーバーの「言うこと」における象徴界と現実界の波打ち際を作りあげているのか。その張本人が、慣習にしたがう「父の名」であるのが明らかにされたのである。この波打ち際の現実界で、見かけは座礁してしまう。けれども、そこで見かけが、穴埋めになるようなものを作るという関係を「実現させる」のもたしかである。しかし、われわれの世界の現実らしさを支えているのは、私の言うことを信じてもらえるなら、五感と呼ばれる感覚をのぞいて、幻想以外のものではない。現実らしさは、すべて見かけから生まれる幻想によって支えられているのである。

去勢は、じっさい父親につながる絆として、四つのディスクールのなかで男性らしさをそれとなく示している。そこで、すべてのひと・男性（pourtouthomme）には、二つの言われたものの次元（dit-mension）があることになる。一つは「すべてのひとは去勢されている」というファルス関数の次元で、もう一つは、それに対して「否」と言い、みずから切断される（se thomme）次元である。
　精神分析のディスクールは、フロイトの「言うこと」に鼓吹されて、はじめに「去勢されていないひと（男性）が存在する」という第二の次元から出発するが、それは幻想であって、彼には、はじめからその場所（一）に何が登場しようと、それは見かけの穴埋めにすぎないことを認めた慎みがあった。その場所には、まさしく人類の生物学的な遺産として残された贈りものがやってくるにすぎないのである。人類の男女の性比が安定的に半々である理由を知ることはできないが、男性である私にとっては、この場所（一）が全体の半分にすぎないのは残念なことである。しかし、男性には、その偶然がただちに性の配分として実現されているようには思えないのである。

《評釈》
　1956年11月から57年7月まで、ラカンは、「対象関係」と題した講義を行なっている。その記録は、J-A.ミレールの編集によるセミネール第4巻として、1994年に公刊されている（邦訳『対象関係』岩波書店、2006）。講義が行なわれたのは、本論執筆より前のことで、当時はJ.B.ポンタリスの書いた記録が「報告」という形で残されているにすぎなかった。
　主体を規定する三領域（想像界、象徴界、現実界）のうち、想像界については、1936年の論文「鏡像段階」から、49年にそれに手を加えて再論したときまで、ラカンがおもに関心を向けた領域であったと言える。象徴界は、その再論をきっかけに、想像界との関係において問題になる。そして、ここで述べている56年の講義から、理論上にはっきりと現実界が登場するようになる。それは「父親」がきっかけで、想像的な父親、

象徴的な父親、現実的な父親の三角関係が、精神病の構造と密接にかかわっているからである。「父の名」も、その探究のなかで案出された用語である。

　ラカンは、フロイトの対象関係に戻ると言っているが、とくにラカンの精神分析にとって、対象とは、何よりも欲望の対象であって、ランガージュを生みだす要素ではあるが、非常に変化しやすく、もともと欲動と一定の関係にあるわけではない。対象は、それ自体としては知覚することもできないもので、かえって、その幻想的な本質の一面は、ひとがある言葉をしつこく反復するときにみられるような、欲動の固着として現われる。それはランガージュに出会って、言葉を使用するようになると、そのことによって失われる何かであり、それゆえに、ラカンは1956年11月28日の講義のなかで「対象欠如（manque d'objet）」と言い、それと三領域との関連に言及して、去勢を、想像的対象の象徴的な欠如としたのである。対象は、そもそも幻想的で、想像界と密接しているが、それが主体にとって象徴界のなかで見いだせないこととが、すなわち去勢というわけである。ちなみに、想像的なものにかかわる欲求不満とは、現実的対象の想像的な欠如であり、現実的なものにかかわる剥奪とは、象徴的対象の現実的な欠如である。

　主体は、ランガージュの世界で象徴界から追放された現実界に感覚をとおして接触するが、そこは二つの領域の境目となる波打ち際であり、「父の名」は、その境目の場所から登場するのである。それ以後、「父の名」は、ディスクールのなかで見かけの場所をとり、そこには四つの要素（a、S、S_1、S_2）が次つぎにやってくる。「父の名」によって、現実的なものの見かけは、そのものとしては姿を消すが、ランガージュの世界では、そこに幻想が介入して見かけの代わりを作りだすのである。それは、ランガージュの世界で座礁した現実的なものの見かけである。

　「言われたもの」の全称命題（$\forall x$、Φx）は、普遍の真理を表明しているが、それはシニフィアンのつながり（$S_1 \rightarrow S_2$）から読みとることができる。「言うこと」は、それに対する「否」として、例外の現実存

（∃x, $\overline{\Phi x}$）を表明している。全称肯定命題（普遍命題）と特称否定命題（存在命題）は、もちろん「矛盾」した二つの命題とみることもできるが、それは男性らしさにつきまとう、「言われたもの」と「言うこと」のすれ違いである。Pourtouthomme と se thommer は、どちらも homme にかけた造語で、homme は、フランス語で「男性」と「人間」の両義があることから、男性は、すべての男性がそのままですべての人間に通じるという誤解に囚われているのを暗示していると言えよう。ところが、thomme は、homme をさらに遡り、それはギリシア語の τομή（切ること）、τομός（切断された者）だと言うのである。すなわち、全称肯定命題を口にする男性は、じつは普遍から切り離された者たちである、と。

精神分析は、フロイトの「言うこと」から出発したが、それは西欧の普遍を支配していた全称肯定命題（「すべてのひとは意識的存在である」）に「否」を表明することだった。いわば、男性の側からするヒステリー者のディスクールに従っていたのである。しかし、そこに去勢されていない男性が存在するという存在判断を認めたとき、それは見かけから生まれる幻想であり、ランガージュがそこに登場させるシニフィアンは、どれも見かけの代替物にすぎない。本文中の ces－の－は、棒線（-）によって、そこは次つぎと見かけの穴埋めがやってくる場所であり、そこに何がこようと、それはひとという生物の言語を操る能力と、表象を生む並みはずれた能力によって生まれるものを表わしている。フロイトは、そのことに気づいたので、精神分析は、やがて男性の「言うこと」に必ずつきまとう例外と、その「言われたこと」の普遍を、性別化の相対的な定式に戻すことができた。男性の普遍命題は、たんに半分の普遍として頓挫している。自身はファルス関数の境界のそとにいる幻想によって例外でありつつ、対象 a から切り離されて、性関係の不在を生きているのである。

Les lieux de ce thommage se repèrent de faire sens du semblant, — par lui, de la vérité qu'il n'y a pas de rapport, — d'une jouissance qui y supplée, — voire du produit de leur complexe, de l'effet dit (par mon office) du plus-de-jouir.

Sans doute le privilège de ces allées élégantes serait-il gain à répartir d'un dividende plus raisonné que ce jeu de pile ou face (dosage de la *sex ratio*), s'il ne se prouvait pas de l'autre dimension dont ce thommage se pourtoute, que ça en aggraverait le cas.

Le semblant d'heur pour une moitié s'avère en effet être d'un ordre strictement inverse à l'implication qui la promet à l'office d'un discours.

Je m'en tiendrai à le prouver de ce qu'en pâtisse l'organe lui-même.

Pas seulement de ce que son thommage soit un dommage *a priori* d'y faire sujet dans le dire de ses parents, car pour la fille, ça peut être pire.

《大意》
男性の側（thommage）にあるこの場所は、見かけから生まれる意味によって知ることができる。ディスクールのなかでは、見かけの場所に次つぎと登場する要素が、「性関係は存在しない」をくり返す真理によって、またそれを補う享楽（jouissance）によって、さらには見かけと真理と享楽の複雑な関係から生まれて、私が自分の職務から剰余享楽（plus-de-jouir）と呼ぶ産出物によって知られるのである。

たしかに、この例外という特権をもった立派な進路からは、性比（*sex ratio*）の配分という、コインの表裏を当てるゲームに比較すればいっそう理屈に合った配当が見込めるだろう。しかし、それは男性とファルスの関係が普遍に通じるという、一面的な性理論があるおかげであって、それがあるかぎり他の一面は明らかにされないだろうし、また、そのこ

とによる症状は重くなるばかりである。

　男性という半分の幸運な見かけは、じっさいにはまさしくファルス関数の機能によって、たんに他の半分の裏側となり、それをディスクールの管轄下に服させているのが明らかになる。

　私はそのことについて、身体器官そのものが、それによって苦しめられているのを明らかにするだけにしておこう。

　それは、たんに男性の側が例外なのだということ（thommage）が、両親の「言うこと」のなかで、「お前は例外だ」としてア・プリオリに損害（dommage）を受けているばかりではない。女子にとって、それはもっと悪い結果を与えうるのである。

《評釈》

　普遍を表明する男性のいるところは、thommage である。これは thomme に続く造語で、性別化の定式において男性の側にあることの状態や、それによる結果を表わしている。また、語呂合わせによって dommage（損害）へと続き、そのあいだに性比（sex　ratio）の dosage（配分）が入る。ratio は、ラテン語で比率、割合とともに理性、規則を意味する。それを含んで raisoné（合理的な＜配当＞）と言ったのだろう。dommage は、男性が thommage であることによって受ける損害である。すなわち、例外存在（$\exists x、\overline{\Phi x}$）として普遍を表明すればするほど、ますます性関係の不在に近づき、それに直面しなくてはならないが、そこには出口がなく、真理にとどく方途もない。その代わりに、それを埋め合わせるかのようにして生じるのが、享楽（jouissance）である。

　享楽は、ここでは何かを所有するというより、それを使用することによって、利益をうることである。例えば、jouissannce légale は、法律用語として合法的な「用益権（usufruit）」を指している。それは、ある物件を使用するよって利益をうる権利である。しかし、ここで何かを使用するというとき、その何かは具体的な物件ではない。それは精神分析における対象であって、欲望される対象（対象 a）である。したがって

実在する物件ではなく、シニフィアンの登場を待って、はじめて表象できる対象である。そうした対象は、ひとが「言うこと」によって、はじめてランガージュの世界の対象になる。けれども、男性が例外存在として表明した普遍の対象、すなわち性関係が存在するための対象は、シニフィアンを材料としたランガージュの世界の対象ではない。いわば、それ以前の唯一、全体的対象としての「もの」である。ラカンは、そのような対象を、フロイトの Das Ding をとって、たんに「もの (la Chose)」と呼ぶ。

　そこで、ひとが享楽しようとする何かは、そもそもはそうした「もの」であるが、それがランガージュの世界においてはできないことから、男性の側に「損害」が生まれるのである。男性には、「もの」ではなく、シニフィアンによってばらばらにされた対象よりほかには、享楽する何かはない。享楽とシニフィアンは、切っても切れない関係にある。ラカンは、『アンコール』のなかで、「シニフィアンは、享楽の原因である」、「それは享楽の実体のレベルにある」と言い、また、「シニフィアンは、享楽に向かうための休憩地点である」とも言う。すなわち、享楽によって真理に向かおうとすれば、それが不可能であるにしても、シニフィアンをたどって行くよりない。そこはシニフィアンのつながりから意味作用の生まれる道であり、その行程で、主体は不可能な享楽を放棄しながら、意味を受けとるのである。そういうことから、享楽には jouissace をもじった、J'ouïs sens（私は、意味を聞いた）という言葉遊びがぴったりである。ディスクールのなかで、享楽は意味と引きかえに、その十分な実現を捨てなくてはならない。そこに男性の側の「損害」がある。

　だが、それだけではない。享楽は、それとして実現できないことから、つねに剰余享楽（plus-de-jouir）を産みだす。これはマルクスの剰余価値（plus-de-value）をもじった用語である。

　マルクスでは、資本主義社会において、資本は労働力を商品として使用する。それは資本の享楽である。その結果、労働は、生産物に価値を付与するが、それは労働者にじっさい支払われる賃金の価値を越えて、

115

剰余価値となり、資本に利潤をもたらすもとになる。そして、資本家のそうした利潤に対する追求には限度がない。精神分析の享楽には、価値の観念はないが、その追求に限度がないのは、資本の利潤に対する関係と似ている。それは、いつも「もっと、もっと」とくり返しながら、その過程で偶然の結果としての産物を生む。分析者のディスクールにあって、それは大他者の欠如を埋めるはずの創設的なシニフィアン（S_1）である。しかし、それはあくまでもランガージュの世界から借りてきた「間に合わせ」としてしか実現せず、真理につながるためには無力である。ラカンは、本論を執筆するほぼ一月前の講義（1972年、6月1日。ミレール版では「四つの定式の理論」と題されている）で、見かけ→享楽→剰余享楽→真理の行程を、以下のように図示している。

$$\frac{a}{S_2} \quad \frac{\mathcal{S}}{S_1} \qquad \frac{見かけ (semblant)}{真理 (vérité)} \qquad \frac{享楽 (jouissance)}{剰余享楽 (plus-de-jouir)}$$

項 (termes) 　　　　　　　　　　場所 (places)

　このように、分析者のディスクールでは、享楽の場所にある引き裂かれた主体（$\mathcal{S}$）から、剰余享楽の場所に生み落とされる偶然の産物は創設的シニフィアン（S_1）であるが、その場所から真理のある知（S_2）の場所にはつながらない。しかし、それは主人のディスクールにおいて無理やりにつなげられた行程（$S_1 \to S_2$）に重なる。男性の側は、普遍の全称命題によって、その行程をつなげようとするのである。しかし、そこから男性の側の幸運な見かけ（semblant d'heur）の「損害」がはじまる。ここでは、heur（幸運）と malheur（不運）が、male heur ＜男の幸運＞の語呂合わせでかけられていて、男の幸運の見かけは、じつはその不運であると言うのである。それが、身体の解剖学的器官が苦しむという意味である。
　ファルスは、なるほど、男性の身体器官であるペニスを象徴している。

しかし、象徴の本質は、もともと関係のない二つのものを媒介することである。鳩が平和を象徴するとしても、両者はそもそも別のもので、関係が生まれるとすれば、ひとの想像力からである。そこで、ファルスがペニスを象徴すると、両者は別のものになって、身体器官はファルスではなくなり、両者をつなぐのは、もっぱらひとの想像力だけになる。男性の側には、例外の存在判断と普遍の全称判断によって、その想像力が幻想として表明されているのである。けれども、それはファルス関数が行きわたるランガージュの世界のなかで、たんにみんなのひとの半分の言い分にすぎない。それが、男性の側の見かけの不運である。

C'est plutôt que tant plus de l'*a posteriori* des discours qui l'attendent il est happé (la *happiness* qu'on dit ça aux U.S.A.), tant plus l'organe a-t-il d'affaires à en porter.

On lui impute d'être émotif... Ah! n'eût-on pu mieux le dresser, je veux dire l'éduquer. Pour ça on peut toujours courir.

On voit bien dans le *Satyricon* que d'être commandé, voire imploré, surveillé dès le premier âge, mis à l'étude *in vitro*, ne change rien à ses humeurs, qu'on se trompe de mettre au compte de sa nature, quand, au contraire, ce n'est que du fait que ne lui plaise pas ce qu'on lui fait dire, qu'il se bute.

Mieux vaudrait pour l'apprivoiser avoir cette topologie dont relèvent ses vertus, pour être celle que j'ai dite à qui voulait m'entendre pendant que se poursuivait la trame destinée à me faire taire (année 61-62. sur l'identification). Je l'ai dessinée d'un *crosscap*, ou *mitre* qu'on l'appelle encore ... Que les évêques s'en chapotent, n'étonne pas.

Il faut dire qu'il n'y a rien à faire si on ne sait pas d'une coupure circulaire, —de quoi? qu'est-elle? pas même surface, de ne rien d'espace séparer —, comment pourtant ça se défait.

Il s'agit de structure, soit de ce qui ne s'apprend pas de la pratique, ce qui explique pour ceux qui le savent qu'on ne l'ait su que récemment. Oui, mais comment ? — Justement comme ça : mécomment.

《大意》
　例外が受けるア・プリオリな損害は、それを待ちかまえているディスクールのア・ポステリオリな損害に捕まると（happé、アメリカ＜U・S・A＞では happiness と言う）、その損害をますますファルス関数が象徴しているペニスという現実的身体器官に向けていく。
　また、それを情動性のせいにして、ヒステリー者のディスクールの方へ向けていこうとするが、残念ながら、それではうまくいかなかったようである。そこで大学人のディスクールによって教育しようとしても、やはりうまくいかないのである。やってみるのはいいが、いつもうまくいかないのである。
　ひとは、古代ローマ時代の小説『サチュリコン』がみごとに描いているように、幼い頃から命令され、要求され、監視され、硝子器のなかで（in vitro）教育されても、その気質はいささかも変化しない。だが、それをひとの性格のせいにするのはまったく誤りで、ただ、それはひとが他人から言わされることを言うのを好まず、それに逆らうという事実によるのである。そこで、ひとをあるディスクールのなかに閉じ込めるのではなく、ディスクールの力がそこに拠って立つトポロジーを利用する方がよいだろう。私は、そのために、国際精神分析協会とのいざこざのために沈黙をよぎなくされた 1961 年から 62 年のあいだ、私の講義を聴いてくれた人たちに「同一化」について話し、そのなかでクロス・キャップ（*cross-cap*）あるいは僧帽（*mitre*）と呼ばれる射影平面によって、それにふれたのである。僧帽のトポロジーには、もっと他の呼び名もあるだろうが、それをかぶった精神分析協会の司教たちが争っていた

ところで、驚くにはあたらない。

　ひとが周回する切断について知らなくては何もできないと言わねばならない。しかし、どういう切断で、いったい、それは何か。それは平面でさえなく、空間を分離さえしない。

　それではどうやって、それ自体が分解されるのか。

　構造が問題なのである。言いかえると、実践によっては学べないものが問題なのである。それは、やっと最近になってそれを知ったのを知っているひとにとっての構造である。しかし、どうやって（comment）その構造を説明したのか。まさしく、そうやって、つまりやりそこなって（mécomment）、説明したのである。

《評釈》

　ペニスは、男性の身体部位としての器官であり、物質的なものである。ファルスは、それを象徴する機能概念であって、いかなるものとも物質的には結びつかない。両者を結ぶのは、ひとの想像力だけである。したがって、その特徴は一定の姿形がないことだと言える。ところが、男性の「例外」は、ファルスを物質的なものから切り離そうとしない。両者を結ぶ想像力は、欲望の生むシナリオを描くとき、それは幻想である。

　フランス語の happé と happiness は同じ意味ではないが、ラカンは、語呂合わせによって英語の「幸福」につなげる。物質的なものの特徴は、意味を問われることなく、数量化されることである。幻想は、数量化されたものと幸福とを結ぶ。物質的なものによって幸福を追究しようとする「アメリカ式生活法（american way of life）」は、分析者のディスクールと後天的にそりが合わないと言うのである。しかし、経験主義と功利主義が、どれほど主体をあるディスクールのなかに閉じ込めようとしても、主体はつねにそこから移動する可能性をもっているので、つまりはうまくいかないのである。『サチュリコン』は、ネロの時代に書かれた、三人の主人公が放蕩の旅を続ける長編小説で、いわゆるピカレスク（悪漢）小説の祖とされているが、ラカンは、それを主体とディスクールの

関係がとうてい一筋縄ではいかない例としてあげている。

　1959年に、フランス精神分析協会は、シカゴに本部があった国際精神分析協会（I.P.A）に正式な加入を申請した。I.P.Aは、それを受けて調査委員会を設け、検討した結果、1961年8月に、ラカンの教育活動の中止を勧告してきた。ラカンは、そのときから1963年にフランス精神分析協会が分裂するまでに起こった内外の紛糾を、「沈黙をよぎなくされたいざこざ」と言っている。しかし、その間にも、61年11月から62年6月までは、「同一化」と題した講義を行ない、翌年度も「不安」と題した講義を行なっている。「同一化」の記録は、現在までのところミレール版としては未刊であるが、非売品として複数の記録が発行されている。彼は、そのなかで、62年5月にはじめてクロス・キャップのトポロジーにふれている。この曲面は、これから詳しくふれているように、空間を二分することもなく、ただ周回する切断によってそれ自体が解体する。

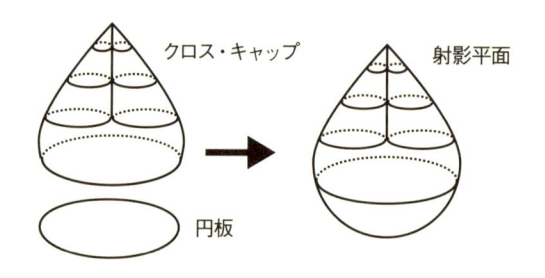

クロス・キャップ　　　　射影平面

円板

クロス・キャップから射影平面へ

　ラカンは、精神分析の経験から、分析者のディスクールをクロス・キャップの構造になぞらえて、ファルス関数をクロス・キャップの構造に近づける。その局面は、外部の世界をそれ自体で二分することなく、内部の切断によってそれ自体が解体される。しかし、どうやって解体されるのか。それを説明することによって、分析者のディスクールにおけるファルス関数の役目が明らかになる。彼は、その説明をmécommentによって行なったと言う。この造語の語頭につけたméには、二つの意

味が含まれているようだ。すなわち、それは、あるやり方（comment）の「誤り」や「失敗」とともに、一人称の代名詞目的格の「私を」という意味である。そのことは、ラカンがずっと以前からくり返してきた méconnaissance の用法から推測される。この語は通常のフランス語で誤認や無知の意味だが、ラカンはそれを mé-conaissance と分離して、主体が自分を鏡像として（想像的に）知るのは、誤認によってであるとする。といっても、ランガージュの世界にいる主体は、自分を現実的に知ることはできないから、自分を知るのは必ず誤認によるので、他にやり方はないと言うのである。

だが、méconnaissance の誤認の意味は、たんに否定的ではない。そこには二つの意味がある。一つは、ある一定のディスクールに閉じこもることによって生まれる自分についての誤認であり、二つめは、性関係の不在がもたらす意味－離脱（dé-sens）から生まれる誤認という、二つのしくじりである。それは、どちらもディスクールの行程において避けることのできない事態であり、ひとは、ディスクールによって、むしろその事態を正面から受け止めなくてはならないという積極的な一面をもっている。それは、mécomment という説明の仕方にもそのままあてはまる。つまり、クロス・キャップの構造によって分析者のディスクールを説明するというやり方をみると、それは、広く精神分析の実践において、分析家が分析主体に自分の解釈を告げるやり方に通じる。精神分析家は、分析者のディスクールにしたがって何かを解釈として説明しようとすれば、それは必ずやりそこなった仕方でするのである。四つのディスクールの輪舞のなかには、真理にとどく特権的なディスクールはない。それは、俗に正しい解釈はないと言われることに一致する。

何かを説明することは、「言うこと」の主体として、自分を告げることである。精神分析家の「言うこと」は、実践において解釈と呼ばれる。ディスクールは、そこにおける「私（のやり方）を」しくじったものとする。むろん、それは分析者のディスクールにかぎったことではない。四つのタイプは、それぞれの仕方で、私の「言うこと」を言いそこなっ

たものにするのである。にもかかわらず、分析者のディスクールに従おうとするなら、そのしくじりを進んで引き受けなくてはならない。そのことを、mécomment なる造語が伝えている。

　C'est bien du biais de cette fonction que la bâtardise de l'organodynamisme éclate, plus encore que l'ailleurs. Croit-on que ce soit par l'organe. même que l'Éternel féminin vous attire en haut, et que ça marche mieux (ou pire) à ce que la moelle le libère de signifier?
　Je dis ça pour le bon vieux temps d'une salle de garde qui d'en tout cela se laisse paumer, avoue que sa réputation de foutoir ne tient qu'aux chansons qui s'y glapissent.
　Fiction et chant de la parole et du langage, pourtant n'en eussentils pu, garçons et filles, se permettre contre les Permaîtres dont il faut dire qu'ils avaient le pli, les deux cents pas à faire pour se rendre là où je parlai dix ans durant. Mais pas un ne le fit de ceux à qui j'étais interdit.
　Après tout qui sait ? La bêtise a ses voies qui sont impénétrables. Et si la psychanalyse la propage, l'on m'a entendu, à Henri-Rousselle justement, m'en assurer à professer qu'il en résulte plus de bien que de mal.
　Concluons qu'il y a maldonne quelque part. L'Œdipe est ce que je dis, pas ce qu'on croit.

　《大意》
　器質（器官）・力動論の折衷説は、このファルス関数をめぐって、ことさらに音高く鳴り響いている。もしや、その器官によって「永遠に女性的なるもの」が、みなさんを天空の高みから引きつけ、かえってその

髄質的機能が、良かれ悪しかれ女性をその永遠なるものから解放してくれるとでも言うのだろうか。

　私は、医局のあの古い良き時代について言っているのだが、そこでは全員が医局の習慣に囚われていて、器質・力動論については、たんにその評判だけが大声の歌となって合唱されていたのである。

　それでも、パロールとランガージュのフィクションと歌は、医学生の男子にも女子にも、あの「父─主人（Permaître）」に反抗するのを許して（permettre）くれることができたかもしれない。しかし、彼らはすでに医局の習慣を身につけていて、二の足を踏み、私がサン・タンヌ病院で講義をしていた1963年までの10年間、I.P.A（国際精神分析協会）から禁止されていた場所にはやってこなかった。

　結局、だれが知っているのだろう。日常のランガージュにつきまとうベティーズ（軽はずみ、愚かしさ）は、そとからうかがい知ることのできないみずからの道をつらぬいている。分析者のディスクールは、知にとどかないのだ。医学生たちが、あの「父─主人」に反抗できたとしても、そのことがただちに分析者のディスクールにしたがうことにはならない。精神分析は、まさにアンリ－ルーセル病院で、ひとがわたしの話を聞いてくれたように、ベティーズを広めるのに役立つなら、私は多かれ少なかれそこで結果を出すことができたと、はっきり言うことができる。

　つまりは、どこかにトランプ札の配り間違い（maldonne）があるのだと言おう。私の言う＜エディプス＞は、ファルス関数について、ひとが思っているように男性の側だけに働いているわけではないのである。

《評釈》
　器質（器官）・力動論は、ラカンより一歳年下で、医局の同僚だったアンリ・エー（1900－77）が主張した学説で、イギリスの神経学者H.ジャクソンの理論を精神医学に応用した主張は、当時、フランスの精神医学界に大きな影響を与えたとともに、エー自身が、その後ずっと学会

の「主人」のひとりであり続けた。ラカンは、ここでファルス関数に照らして、彼の理論を batardise（雑種、折衷説）と呼んでいる。ファルスがペニスを象徴しているかぎり、ペニスは、ファルス的身体器官と呼べるだろう。しかし、身体器官の機能とファルス関数とは、けっして一つにしてはならない。前者は、現実的な身体であり、身体の現実界につながるが、後者は、ランガージュの世界にいるひとと象徴の関係に、広義には、文化とひとの関係につながる。エーの理論は、身体組織としてのファルス的器官と、ディスクールにおけるファルスの機能との関係をあいまいなままにする。そこで、ゲーテの「ファウスト」から「永遠に女性的なるもの」という文句を引いてきて、ペニスという身体の髄質的部位が、それをもたない女性という存在の本質を知るための道具にでもなると思っているのだろうかと皮肉に言っている。

　修業中の若者たち（ここでは医学生）のいるところには、どこでも「主人たち」がいる。< Permaîtres >は、père（父）と maître（主人）をかけて、同時に（se）permettre（自分に許す、あえてする）をかけている。すなわち、彼らは父であり主人である医局の支配者に、あえて反抗すればできたかもしれないが、当然ながら自分の身を守るために主人に従うという習慣に囚われて、禁止されているところには近づかなかった。ラカンは、1963年11月の「父の名」と題した講義を最後に、サン・タンヌ病院を去り、それまで10年間続けていた講義を中断した。そして、翌64年からは、場所をウルム街の高等師範学校の教室に移して、講義を再開している（この年の記録は、ミレール版セミネール XI『精神分析の四基本概念』に収められている）。

　ある時代の学会の主流をなすランガージュは、一応、「主人のディスクール」によって支えられていると考えてよいだろう。すると、当時のフランス精神医学界や、またそれと関係が深かった精神分析協会の内輪もめを、「主人のディスクール」と、それを別のディスクールに移動させようとする動きのいざこざとみることができる。ラカンは、だれがその原因や理由を知っているだろうと自問する。知っているのは、ラン

ガージュの世界にすむひとではない。ひとのランガージュには、ベティーズ（軽はずみ、愚かしさ）がつきものだからである。ベティーズは、本論に続くセミネール『アンコール』の中心となる用語の一つであるが、それはあるディスクールを、突然それまでの行程からずらせてしまうのである。それもまた、知の一つとは言えるが、ただし無意識の知である。すなわち、分析者のディスクールでは手がとどかない知という謎が、無意識によって表現される知である。ラカンは、そのセミネールのなかで「われわれは、ベティーズによって分析を行おうとしていますし、また、それによって無意識の主体という新しい主体に対面するのです」と言っている。

　ベティーズは、あるディスクールのなかで、主体をとんでもない方向にむけてしまう。しかし、それはランガージュにつきもので、避けることはできない。おそらく、ディスクールによって絶え間なくもちあがるいざこざの原因を知っているのは、無意識の主体によって表現されるベティーズという謎の知であろう。ラカンは、トランプ札の配り間違い（maldonne）を例にして、ファルス関数についての男性の側のベティーズを示唆している。maldonne は、mâle（男の、雄の）と donne（与える）を音声で結んだ言葉遊びであるが、それによって男性の軽はずみによる間違いを表わす。つまり、男性はファルス的身体器官に与えた機能をファルス関数にまで及ぼして、それが男性だけのもつ機能であり、同時にそれが男性の側に割り当てられたファルス関数の普遍を示していると言うのである。まさしく、そこに身体組織の現実的な機能と、その象徴的な機能との混同がある。ファルスは、それが象徴である根本の条件として、すでに男性の身体組織の現実界からは分離している。そして、それは象徴である同じ条件によって、たんにファルス的器官をもつひとの半分に働いているわけではない。男性の側の普遍には、いつもディスクールをとんでもない方向にむけるベティーズが働いているのである。

Ce d'un glissement que Freud n'a pas su éviter à impliquer — dans l'universalité des croisements dans l'espèce où ça parle, soit dans le maintien, fécond semble-t-il, de la *sex ratio* (moitié-moitié) chez ceux qui y font le plus grand nombre, de leurs sangs mêlés ,— la signifiance qu'il découvrait à l'organe, universelle chez ses porteurs.

Il est curieux que la reconnaissance, si fortement accentuée par Freud, de la bisexualité des organes somatiques (où d'ailleurs lui fait défaut la sexualité chromosomique), ne l'ait pas conduit à la fonction de couverture du phallus à l'égard du *germen*.

Mais sa touthommie avoue sa vérité du mythe qu'il crée dans *Totem et Tabou*, moins sûr que celui de la Bible bien qu'en portant la marque, pour rendre compte des voies tordues par où procède, là où, ça parle, l'acte sexuel.

Présumerons-nous que de touthomme, si reste trace biologique, c'est qu'il n'y en ait que d'race à se thommer, et qu'dale à se pourtouter.

Je m'explique : la race dont je parle n'est pas ce qu'une anthropologie soutient de se dire physique, celle que Hegel a bien dénotée du crâne et qui le mérite encore d'y trouver bien après Lavater et Gall le plus lourd de ses mensurations.

Car ce n'est pas là, comme on l'a vu d'une tentative grotesque d'y fonder un Reich dit troisième, ce n'est pas là ce dont aucune race se constitue (ce racisme-là dans le fait non plus).

《大意》
　フロイトは、＜エディプス＞について少し横道にそれたので、彼がファルス的身体器官の所有者たちのうちに発見したものに、その普遍的

な意味を与えざるをえなかった。その背景には、エスがそこにおいて語る人類のなかに、混血が広く見られることや、混血によって人口を大いに増やす人類のなかで、性比（*sex ratio*）の割合（半分－半分）が変わらないことがある。

　フロイトは、染色体による性別さえもない身体器官の両性性をあれほど熱心に強調していたのに、それにもかかわらず、そこから体細胞（soma）以外の生殖細胞（germen）にも、ファルスの機能がはっきり及んでいるのをすすんで認めようとしなかったのは不思議である。

　しかし、彼の普遍的な男性の構成（touthomme）は、論文「トーテムとタブー」のなかで作りあげた神話の真理を承認している。そこで、『聖書』の神話とそれを比べてみると、同じような特徴はあるが、エスがそこで語る性行為の曲がりくねった道をたどろうとするなら、その説明にいっそうの信頼がおけるとは言えない。

　われわれとしては、次のように考えておこう。すべての男性（touthomme）が、たとえ生物学的痕跡（trace）を残しているにしても、じつは、そこにみずからを切断する（se thommer）男性という人類の痕跡（d'race）しかなく、とうてい普遍的である（se pourtouter）とは言えないのである。

　私の説明は、こうである。すなわち、私の言う人種（race）は、人類学がいわゆる身体的特徴によって説明するようなものではなく、ヘーゲルがラヴァターの観相学やガルの骨相学を借りて、そこに人体測定値の動かしがたい違いを見るべきとしたものでもない。

　というのも、ライヒのようなひとが、そこに性におけるいわゆる「第三の」例外を打ち立てたようとした、あの奇怪な試みから見てとれるように、そこにはいかなる人種も構成されないし、そのような人種主義は、じっさいに存在しないからである。

《評釈》
　フロイトは、ファルス的身体器官の機能を越えて、ファルス関数が両

性に対して共通に働いているのを認めることができなかった。＜エディプス＞をファルス関数からではなく、身体器官の機能から考えようとするかぎり、そこにおける性関係の不在は明らかにならないだろう。すなわち、どこかで性関係が、とくに異性間のそれが可能だという幻想が消えないのである。そして、そのことが性現象の全体を、ファルス的身体器官の所有者である男性の心的な展開過程に集中させてしまう。フロイトは、若い頃、友人フリースとの文通のなかで、生命体を再生産する細胞のあいだの両性的な特徴を大いに強調していたのに、どうして身体器官を越えたファルス関数の働きに思い至らなかったのだろう。

そこには、彼の幼少期からの＜父親＞体験が、「トーテムとタブー」の＜原父＞となって結実する神話として立ち塞がっている。そして、その＜例外＞存在の幻想は、ファルス関数に照らして考えたとき、『聖書』のアダムとイヴの神話よりいっそう示唆的とは言えない。アダムは、神が自然物（土）から作った最初のひとであるが、女性はそのあばら骨から作られ、アダムとのあいだに三人の子（カイン、アベル、セツ）を生んで人類の祖先となる。あばら骨は、身体のいわゆる自然的な身体の部位であるが、女性が男性の身体に付属する部位から作られたとする神話には、そこに神の言葉が関与していると想像することができる。また、そこでは男性がその身体の一部を使って、やがて神の言葉を我がものにしようとする端緒をみることさえできる。ファルス的身体器官は自然に属するが、ファルス関数はランガージュをもとにしており、反自然的である。『聖書』の神話は、男性が反自然的である神の言葉を我がものとして話すと、相手は、女性であれば女性として応答する。そのときどちらも、すでにランガージュの世界にいる。しかし、一神教のディスクールは、女性の応答を無視しているうちに、男性の側のものの言い方のしくじりを、ますます明らかにしたのである。

男性、人間、全人間について、touthomme、touthommie、thommerは、どれも言葉遊びの造語であるが、hommeは、前述したように男性であり、人間である。そこで、touthommeは、全男性が全人間である

のを表わし、touthommie は、その男性による人間世界の仕組みを表わしている。しかし、thomme は、その男性がじつは全体（tout）ではなく、部分的存在でしかないのを、ギリシア語の τομή（切り取られた部分）と合成して表わしている。se thommer は、男性がみずからを全体から切断した存在だという意味である。これに関連して、se pourtouter も造語であるが、たんにみずからを全体化するという意味ではなく、ここでは、男性がファルス関数における男性の側の定式を普遍的であると主張しているが、じっさいには切断があって、それは不可能であるという意味を含んでいる。

　ヘーゲルが、『精神現象学』のなかで、ガルの骨相学にふれているのはよく知られているが、ここで現代の精神分析家のライヒをあげたのは、俗に、その名前からヒットラー支配体制の第三帝国（Reich）が連想されるせいかもしれない。しかし、ライヒは、ユダヤ人としてナチスの手で著書は焼かれ、1933 年には共産党から追放され、翌年には国際精神分析協会からも追放されている。おまけに亡命先のアメリカでは、1956 年に投獄され、翌年に 60 歳で獄死している。その生涯は、社会体制に対する徹底した＜例外的＞反抗者であった。彼は、オルゴンなる宇宙生命エネルギーの集積によって、社会的な性の抑圧から解放されると主張したが、そこには身体器官の機能に基づく性障害の治療がともなっていた。彼が作って売りだした「オルゴン・ボックス」なる商品と、ヒットラーによる「第三帝国」の人種主義を並べるのは、いかにもかけ離れた照応のようにみえるが、そのことから、身体的器官によって全体性の実現に至る＜第三の＞道はないのを示そうとしているのである。

　Elle se constitue du mode dont se transmettent par l'ordre d'un discours les places symboliques, celles dont se perpétue la race des maîtres et pas moins des esclaves, des pédants aussi bien, à quoi il faut pour en répondre des pédés, des scients, dirai-je encore à ce qu'ils n'aillent pas sans des sciés.

Je me passe donc parfaitement du temps du cervage, des Barbares rejetés d'où les Grecs se situent, de l'ethnographie -des primitifs et du recours aux structures élémentaires, pour assurer ce qu'il en est du racisme des discours en action.

J'aimerais mieux m'appuyer sur le fait que des races, ce que nous tenons de plus sûr est le fait de l'horticulteur, voire des animaux qui vivent de notre domestique, effets de l'art, donc du discours : ces races d'homme, ça s'entretient du même principe que celles de chien et de cheval.

Ceci avant de remarquer que le discours analytique pourtoute ça à contrepente, ce qui se conçoit s'il se trouve en fermer de sa boucle le réel.

Car c'est celui où l'analyste doit être d'abord l'analysé, si, comme on le sait, c'est bien l'ordre dont se trace sa carrière. L'analysant, encore que ce ne soit qu'à moi qu'il doive d'être ainsi désigné (mais quelle traînée de poudre s'égale au succès de cette activation), l'analysant est bien ce dont le cervice (ô salle de garde), le cou qui se ploie, devait se redresser.

《大意》
人種が作られるのは、四つの象徴的な場所がディスクールの順序にしたがって移送されていく、その仕方によるのである。主人たちの人種は、奴隷たちの人種とともに、主人のディスクールにおけるその象徴的な場所のうえに生き永らえ、学者ぶるものたち（pédants）は、学者ぶりに応じる者たち（pédés）とともに生き、ヒステリーの知を我がものにする者たち（scients）には、それに感化されて、応答してくれる者たち（sciés）がいなくてはならない。

人種は、ディスクールの四つの要素が見かけと大他者の場所を移動す

ることによって作られる。それゆえ、ここでは主人と奴隷の関係をたっ
た一つのディスクールのなかに閉じ込めていた時代（cervage）につい
ては、まったくふれないことにする。それらはギリシア人たちが自分た
ちのために追放した「蛮族」だとか、未開人たちの民族誌学だとか、親
族の基本構造などであるが、それらにふれないのは、現に行なわれてい
る人種主義を確かめるためである。

　人種に対しては、われわれにいっそう確かと思われるところでは、園
芸家がやっているのと同じことをしている。加えて、われわれの技術が
生みだした結果として、つまりディスクールの結果として、われわれの
奉公人となって生きている動物たちにしているのと同じことをやってい
る。そのように見るのが当を得ているだろう。そのような人間の種たち
は、犬や馬の種と同じ原理によって養われているのである。

　あらかじめお断りするが、分析者のディスクールは、人種を作りだそ
うとするディスクールとは反対の方向からディスクールを全体化する
（pourtoute）。言いかえると、分析者のディスクールは、ディスクール
の輪舞によって、現実界を輪のなかに囲い込もうとするのである。

　というのも、知られるとおり、精神分析家の経歴では、その順序とし
て分析者（analyste）は、被分析者（analysé）でなくてはならない。し
かし、そのとき彼は分析主体（analysant）である。この呼び名は、私だ
けに通用されるべきだと言われたにもかかわらず、たちまち広まったわ
けだが、この分析主体は、当直医務（cervice）によって、当直室のなか
で首は曲がり、既存のディスクールのために動きのとれない状態にされ
ていたから、それを真っ直ぐにしなくてはならなかった。

《評釈》
　ここでは、人種（race）という言葉を、個体間で交配が可能な一群の
生きものという生物学的な概念に限定しても、あまり意味がない。ブラ
ジルでは、金持ちの黒人（preto）は白人と呼ばれ、貧乏な白人
（branco）は黒人と呼ばれるように、社会的な価値観念がそこにつきま

とっている。犬や馬は、象徴的なものに想像力が加わってできあがる観念には縁がないので、同種間の個体どうしの相違には無関心である。ラカンは、むろん、人種がひとのランガージュによって生まれるという面に注目しているが、そこのディスクールの三つのタイプを例にあげて、社会的観念を作りあげるディスクールの構造を示唆している。なかでも、主人のディスクールは、それが固定的な既存の社会通念を支えているときには、人種の観念を本当らしく思わせるのに好都合である。それは、見かけの場所にいる主人（S_1）と大他者の場所にいる奴隷（S_2）の関係が、あたかも実在するものの現実の関係のように想像させるからである。

　主人と奴隷の関係における cervage は造語で、servage（奴隷の身分、隷属状態）と、ラテン語の cervix（首、うなじ）が合成されている。一語で、首にかけられたひも（corde）に支配されているという意味だろう。後出の当直室における cervice も同じような造語で、そこでは研修医たちが、主人のディスクールのひもに引きまわされて首が曲がってしまっていたと言うのである。

　園芸家（horticulteur）の園芸（horticulture）は、ラテン語の horti が囲われた土地であり、そこで栽培（cultura）することである。つまり、あとでひとの役に立つように、土地を囲って植物を育てることである。

　分析者のディスクールは、ある一つのタイプを固定させようとする方向とは反対に、みずからを含めた各ディスクールをつねに移動させようとする。それが分析者の職務であり、またそのディスクールを他の三つのタイプと分けた理由でもある。他のタイプにあっては、どれもそれぞれのディスクールのなかで全体化を実現しようとしているので、それ自体で凝り固まるのは避けられない。そこで、人種のような観念が社会通念となって広がる。しかし、分析者のディスクールにとって、ディスクールの全体化は、ある一つのタイプによってはけっして実現しない。ディスクールのなかで起こる流動そのものが、全体化を実現する（pourtoute）のである。ディスクールの四つの要素が、いつもお互いの

場所を移動して、輪舞をしているのが全体化の姿である。そして、その輪のなかから、ひとがけっして語らない、ランガージュの世界から追放された現実界が浮かび上がるのである。

Nous avons jusqu'ici suivi Freud sans plus sur ce qui de la fonction sexuelle s'énonce d'un *pourtout*, mais aussi bien à en rester à une moitié, des deux qu'il repère, quant à lui, de la même toise d'y reporter dit-mensions les mêmes.

Ce report sur l'autre démontre assez ce qu'il en est de l'absens du rapport sexuel. Mais c'est plutôt, cet ab-sens, le forcer.

C'est de fait le scandale du discours psychanalytique, et c'est assez dire où les choses en sont dans la Société qui le supporte, que ce scandale ne se traduise que d'être étouffé, si l'on peut dire, au jour.

Au point que c'est un monde à soulever que ce débat défunt des années 30; non certes qu'à la pensée du Maître ne s'affrontent pas Karen Horney, Hélène Deutsch, voire Ernest Jones, d'autres encore.

Mais le couvercle mis dessus depuis, depuis la mort de Freud, à suffire à ce que n'en filtre plus la moindre fumée, en dit long sur la contention à quoi Freud s'en est, dans son pessimisme, délibérément remis pour perdre, à vouloir le sauver, son discours.

Indiquons seulement que les femmes ici nommées, y firent appel-c'est leur penchant dans ce discours-de l'inconscient à la voix du corps, comme si justement ce n'était pas de l'iticonscient que le corps prenait voix. Il est curieux de constater, intacte dans le discours analytique, la démesure qu'il y a entre l'autorité dont les femmes font effet et le léger des solutions dont cet effet se produit.

《大意》
　われわれはフロイトを追ってきたが、ここまでは、ある一つの全体（*pourtout*）によって性機能（関数）を明らかにすることについて述べただけだった。彼にあっては、言われたものの次元（dit-mension）を同じ物差しで計っているので、二つに分けたその寸法は、合わせて全体の半分にとどまっていた。
　一方の尺度によって他方を計る、この男性中心の見方は、かえってそこに性関係の不在が関与しているのをはっきりと知らせてくれる。むしろ、その不在が、無理にも男性中心を強いているのである。
　国際精神分析協会が両性に共通する＜エディプス＞という見方を受け入れたのは、じっさいにスキャンダルとなり、やがて、そのスキャンダルは、言うなれば白日のもとに、もみ消されたのである。
　1930年代の過去の議論では、カレン・ホーナイ、ヘレーネ・ドイチュ、アーネスト・ジョーンズ、その他の人たちが、はたして＜親分＞（フロイト）の考えと対立していたかどうか。そこをはっきり言えるまでにはいたらなかった。
　しかし、それ以来、フロイトの死後、上からふたをされて、ほんの少しの湯気も立たなくなってしまった。そのことは、フロイトが自分のディスクールを救うために、彼特有のペシミスムから、故意に議論をそのままにして、それによる実りを失う結果になったことがよく物語っている。
　ここでは、いま名前をあげた女性たちが、身体の声に訴える無意識を主張したとだけ言っておこう。その主張は、彼女たちのディスクールにみられる特徴なのであるが、それによるとあたかもその無意識は、身体が声となって表現された無意識ではないかのようであった。その問題について女性たちがもっていた権威と、そこから彼女たちが提出した解答

の軽さを比べてみると、いかにもちぐはぐな印象を受けるが、奇妙なことに、分析者のディスクールは、それにふれることがなかったのである。

《評釈》
　一神教の社会、とくにユダヤ・キリスト教徒の家族では、子供と両親の葛藤において、父親に子供の母親に対する性欲を禁圧する力が強かった。フロイトは、とくに男子の立場から、その葛藤の推移を＜エディプス＞として一般化したのである。そのさい、彼は両性の身体の解剖学的相違を重視して、男子だけがもつペニスをめぐる不安と恐怖に焦点を当てた。ペニスは、むろん象徴化されて、ファルス的身体器官となる。しかし、象徴化とは、そのさいひとがランガージュの世界で、それについて語るものになるということであり、たんに身体器官ではなく、語るというひとの働きの対象になることである。男子は、そのようにして自分の身体器官にまつわる葛藤に満ちた精神活動をランガージュの世界において表明する。その結果が、性別化における男性の側の二つの定式である。それらの定式は、いわば男性がものを言うとき、その言い方のもとになる形式である。
　ところが、フロイトは、ペニスが象徴化されてひとの精神活動に影響することをひたすら考究しながらも、ペニスを両性の心的現実に影響する唯一の身体器官として、＜エディプス＞を説明しようとしたのである。そこで、男性がファルスの象徴的機能にしたがって表明することが、ひとからランガージュの世界で言われることのすべてになった。すなわち、男性の自分が「例外」としていることを表明する特称否定の存在判断と、ランガージュにおける法を表明する全称肯定の普遍判断とがひとの語ることの全体（pourtout）をなすとみられたのである。しかし、男性のファルス的身体器官が、象徴化されたファルス的機能にかかわる唯一の器官とみることはできない。そこから由来する男性のものの言い方は、あくまでも全体の半分にすぎない。男性が、全体の半分にすぎないものの言い方によって、あくまで全体をカヴァーしようとするのは、それに

よってあとの半分との関係が表明できるとしているためで、言いかえると、男性のもつ身体器官の唯一性と優位性によって、両性の関係が実現する、つまり、その関係が象徴の支配するランガージュの世界においても意味をもちうるとしているためである。けれども、男性の側の唯一性と全体性の表明そのものが、ひとの世界における性関係の意味の不在（ab-sens）を知らせているのである。

そこで、ラカンは女性の側を、同じようにファルス関数にはしたがっているものの、男性の側からは手のとどかない、あとの半分として定式化する。彼は、そのさいにもディスクール全体の様態を説明するのに、ギリシアの古典論理学以来の全称、特称命題による量化と、その肯定、否定形式による対当関係に根拠を求めている。ただし、女性の側の全称否定命題と特称肯定命題の形式には、古典論理学ではとうてい認められないような改変を加えている。だが、それはあとで述べるとして、ここではフロイトの生前から起こっていた、男性中心の〈エディプス〉説に対する修正の議論にふれている。K.ホーナイとH.ドイチュは、女性の精神分析家だが、どちらも女性における心的葛藤は、たんにファルス的身体器官のあるなしや、女性のペニス羨望によるのではないと主張した。また、E.ジョーンズは、アファニシスなる用語で、たんに男子の去勢不安だけでなく、それ以前に、両性に共通した怖れの芽生えがあると主張した。しかし、それらの議論は、生前のフロイトからは真剣に取りあげられず、彼の死後、国際精神分析協会は、その権威を守るためにもみ消しにかかったのである。

フロイトの〈エディプス〉説では、両性における性現象の相違は、男性のもつ唯一の解剖学的器官に由来するとされていた。それはとどのつまり、身体部位としてのペニス中心主義が、そのままランガージュにおける男性中心主義に移行するのを座視することになる。その点で、フロイトの生前からおもに女性の精神分析家によって提出された、ペニス中心の〈エディプス〉説に対する疑問と反論には、大きな意義がある。しかし、ここでラカンは、彼女たちが提出したフロイト説への疑問の重さ

にもかかわらず、そこから導かれた解答の軽さという、不釣り合いな結果を指摘する。そして、彼女たちの議論と、そこにおける身体、声、無意識との関係を検討してみるように勧めている。

　無意識は、ランガージュとなって現われる。すなわち、ひとが話すことによって、それと知られる現象である。身体と声も、無意識と密接に関係している。女性の精神分析家は「身体の声」と言うが、ラカンは『アンコール』のなかで、「身体は、つねに語る身体である」と言っている。つまり、ランガージュの世界において、しばしば自然的と言われるような、たんに現実的な身体はありえない。それゆえ、身体の声も、たんに自然的な身体から発せられた声ではなく、語る身体から発せられた声であり、当然、ランガージュの世界で無意識とともに発せられる声である。女性たちの議論では、その点がとても曖昧で、声は自然的な身体によって、ランガージュの世界のそとから発せられ、その声がそのまま無意識につながると受けとられかねない。しかし、そうなるとせっかくファルスとして象徴化されたペニスが、やはりファルス的身体器官としてとどまり、ファルス的機能（関数）として、解剖学的残滓をふり払うことができなくなる。女性たちがふれなかったのは、ランガージュを背景としたディスクールの環境における両性の話し方の根本的な違いである。そのために、唯一の＜エディプス＞に対する反論から引きだされた解答には、軽さが目立つことになったのである。

　Les fleurs me touchent, d'autant plus qu'elles sont de rhétorique, dont Karen, Hélène, — laquelle n'importe, j'oublie maintenant, car je n'aime pas de rouvrir mes séminaires -,dont donc Horney ou la Deutsch meublent le charmant doigtier qui leur fait réserve d'eau au corsage tel qu'il s'apporte au *dating*, soit ce dont il semble qu'un rapport s'en attende, ne serait - ce que de son dit.

Pour Jones, le biais de cervice (cf. dernière ligne avant le dernier intervalle) qu'il prend à qualifier la femme de la *deutérophallicité*, sic, soit à dire exactement le contraire de Freud, à savoir qu'elles n'ont rien à faire avec le phallus, tout en ayant l'air de dire la même chose, à savoir qu'elles en passent par la castration, c'est sans doute là le chef-d'œuvre à quoi Freud a reconnu que pour la cervilité à attendre d'un biographe, il avait là son homme.

J'ajoute que la subtilité logique n'exclut pas la débilité mentale qui, comme une femme de mon école le démontre, ressortit du ' dire parental plutôt que d'une obtusion native. C'est à partir de là que Jones était le mieux d'entre les *goym*, puisqu'avec les Juifs Freud n'était sûr de rien.

Mais je m'égare à revenir au temps où ceci, je l'ai mâché, mâché pour qui?

L'*il n'y a pas de rapport sexuel* n'implique pas qu'il n'y ait pas de rapport au sexe. C'est bien là même ce que la castration démontre, mais non pas plus : à savoir que ce rapport au sexe ne soit pas , distinct en chaque moitié, du fait même qu'il les répartisse.

《大意》
カレン、ヘレーネ、どちらでもよいが、今は思い出せない。私は自分のセミネールを読み直したくはないが、そのホーナイ（カレン）か、ドイッチュ（ヘレーネ）のレトリックの花が私の印象に残っている。彼女は、魅力的な指輪を身につけて、それがあたかも男性とのデートのさいに、両性の関係を成立させるのではないかという期待を抱かせている。しかし、それはあくまでも彼女によって「言われたもの」であり、たとえ忘れてしまっていても、両性の関係の成立が期待できたのは、ディス

クールと、彼女のレトリックからであった。

　ジョーンズにとっては、前に述べた研修期間の当直医務（cervice）が、彼をして女性における第二のファルス的性格（*deutérophallicité* ーママ）を認めさせることになった。しかし、正確に言うと、それはフロイトの考えとは反対で、ファルスとは何の関係もなく、たんに同じことを言っているようにみえるだけである。つまり、それは去勢を受けてそうなったのである、と。おそらく、それはフロイトも認めた傑作であろう。すなわち、ジョーンズは、研修生の服従義務（cervitude）によって書いたフロイトの伝記のなかに、男性を持ちこんだのである。

　ここで、論理的な繊細さは、心的な衰弱を排除しないとつけ加えておこう。私の学派の女性分析家フランソワーズ・ドルトが、心的衰弱は、生来の鈍重（obtusion）からくるよりも、むしろ両親の「言うこと」からくるのを明らかにした。ジョーンズは、その点で、非ユダヤ教徒（goym）のなかでもいちばん優れていた。フロイトは、ユダヤ人とともにありながら、その点に何も確信がなかったのである。

　しかし、私は少し脇道にそれて、そこをかみ砕くように説明した時代に戻ってきた。だが、男性のためか、女性のためか、いったいだれのためにかみ砕いたのか。

　「*性関係は存在しない。*」これは、両性のあいだに性関係はないという意味であって、一方の側の他方の性に対する関係がないという意味ではない。去勢が明らかにしているのも、まさにそれと同じことであるが、それ以上のことではない。すなわち、一方の他方の性に対する関係は、それぞれに半分の側において、それぞれのなかで明瞭でないのであり、関係は、それぞれのなかだけで割りふられているのである。

《評釈》
　男性の身体器官であるペニスは、象徴化されてファルスとなり、解剖学的器官から機能に移行する。このさいの機能とは、ランガージュが支配するひとの世界に固有の領域において、それが象徴として働くという

ことである。フロイトは、夢を解釈した若い頃から、ランガージュと象徴化されたファルスの関係に注目していた。しかし、彼の象徴化への関心は、最後まで言葉と、それが表象するものによって連想される対象という心理的次元に止まっていたようである。ところが、ラカンは、ひとを主体として規定する三領域の一つを現実界として、それを象徴的なものから引き離した。つまり、ペニスという身体器官は、現実的なものとして、ランガージュに支配された象徴界におけるファルスの機能とは別のものになったのである。言葉によって連想されるフロイトにおける対象は、そのさい、想像界に属すると見てよいだろう。

男女の性現象の違いが、つまるところ両性の身体器官の解剖学的違いによるとみるなら、男性の勃起性をもつ目立った外性器が、そこにおける唯一の物体的な主役とみなされることはたやすく想像できる。つまり、性現象の違いはペニスをもつ側と、もたない側の関係をとおした、それぞれの違いになる。そこで、＜エディプス＞についても、唯一の身体器官をめぐる両性の違いということになり、当然ながら、それが男性中心主義と呼ばれる見方につながることになる。しかし、その見方による違いは、ランガージュの世界で象徴化されたファルスが、両性に対してどのように働くかという違いではなく、あくまで象徴界から追い出された現実的なものを、そのまま言語という象徴によって誤訳した結果から生じた違いである。

K．ホーナイや H．ドイッチュなどの女性分析家は、フロイトの生前から、男性のファルス的身体器官を中心とした＜エディプス＞説に疑いを向け、それが前者による、両性に共通した前性器期的不安の発見や、後者による、女性の身体器官を無視したペニス羨望への疑義となって表明された。また、ジョーンズは、男子の去勢不安よりもっと根本的な両性に共通する怖れがあり、それをアファニシスと名づけて、＜エディプス＞から唯一の身体器官の役割を遠ざけた。

しかし、フロイトの＜エディプス＞に対する疑念や異議は、ランガージュの世界で象徴化されたファルス機能（関数）という面からみると、

やはり徹底性を欠いて、妥協的だった。すなわち、それぞれが半分の両者において、男性の側のファルス機能を決定するのは、ファルス的身体器官であるペニスをもっていることによるのではなく、女性の側のそれを決定するのは、その身体器官をもっていないことではない、その認識が徹底していなかった。それゆえ、女性分析家たちは、ペニスの唯一性を退けたにもかかわらず、女性にはそれに対応する身体器官（ヴァギナ）があり、その役割を説いて、結局は＜エディプス＞の推移をただ一つの身体器官によって説明する、男性中心主義に吸収されたのである。男性の身体器官を離れて、ファルスの象徴的機能を認めるまであと一歩のところまで来たE. ジョーンズも、どうしたことか、第二のファルス的性格（*déuterophallicité*）なる概念をもちだして、両性に対して男性の身体器官がもつ心理的影響力の方へ戻ってしまった。しかし、彼はその用語を、とくにフランス語（ママ）によって提出しているが、そこにファルスの象徴性について、フロイトとは違った考えを見るべきかもしれない。一方で、彼はフロイトの生涯と著作について1,500頁におよぶ最初の詳細な伝記を書き（邦訳名は『フロイトの生涯』抄訳、紀伊國屋書店）、それは精神分析研究の古典的な基本文献となっている。

　いずれにせよ、ラカンの「性関係は存在しない」という定言は、男性と女性のあいだを媒介して、両者をある全体のなかで関係づけるような道具はないという意味である。道具とは、むろん語るひとがランガージュにおいて使用する言葉という象徴である。ランガージュは、二つの性を関係づけるのに失敗する。それによって、男性の女性に対する性関係は、意味の不在（ab-sens）という結果となってあらわれる。それだけではない。ランガージュは、どちらの側にも、それぞれにおけるファルス機能の欠陥と不全とを知らせるのである。

Je souligne. Je n'ai pas dit : qu'il les répartisse d'y répartir l'organe, voile où se sont fourvoyées Karen, Hélène, Dieu ait leurs âmes si ce n'est déjà fait. Car ce qui est important, ce n'est pas que ça parte des titillations que les chers mignons dans la moitié de leur corps ressentent qui est à rendre à son moi-haut, c'est que cette moitié y fasse entrée en emperesse pour qu'elle n'y rentre que comme signifiant-m'être de cette affaire de rapport au sexe. Ceci tout uniment (là en effet Freud a raison) de la fonction phallique, pour ce que c'est bien d'un phanère unique qu'à procéder de supplément, elle, cette fonction, s'organise, trouve l' *organon* qu'ici je revise.

Je le fais en ce qu'à sa différence, — pour les femmes rien ne le guidait, c'est même ce qui lui a permis d'en avancer autant à écouter les hystériques qui "font l'homme"—, à sa différence, répété-je, je ne ferai pas aux femmes obligation d'auner au chassoir de la castration la gaine charmante qu'elles n'élèvent pas au signifiant, même si le chassoir, de l'autre côté, ce n'est pas seulement au signifiant, mais bien aussi au pied qu'il aide.

De faire chaussure, c'est sûr, à ce pied, les femmes (et qu'on m'y pardonne d'entre elles cette généralité que je répudie bientôt, mais les hommes là-dessus sont durs de la feuille), les femmes, dis-je, se font emploi à l'occasion. Que le chausse-pied s'y recommande, s'ensuit dès lors, mais qu'elles puissent s'en passer doit être prévu, ce, pas seulement au M.L.F. qui est d'actualité, mais de ce qu'il n'y ait pas de rapport sexuel, ce dont l'actuel n'est que témoignage, quoique, je le crains, momentané.

《大意》
私が強調しているのは、お互いの性に対する関係は、身体器官の割りふりによって決まるものではないということである。カレンとヘレーネは、そこで道に迷ってしまった。神よ、まだ間に合うならば、彼女たち

を救って欲しい。だいじなのは、全体の半分である女性たちの身体にあって、女性の性器（les chers mignons）から受けとる感覚が、女性を自我の高み（moi-haut）に連れていくのではなく、全体の半分たる女性が、ランガージュの世界において女王（emperesse）への入り口を作り、そこで性に対する関係において自分を存在させる主－シニフィアン（signifiant-m'être）として、急いで見かけの場所に向かうことである。そこでは、ファルス機能（関数）が、もっぱらそれだけで組織され、働いているのであって、フロイトはその点で正しいのだが、その機能が、追加として性関係の不在という事態を生みだす。そして、そのことを示す唯一の物質的材料であるシニフィアンは、身体器官（organe）ではなく、私がここで再び取りあげ、修正を加えるアリストテレス以来の論理（*organon*）なのである。

　古典論理学における命題の対応関係では、女性について、フロイトが男性について行なった全称肯定と特称否定に対応するような命題の手引きは何もない。そこで、彼には「男性になった」女性のヒステリー者に男性の側の特称否定（例外者）を当てはめて、そのディスクールに耳を傾けさせることにもなったのである。しかし、私は、その違いについて、女性たちに去勢の寸法を、あの魅力的な表皮（男性の性器）で計る義務を負わせないつもりである。それは、女性たちがシニフィアンにまで昇格させなかったものであって、たとえ男性の側が、たんにシニフィアンとしてのみならず、足の寸法をはかる道具にしていても、女性たちにそんな義務を負わせないつもりである。

　たしかに、女性たちは、その足に合わせて靴を作る。ここで女性たちをそのように一般化するのを、お許し願いたい。そんな一般化は、すぐに捨てるつもりである。しかし、それにしても男性たちは、その点について耳が遠い。私は、女性たちがときに応じてそうすると言っているのである。靴ベラを手渡されると、そういう結果になる。しかし、彼女たちは、そんなものがなくてもすませるし、それはいま活動中の女性解放運動（M.L.F）によらずとも、性関係は存在しないことの現実性によっ

て見とおされなくてはならない。ただし、私はその現実性が、たんに一時的な証言によるものでしかないか、どうかを心配している。

《評釈》
　性に対するひとの関係は、男女の身体器官によって決められるのではない。それは、ひとを主体として代理表象するシニフィアンの論理によって決まるのである。その論理は、ディスクールのなかで具体的な形をとって実現されている。シニフィアンは、言葉の素材となり、ディスクールを構成する要素であるが、それ自体は通常の物質ではない。したがって、ふつう言語学でされているように音声そのものではなく、精神分析では、それにともなうシニフィエも、言語学でされているような範囲の区切られた表象の内容ではない。それは、つまるところひとの欲望であり、それゆえにディスクールの場所における大他者の欠如に向かうのである。すなわち、シニフィアンとは、ディスクールのなかで大他者がそれを欠いているところに現われてくるものである。初期のラカンの理論において、子供は、そもそも大他者としての母親の欠けたところに自分はいたいと欲望していた。そして、少し大きくなると、兄と妹が走る列車の窓から見た駅のトイレの、かなり知られたエピソードになる。兄が「ほら、女だ」と言うと、妹はすかさず「ばかね、見えないの、男じゃない」と言い返す。それは、性に対するひとの関係を知らせる鮮やかな一例である。そのとき、兄妹が選んだのは、記号の内容となる区切られたシニフィエではなく、それぞれの大他者に欠如したシニフィアンそのものであり、そのことが性に対するひとの関係と、ディスクールにおける両性のものの言い方の一端をのぞかせてくれるのである。
　ディスクールでは、性に対するひとの関係がないというのではなく、男性と女性のあいだに性関係が存在しないという結果を生むのだが、それをもたらす唯一の素材であるシニフィアンは、身体器官（オルガン）ではなく、論理（オルガノン）である。ファルス関数は、その論理によって、それだけで身体器官にかかわりなく機能する。ところが、半分

のうちで男性の側は、自分たちだけがその論理に普遍命題を持ちこむことができる主人（maître）として、帝王（empereur）であると思い込んでいる。しかし、それは男性器官中心主義の錯覚であって、女性もまた、その関数によって女王になることができる。emperesse は、帝王の女性名詞のようにみえる造語だが（女帝は impératrice）、そこに s'empresser（急ぐ）と、semblant（見かけ）を掛けているようだ。すなわち、女性はファルス関数によって、みずからをあらしめる存在命題のシニフィアン（signifiant-m'être）として、主－シニフィアン（signifiant-maitre）になれるのであって、そのさいは男性とまったく同じように、自分を代理表象するシニフィアンとともに、ディスクールにおける「見かけ」の場所に急ぐのである。

「見かけ」は、ひとがディスクールのゲームに参加するときの最初の様態である。ラカンは、この用語をロジェ・カイヨワの『遊びと人間』（1958、邦訳、講談社）から借りたと語っているが、「見かけ」とは、他人に対して見える態勢をとり、ゲームのなかで能動的に何かのふりをする（faire　semblant「見かけを作る」）ことである。それは動物たちのいわゆる擬態とはまったく違う。動物たちは、あらかじめ相手の反応を予想して、それに対応しながら何かのふりをすることはない。ひとだけがそうやって、ディスクールのゲームのなかで想像的なものを解釈に委ねるのである。そこで、女性もまたその身体器官にではなく、性別化とディスクールの論理にしたがって、その場所へと急ぐのである。

「論理」と訳したオルガノン（*organon*）も、ギリシア語でもともと「器官」を意味していたが、その後、西欧語ではアリストテレスの論理学書を総称する語になった。それは思考の筋道に沿いながら、言葉を使って進められる学問のための「道具」であり、内容は、四書からなる大部なものだが、ラカンが取りあげるのは、そのうちで後世のローマで活躍したアプレイウスによって整理された、もっとも基礎的な定言命題間のいわゆる「対当」を示す形式的な諸関係である。参考までに、その図表を下に掲げておこう。

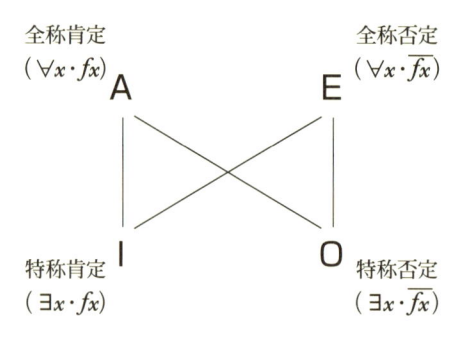

```
        全称肯定                    全称否定
        (∀x·fx)                    (∀x·f̄x)
              A                E


              I                O
        特称肯定                    特称否定
        (∃x·fx)                    (∃x·f̄x)

                   対等関係表
```

A ce titre l'élucubration freudienne du complexe d'Œdipe, qui y fait la femme poisson dans l'eau, de ce que la castration soit chez elle de départ (*Freud dixit*), contraste douloureusement avec le fait du ravage qu'est chez la femme, pour la plupart, le rapport à sa mère, d'où elle semble bien attendre comme femme plus de subsistance que de son père, — ce qui ne va pas avec lui étant second, dans ce ravage.

Ici j'abats mes cartes à poser le mode quantique sous lequel l'autre moitié, moitié du sujet, se produit d'une fonction à la satisfaire, soit à la compléter de son argument.

De deux modes dépend que le sujet ici se propose d'être dit femme. Les voici :

$$\overline{\exists x} \cdot \overline{\Phi x} \text{ et } \overline{\forall x} \cdot \Phi x$$

Leur inscription n'est pas d'usage en mathématique. Nier, comme la barre mise au—dessus du quanteur le marque, nier qu' *existe un* ne se fait pas, et moins encore que *pourtout* se pourpastoute.

C'est là pourtant que se livre le sens du dire, de ce que, s'y conjuguant le *nyania* qui bruit des sexes en compagnie, il supplée à ce qu'entre eux, de rapport nyait pas.

《大意》
　フロイトは、女性のエディプス・コンプレックスについて、苦労しながらもうまく説明できなかった。それは、女性がそもそも当初から去勢されているので、その点ではちょうど水のなかの魚のように問題がないと考えたからである。ところがそれについて、ほとんどの女性は母親からファルス的身体器官を与えられなかったという、災難を受けた感情をもつことが痛ましい対照をなしている。しかも、彼女たちは母親から、父親よりもずっとよけいに、女性としての生きる糧を受けたいと期待している。この災難については、女性がたとえ父親とうまくいかないにしても、あまり大きな意味はない。
　私は、ここで女性の側の第3、4の定式を量的な面から提示して、自分の手の内を見せよう。それによって、もう一方の半分、すなわち主体のもう半分が一つの関数によって生み出されるのである。言いかえるなら、その変項（アーギュメント）によって半分の側を補うのである。
　ここに女性とされて登場する主体は、次の二つの式によって表わされる。

$$\overline{\exists x} \cdot \overline{\Phi x} \quad と \quad \overline{\forall x} \cdot \Phi x$$

　式は、数学の通常の記入法によっていない。否定は、全称量記号（∀）の上の横線で記されている。ところで、否定するとはどういうことか。「何かあるものが存在する（$existe\ un$）」を否定するのは、特称否定を否定して、例外者の存在を否定することだが、それは全称肯定と同じになる。また、「すべてにとって（$pourtout$）」（全称肯定）を否定することは、「すべて（女性）にとってではない（$pourpastoute$）」という特称否定と同じになる。しかし、つまるところ意味が同じになるなら、命題の対当関係そのものが無意味になるから、否定とは、そのことを否定することである。

まさに、「言うこと」の意味が委ねられるのは、そこのところである。つまるところ同じ意味のことを言っても、その「言うこと」において、意味は同じとはかぎらない。それは男女双方についてひとまとめにした騒音になるが、「（性関係は）存在しない（il n'y a pas）」の現在形と「否定する（nier）」の単純過去形とを一つにして、nyaniaと活用させることで、両性のあいだに関係はない、あるいはないかもしれない（nyait）という点を補うのである。

《評釈》
　＜エディプス＞は、ファルス的身体器官を中心に考えると、女性のエディプス・コンプレックスを説明するのにどうやってもうまくいかない。というのも、＜エディプス＞の推移は、身体器官を越えたファルス関数の作用によっているからである。これは男女の性それぞれの「ものの言い方」となって現われる。それゆえ、両性のエディプス・コンプレックスは、それぞれの性に割り当てられたものの言い方をとおして考えるべきである。ラカンは、そこで、命題についての古典的な対応関係表をもとに、先の男性の側の二定式に対して、女性の側の二定式を提出する。精神分析家は、その実践において、真理と無関係であることはできない。それゆえ、ひとは何を言おうと、それが真理とかかわりをもつかぎり、すべてがそれらの四つの命題に還元される。
　ラカンは、それらの命題のうち、全称否定と特称肯定を女性の側に割り当てた。通常は、それぞれ「すべてのＳはＰでない」と「あるＳはＰである」とされるが、彼はこれに手を加え、前者を「ＰであるのはＳのすべてではない」、後者を「ＰでないようなＳはない」と書き変えた。本文中の女性の側の二つの式が、両者を表わしている。この節では、その最初の理由を述べているのである。
　アプレイウス以後の論理学は、「すべてのＳ」を主語とする文は全称命題として、「あるＳ」を主語とする文は存在命題として、それぞれの性質を分けるようになった。一方、性別化の論理では、男性の側の全称

肯定と特称否定に、伝統的な表現がそのまま生かされている。ここでは、前者を「言われたもの」として、例外を認めない「法」の命題と、後者を「言うこと」として、現在の、個別性と特殊性と表わす命題とみることができる。すると、男性の側の二定式には、ラカンが書き変えた女性の側の伝統的な二定式が、すでに「意味」のうえからは予想されているのが分かる。すなわち、全称肯定は、そのなかに特称肯定を含み、特称否定は、全称否定のなかに含まれているのである。しかし、それをそのまま受け入れるなら、古代からの大小の対当関係は、少なくとも現代の集合論における公理的な意味を失う。そのわけは、対当関係のなかで、すべてを表わす量記号（∀）が、否定辞（—）を免れ、全称命題が、そのまま存在命題を含んでいるとされているからである。

　ラカンは、ここでも精神分析の実践にともなう「言われたもの」と「言うこと」を、また「意味」と「解釈」とを念頭において、古典的な命題を書き変えようとする。その結果、全称否定は、その量記号（∀）に否定辞が付されて、全称肯定の否定とされ、特称肯定は、変項の否定辞を残したまま、その存在記号（∃）に否定辞が付されて、特称否定の否定とされた。それによって、ファルス関数は、意味の拘束から離れて、性別化の定式のそれぞれを論理的命題にすることができる。四つの定式は、お互いに意味のうえからは他方と等しくなることもできるが、その言い方によって区別される。すなわち、それぞれの性に割り当てられた定式を区別するのは、その内容ではなく、その表現である。意味は、その表現の仕方に委ねられる。ただし、ランガージュの世界で、男女の言い方を決めるのは、たんに両性の解剖学的な相違ではない。ひとは、その世界で主体となるが、＜エディプス＞の推移のなかでどちらかの半分として位置づけされるわけではない。それぞれの主体が、四つの定式の関係と矛盾のうちに、話す存在としている（ある）のである。

　性関係の不在を補うための男女の言い方と、その違いを一つに表現したのが、nyaniaという造語である。この語は、また言い方による意味の等しさと違いを同時に表現している。意味の違いが生まれるのは、言葉

の一定の内容からではなく、言い方の違いからである。すなわち、女性の側では、性関係の不在を存在記号に付された否定辞によって、「言うこと」として現在形で表わす（性別化における特称肯定）-nya（il n'y a pas）。男性の側は、それを過去に「言われたもの」として、変項に付された否定辞によって表わす -nia（nier の単純過去形）。ディスクールにおいて、主体は、性関係の現在と過去を否定したどっちつかずの言い方によって、生涯＜エディプス＞の推移をたどるのである。そして、そこに生まれる妥協の結果が「性関係はないかもしれない」という「意味」を含んだ接続法（il n'y ait pas）で表わされる nyait である。ただし、くり返すまでもなく、そこにおける混同や矛盾は、男女どちらかの側だけに起こるのではない。

Ce qui est à prendre non pas dans le sens qui, de réduire nos quanteurs à leur lecture selon Aristote, égalerait le *nexistun* au *nulnest* de son universelle négative, ferait revenir le μή πάντες le *partout* (qu'il a pourtant su formuler), à témoigner de l'existence d'un sujet à dire que non à la fonction phallique, ce à le supposer de la contrariété dite de deux particulières.

Ce n'est pas là le sens du dire, qui s'inscrit de ces quanteurs.

Il est: que pour s'introduire comme moitié à dire des femmes, le sujet se détermine de ce que, n'existant pas de suspens à la fonction phallique, tout puisse ici s'en dire, même à provenir du sans raison. Mais c'est un tout d'hors univers, lequel se lit tout de go du second quanteur comme *partout*.

Le sujet dans la moitié où il se détermine des quanteurs niés, c'est de ce que rien d'existant ne fasse limite de la fonction, que ne saurait s'en assurer quoi que ce soit d'un univers. Ainsi à se fonder de cette moitié, "elles" ne sont *pastoutes*, avec pour suite et du même fait, qu'aucune non plus n'est toute.

Je pourrais ici, à développer l'inscription que j'ai faite par une fonction hyperbolique, de la psychose de Schreber, y démontrer dans ce qu'il a de sardonique l'effet de pousse-à-la-femme qui se spécifie du premier quanteur : ayant bien précisé que c'est de l'irruption d'Un-père comme sans raison, que se précipite ici l'effet ressenti comme de forçage, au champ d'un Autre à se penser comme à tout sens le plus étranger.

《大意》
　命題の対当関係は、意味によってつかまれるべきではない。そうされると、量記号は、アリストテレスに倣うとされる読み方によって、存在否定の「あるものは存在しない（*nexistun*）」は、全称否定の「何も〜でない（*nulnest*）」と同じことになり、結局、「すべてではない（*μή πάντες*、*pastout*）」に、こちらも定式化することはできたのだが、そこに戻されることになろう。それは、ファルス関数に対して「否」と言う主体の存在によって証言されているところであるが、すでに対当関係における二つの特称命題のいわゆる大小反対関係（contrariété）から、そのことが予想されているのである。
　それら二つの特称命題によって記されているのは、「言うこと」の意味ではない。
　すなわち、女性が「言うこと」の半分として登場するにあたっては、ファルス関数に切れ目があってはならず、主体は、そこですべてが言われることによって、たとえ理由なくしてもすべてが言われうることによって決定されるのである。しかし、この女性の側におけるある全体（un tout）とは、宇宙のそとの全体であって、それゆえ第二の量記号によって、すべてではない（*pastout*）と読まれるのである。
　主体は、女性の側で量記号が否定されることによって、半分と規定される。それは、もはや関数の境界をなすものは何もなく、何であろうと、

一つの全体によって確保されることはできないということである。そこで、そうした半分によって支えられながら、"彼女たち"("elles")は、すべてではない (*pastoutes*) のであり、同じ理由から、なかのだれひとりとして、すべてではないのである。

　私は、ここで、女性の側の最初の量記号、すべてではない（$\overline{\forall}$）が主体を女性化 (pousse-à-la-femme) の方向にむける意地の悪い効果をあげることができると思う。それは、私がかつてシュレーバーの精神病について、二本の双曲線の図（シェーマⅠ）(「精神病のあらゆる可能な治療に対する前提的問題について」) によって説明したことであるが、そこへある父親 (*Un-père*) が理由もなく突然やってきて、そのことがある大他者 (un Autre) の領野で主体に促成栽培の効果を早め、しかもその大他者は、あらゆる意味でまったくなじみのないままであると述べた。

《評釈》

　古典論理学では、主語の「すべて」（総称）を否定して「すべてではない」とする命題は作れない。現代の論理学でも、それは認められていない。ところが、ラカンは、女性の側の量記号（すべてのxの$\forall$）と存在記号（xが存在するの$\exists$）のどちらにも否定辞を付して、古典論理学の命題を改変した。それによって、ファルス関数の作用は、命題の大小反対関係にともなう「意味」のあいまいさから離れ、それ自体として働くことができる。ファルスは、命題の意味にとらわれることなく、変項（Φxのx）としての「言い方」の違いだけに作用を及ぼすのである。

　しかし、「すべてのx（$\forall$x）」と、「すべてではないx（$\overline{\forall}$x）」においては、ふたつの「すべて」のあいだに重大な違いがあるのを見すごすことはできない。前者のすべてには、その変項xに限界と範囲がある。しかし、後者はその範囲そのものを、すべてではないとして否定している。その結果、後者のすべては、たんにxのそとにあるものとして、無限定にどこまでも広がっている。こうして、男性の側の量記号を否定すること（$\overline{\forall}$）が、主体を女性化の方向にむけるというのである。ラカ

ンは、そのことを 1959 年に発表した、《大意》中にあげた論文で、シュレーバーの精神病を例にとり、シェーマ I と呼んだ図表を使って説明している (*Ecrits*, Ed de Seuil, 1966, pp.531-538。邦訳『エクリ』第二巻、弘文堂、289-358 頁)。その図では、想像界にあってファルス関数の働きを支えている前述の「父の名（Φ）」と、象徴界にあって働く「ファルス（P）」とが、ともにゼロ（0）とされて、双曲線を無限の方向にむけている。それを性別化の定式で表わすと、前者は $\overline{Ex}$ Φx で「父の名」の不在を、後者は $\overline{∀x}$ Φx で「ファルス」の不在を表わしている。

そのように「父の名」と「ファルス」の働きがないままでいると、あるとき父親のようなものが、突然、理由もなくやってくる。ファルス関数の変項の「すべて（∀x）」には、父親が理由あって登場するなら、そこには限界と範囲が生まれるけれども、「すべてではない（$\overline{∀x}$）」のすべてには、それがない。そして、そこに登場する父親には理由もなく、意味もないので、それは象徴的な父親でも、想像的な父親でもなく、たんに現実的な父親である。そういう父親が、もともとディスクールにおいて象徴的なものの領域であるはずの大他者の場所を占めると、主体は、植物が促成栽培されるように、わけも分からずに生育を急がされてしまう。そして、そういう父親のいる大他者の場所は、主体にとっていつまでもよそよそしい、まったく見知らぬところであり続ける。

ラカンは 10 年以上前に、精神病を生む基本的なメカニズムの一つをそうした状況のなかに認めたが、それをここでは性別化における女性の側の二定式と関連づけて、主体がそこに向かう動きを「女性化」の効果と呼んでいる。たしかに、女性の側には限界をもつ「すべて」はなく、去勢についても、それに「否」を言う例外者がいないので、その範囲を決めることができない。しかし、断るまでもなく、そのことがすべての女性たちを精神病に向かわせるわけではない。本文中で、すべてではない"彼女たち"に引用符がついているのは、「いわゆる」という意味で、ここでは女性たちの側と呼ばれている命題のことであり、それに沿った言い方をする主体の生物学的な性と一つにすべきでないのは言うまでも

ない。ちなみに、例としてあげられている有名なシュレーバー議長は、男性である。

Mais à porter à sa puissance d'extrême logique la fonction, cela dérouterait. J'ai déjà pu mesurer la peine que la bonne volonté a prise de l'appliquer à Hölderlin: sans succès.

Combien plus aisé n'est-il pas, voire délice à se promettre, de mettre au compte de l'autre quanteur, le singulier d'un "confin", à ce qu'il fasse la puissance logique du *partout* s'habiter du recès de la jouissance que la féminité dérobe, même à ce qu'elle . vienne à se conjoindre à ce qui fait thomme ...

Car ce "confin" de s'énoncer ici de logique, est bien le même dont s'abrite Ovide à le figurer de Tirésias en mythe. Dire qu'une femme n'est pas toute, c'est ce que le mythe nous indique de ce qu'elle soit la seule à ce que sa jouissance dépasse, celle qui se fait du coït.

C'est aussi bien pourquoi c'est comme la seule qu'elle veut être reconnue de l'autre part: on ne l'y sait que trop.

Mais c'est encore où se saisit ce qu'on y a à apprendre, à savoir qu'y satisfit—on à l'exigence de l'amour, la jouissance qu'on a d'une femme la divise, lui faisant de sa solitude partenaire, tandis que l'union reste au seuil.

Car à quoi l'homme s'avouerait-il servir de mieux pour la femme dont il veut jouir, qu'à lui rendre cette jouissance sienne qui ne la fait pas toute à lui : d'en elle la re-susciter.

《大意》
けれども、ファルス関数を論理的な極端の方向へどこまでも進めてい

くと、道をはずしてしまうだろう。私は、過去にそれをヘルダーリンとその父親との関係に応用しようとしてうまくいかなかった野心的な例を見て、その難しさを思うことができた。

　否定辞を $\overline{Ex}\cdot\overline{\Phi x}$ から、$\overline{\forall x}\cdot\Phi x$ へと、量記号を単数の境界（confin）に移してみよう。女性の側は、すべてではない（*pastout*）の論理的影響力を、$\overline{Ex}\cdot\overline{\Phi x}$ すなわち「去勢されていない x は存在しない」によって隠しているが、否定辞を移すことによってそれを享楽の一時的避難場所にかくまったとしたら、どれほど安心で、かつ将来の楽しみも約束されることだろう。それによって、女性の側は、$\forall x\cdot\Phi x$ すなわち「すべての x は去勢されている」という、あの男性の側の全称肯定（thomme）にもつながるかもしれない。

　この「境界（"confin"）」は、ここでは論理的な意味で使用しているが、それはオウィディウスが神話のなかで、テイレシアスの姿を借りて、それを描くことで身を守っているのと同じ境界である。女性はすべてではないと言うのは、神話が教えているように、女性の享楽が、性交から生まれる享楽が、境界のそとに、それを越えているがゆえに、彼女は独りであろうということである。

　そのことは、また女性がそのパートナーから独りの存在として認められたいという、あまりによく知られていることの理由でもある。

　しかし、そこにひとの学ぶべきところが、すなわち、ひとが愛の要求によって満足しているところがある。ひとが女性としてもつ享楽は、パートナーとの関係が女性の孤独によって生まれるがゆえに、彼女を引き裂いてしまう。そこで、結びつきは、いつまでも入口のところに止まるのである。

　というのも、男性は、それによって自分が享楽しようとする女性に対しては、彼を越え出ていて、彼にはすべてを与えることができない彼女の享楽を、ふたたび彼女のなかにかき立てようとするよりも、それを彼女のもとに返した方がよい、そのことを学ぶようになるはずだからである。

《評釈》
　ラカンのセミネールの聴講生の一人で、わが国でも『精神分析用語辞典』（邦訳、みすず書房）の共著者として知られている J. ラプランシュは、1961 年に論文「ヘルダーリン、あるいは父親の問題」で、ドイツの詩人ヘルダーリンの精神病を、ラカンの「排除」の概念によって考察している。これは、フロイトが、「狼男」の通称で知られる症例のなかで、すでに Verwerfung として使用している概念だが、ラカンは forclusion と仏訳して精神病の根底にある特殊な事態とした。ここでは、ラプランシュが応用した排除の概念を、ファルス関数において女性化の論理的な極端と結びつけて、それがうまくいかなかったと言っている。ラカンがフロイトの用語を刷新したのは、そこにシニフィアンの概念を導入したことだと言えよう。また、排除では、とくにそのシニフィアンが「父の名」と呼ばれている。これは主体を象徴界の秩序に参入させ、そこにおける活動を支える特殊なシニフィアンで、ここでは、そのシニフィアンが、ファルス関数において限界をもつ「すべて」から閉め出されて、主体は、象徴的なものが働く支えを失っているのである。
　ところで、「すべてではない」という女性の側の「すべて」が道からはずれるのは、あくまでもファルス関数が論理的な極端にまで至ったときの可能性の一つである。それによって、たとえ主体が精神病に襲われたとしても、その主体に男女の別はない。また、限界のない「すべて」には、女性の側のもう一つの定式「去勢されているのは、すべての x ではない（$\overline{\forall x \cdot \Phi x}$）」が、同時にその避難所を用意している。それを示しているのが confin（境界）である。この語には単数形はなく、つねに複数形（confins）で使われるのを、ラカンはあえて単数形にしてラテン語の語源に意味を近づけ（cum-fini = avec-borne）、「境界によって」範囲は決められているとしたのである。それゆえ、ファルス関数は、性別化の式をまとめて一様に働く。そのためには、女性の側で、否定辞を存在記号（$\overline{\exists x}$）から全称記号（$\overline{\forall}$）に移せばよいというわけである。そのようにして、「すべてではない」の「すべて」は、境界なしの無制限をま

ぬかれ、ある範囲内にとどまるのである。

　さて、女性の側の変項（x）も、単数の"confin"によって境界が定められるとすると、それは男性の側の境界内にある「すべて」につながることになる。そこで、両者に共通しているのは、どちらも全体に届かないという、欠如をともなった本質である。ただし、そのありさまは大変に異なっている。そのことに、ここではギリシア神話のテイレシアスの挿話を例にとってふれている。オウィディウスは、紀元１世紀頃のローマの詩人で、ギリシア神話にもとづく『転身物語』（邦訳、人文書院）の著者として知られている。テイレシアスは、その巻３で、「両性の快楽を知ったテイレシアス」として描かれている。彼は、山中で蛇が交尾しているのを見て、それを打ったために女性になり、９年後にふたたび交尾する蛇を打って男性に戻った。あるとき、ゼウスとヘラが、性交において男女のどちらがより大きな快楽を味わうかについて議論し、それをテイレシアスに尋ねたところ、彼は全体の享楽を10とすると、男女の享楽の比は１対９であると答えて、ヘラの怒りを買い、盲目にされたという。

　その比率において、男性は１の享楽をくり返し、積み重ねて、いつか全体に達しようとするが、それはできない。一方、女性の享楽が９であるのは、そこにいつも全体が欠けていることである。しかし、その境界をもった「すべてではない」は、男性の「すべて」を越えて、性交においては、その享楽が男性の「すべて」のそとにある。そして、そのことが女性をつねに独りにする。ランガージュの世界で、女性が独りの存在として認められたいのは、性関係が不在のディスクールをとおして、象徴的なものの範囲内で１個の存在であろうとすることだろう。男性は、女性に対して、自分の欲望のために相手の不可能な享楽をくり返し、かき立てようとするよりも、相手が独りの存在としているのをそのままにしておこうとする方が、ファルス関数の論理にかなっていると言うのである。

Ce qu'on appelle le sexe (voire le deuxième, quand c'est une sotte) est proprement, à se supporter de *pastoute*, l'Ἕτερος qui ne peut s'étancher d'univers.

Disons hétérosexuel par définition, ce qui aime les femmes, quel que soit son sexe propre. Ce sera plus clair.

J'ai dit : aimer, non pas : à elles être promis d'un rapport qu'il n'y a pas. C'est même ce qui implique l'insatiable de l'amour, lequel s'explique de cette prémisse.

Qu'il ait fallu le discours analytique pour que cela vienne à se dire, montre assez que ce n'est pas en tout discours qu'un dire vient à ex-sister. Car la question en fut des siècles rebattue en termes d'intuition du sujet, lequel était fort capable de le voir, voire d'en faire des gorges chaudes, sans que jamais ç'ait été pris au sérieux.

C'est la logique de l'Ἕτερος qui est à faire partir, y étant remarquable qu'y débouche le *Parménide* à partir de l'incompatibilité de l'Un à l'Être. Mais comment commenter ce texte devant sept cents personnes ?

Reste la carrière toujours ouverte à l'équivoque du signifiant: l'Ἕτερς, de se décliner en l'Ἕτερα, s'éthérise, voire s'hétaïrise ...

《大意》
性（sexe）と呼ばれているもの、愚かな例では「第二の（性）」などと呼ばれているもの、それは中味が「すべてではない（pastoute）」であるから、正しくはヘテロス（Ἕτεροs）（＝他者）であって、そこに全体を収めることができないものである。

女性たちを愛すること、つまり女性の側の二定式に向かうことは、本人の性がどちらであろうと、定義上、他者（Ἕτεροs）の性への愛（hétérosexuel＝異性愛）であると言えば、もっとはっきりするだろう。

「愛する」と私が言ったのは、それが存在しない性関係によって、女性たちに約束されているという意味ではない。それは性関係の不在という前提によって明らかなように、愛が満足を知らないということである。
　分析者のディスクールは、そのことがはっきりと言われるために、以前からあってしかるべきだったろう。そうであったら四つのディスクールのうち、どのディスクールであろうと、「言うこと」が「言われたもの」をそとにあらしめる（ex-sister）わけではないのが十分に説明されただろう。というのも、その問題は過去何世紀にもわたって、主体の直観という表現でむし返されてきたが、それはそれでよく理解できたし、揶揄されもしてきたが、結局、いちども真面目に（au sérieux）受けとられはしなかったのである。
　他者（Ἕτερος）の論理からはじめるべきで、そうすれば「一者」と「存在」の両立不可能性から出発したプラトンの「パルメニデス」に出会い、それに目を向けることができる。だが、どうやってそのテキストを、大勢のひとたちに注釈したらよいだろうか。
　Ἕτερος というシニフィアンには、つねにあいまいな両義性がつきまとっている。Ἕτερος は、Ἑτέρα（Ἕτερος の女性形）と語尾変化して、s'éthérise（麻酔をかける）となり、さらに s'hétaïrise（最高位の情婦になる）となる……。

《評釈》
　性は、女性の側の定式にあっては、単数の境界（confin）を表わし、単数形（le sexe）で用いるのが正しい。それに「第二」などと序数をつけて使うのは、見当はずれである。もちろん、これはボーヴォワールの評判の著書『第二の性』（1949年）を念頭においた指摘だろうが、女性の人生において、性には順番があるなどとしたのは、現実的なものと象徴的なものを混ぜ合わせて、それを想像的に加工した駄作にすぎない。
　性が「他者」であるというのは、性が女性の側で「すべてではない」というのと同じで、それが全体や普遍のそとにあること、そして、それ

には境界や限界がないということである。また、「他者」の性への愛がhétérosexuel（異性愛）と呼ばれても、それはhomosexuel（同性愛）と対比されるようなものではない。異性愛と同性愛は、通常、どちらもパートナーとの性関係を前提にしている。しかし、「他者」は、すべてではなく、「他者」への愛は、どこまで行ってもそれによって性関係は実現せず、その意味は、いつまでも不在（ab-sens）である。分析者は、そのことをはっきりと告げながら、ディスクールの輪舞に加わるのである。けれども、そのためには、あらかじめ「言うこと」が「言われたもの」をそとに（ex）あらしめる（sister）のを確かめておかねばならない。それによって、両者が一致しないことや、「一者」と「存在」の両立不可能性が明らかになるはずである。「言うこと」は「存在」であり、ひとについてはじめに起こり、やむことなく起こるしぐさであって、「言われたもの」は、そこから現われる「一者」である。そして、この両者を分けるのが、分析の実践の前提となる条件である。

　ところが、西欧の思想的伝統は、そのはじまりから、「言うこと」と「言われたもの」の一致を求めてきた。そして、その伝統が、言表と事象の合致とされる真理の概念と相俟って、その実現を理想としてきた。一面において、それは当然と目されることであるが、他面では、そのために分析者のディスクールを除いたどのディスクールも、拘束力を強めて、固定化に向かい、輪舞におけるお互いの移動に抵抗して、ディスクール全体の運動を停滞させることになった。

　「主体」の存在を一者につなぐ問題について、本文では「直観」をその合言葉となる表現として取りあげている。それは、デカルトのコギト（我思う、ゆえに我あり）を頂点として、直観にもとづいた考える自我の存在によって「言うこと」と「言われたもの」をつなげようとする試みだった。しかし、それは「真面目に（au sérieux）」に行なわれるべきだったと言う。この表現は、とくに通常の「不真面目」に対応しているわけではなく、その語のsérieという成分に注意しなくてはならない。それは、系列、つながり、筋道のことである。つまり、筋道を通して、

考える主体が存在につながるのを明らかにしたわけではないと言うのである。しかも、それはたんに言葉の筋道ではない。もしそうなら、それは総じて論理学の問題になってしまう。ラカンは、そこにシニフィアンの概念を導入して、sérieとは、シニフィアンの系列であるとする。それによって、あるシニフィアンが、次のシニフィアンに主体を代理表象するさい、それらのつながりは連続的ではなく、あいだには溝があって、その断続性によって、系列からは十全な関係も、唯一の意味も生まれないのである。その例を、ディスクールの要素としてのシニフィアンについてみれば、S_1からS_2へのつながりは、それぞれのディスクールにおいて、不可能（主人）、偶然（ヒステリー者）、隠蔽（大学人）、無力（分析者）となる。

　西欧の思想的伝統には、真理の概念とともに、「一者」と「存在」の両立不可能性の問題がつねに伏在していた。パルメニデスは、その起源としてあげられた名前である。ここでは、プラトンによる対話篇「パルメニデス」が話題にされているが、そのもとは、ラカンが師と呼ぶコジェーヴの講義にあるだろう。対話篇のなかで、パルメニデスはこう語っている。「したがって、一は、名づけられることもなければ、言論で説明されることもなく、思いなされることも知られることもなく、またおよそ存在するものの何かがそれを感覚することもない」（岩波版、全集4、56頁）。これについて、コジェーヴはこう語る「しかるに、われわれは、＜存在＞について語る。そして、パルメニデス自身も、存在について語った。……したがって、われわれは＜存在＞について語らなくてはならない。そしてわれわれが存在を真理として語ることを欲する以上、プラトンとともにつぎのように言わねばならない。すなわち、＜存在＞［それについてわれわれが語る存在、すなわち＜所与の－存在＞］は、パルメニデスが間違って言ったような＜一者＞（すなわち＜一なる－存在＞）ではなく、［少なくとも］＜二＞（ないし＜二なる－存在＞である）――こうわれわれはいわなくてはならないのである」（邦訳『概念・時間・言説』法政大学出版局、246頁）。

パルメニデスは、コジェーヴによると、「存在するところのものだけでなく、＜存在＞それ自身についても明示的に語った最初の人であると思われる」。そして、「自分の語る＜存在＞の一体性と唯一性とを確立した」（同上、229頁）。しかし、かえってそれゆえに、彼の言うことは「間違って」しまった。なぜなら、一者と存在の一体性や唯一性を語ろうとすると、その語り方は「実在論的」、「客観論的」にならざるをえないからである。その結果、パルメニデスは、「＜言説＞について語っているのがパルメニデスであることだけでなく、パルメニデスが＜言説＞について語っているということをもパルメニデス自身『忘れ』ながらなのである」（同上、232頁）。だが、それをきっかけとして、語られたものには、少なくともそうであるものと、そうでないものとの二つの存在が含まれ、またどちらの存在も、語る者の存在とは別であると主張されるようになった。すなわち、それによると、「言うこと」と「言われたもの」が一つになることはありえないのである。

L'appui du deux à faire d'eux que semble nous tendre ce *partout*, fait illusion, mais la répétition qui est en somme le transfini, montre qu'il s'agit d'un inaccessible, à partir de quoi, l'énumérable en étant sûr, la réduction le devient aussi.

C'est ici que s'emble, je veux dire: s'emblave, le semblable dont moi seul ai tenté de dénouer l'équivoque, de l'avoir fouillée de l'hommosexué, soit de ce qu'on appelait jusqu'ici l'homme en abrégé, qui est le prototype du semblable (cf. mon stade du miroir).

C'est l'Ἕτερος, remarquons-le, qui, à s'y embler de discord, érige l'homme dans son statut qui est celui de l'hommosexuel. Non de mon office, je le souligne, de celui de Freud qui, cet appendice, le lui rend, et en toutes lettres.

Il ne s'emble ainsi pourtant que d'un dire à s'être déjà bien avancé. Ce qui frappe d'abord, c'est à quel point l'hommodit a pu se suffire du tout-venant de l'inconscient, jusqu'au moment où, à le dire " structuré comme un langage ", j'ai laissé à penser qu'à tant parler, ce n'est pas lourd qui en est dit : que ça cause, que ça cause, mais que c'est tout ce que ça sait faire. On m'a si peu compris, tant mieux, que je peux m'attendre à ce qu'un jour on m'en fasse objection.

Bref on flotte de l'ilot phallus, à ce qu'on s'y retranche de ce qui s'en retranche.

《大意》

われわれは、「すべてではない」に近づくことはできない。しかし、その証拠として提出されているようなd'eux（彼らの）とdeux（二）の同音異義は、錯覚を生じさせる。つまるところ、反復は超限的なものであって、そこには近づけない。それゆえ、ひとが数えることのできるものは、つねに近づき得ないものを端折った結果なのである。

そこで、似たものが集められる（s'emble）。それは畑に種をまく（s'emblave）ということで、私が独りでその多義性の謎を解こうとした、似たもの（semblable）である。また、それはずっと男性の側の全称肯定（$\forall x \cdot \Phi x$）によって性別化され、いままでひとまとめに人間（homme＝男性）と呼ばれてきたものの多義性であり、似たもの（semblable）の原型である（私の「鏡像段階」を参照のこと）。

「他者」（Ἕτερος）とは、それらの多義性であることに目を向けよう。すなわち、「他者」は、例外者との不一致として似たものを集め、男性の同性愛者（hommosexuel）の規定である特称否定（$\exists x \cdot \overline{\Phi x}$）によって人間（homme＝男性）を作りだしている。身体器官の突起部分については、私の専門ではないのを強調しておきたいが、フロイトは、まさしくその部分がファルス関数においてはたす役割を男性の側に認めて、

その性別化の二定式をエディプス・コンプレックスにつなげたのである。

こうして似たものが集められるのは、「言うこと」が、すでに「他者」の力によって「すべてではない」と言われていたからに他ならない。はじめに突き当たるのは、いったい「人間（＝男性）と言われたもの」（hommodit）が、どこまですべてのひとの無意識に当てはまるのかという疑問である。私は、「ランガージュとして構造化されている」無意識を言うことについて、それが多くを語るなら、それに対して言われたものには、その反応があると考える余地を残してきた。無意識は、とにかくしゃべるが、それが無意識のできるすべてである。そこで、私はほとんど理解されなかったが、それはかえって良いことだった。なぜなら、それによっていつかあるひとが、私に反対するのを期待できるからである。

ひと言で、われわれはファルスの小島を漂っているのである。そうして、男性の前では口を閉ざして語らず、沈黙したままの、隠されている他方の側から身を守ろうとしているのである。

《評釈》

シニフィアンには、いつもあいまいさと多義性とがつきまとう。シニフィアンを材料にした言語記号についてみると、例えば「他者」（Ἕτερος）は、語尾変化によって女性形となり、また動詞や形容詞となって意味を広げる。

さらに、フランス語で同音の「彼ら」（d'eux）と「二」（deux）は、あたかも「彼ら」を数えることができるような錯覚を起こさせる。しかし、ひととひとのあいだに起こることは、フロイトが言ったように、どこまでも反復であって、「彼ら」を時間的な順序によって並べることも、数えることもできない。どうしても数えようとするなら、「彼ら」の数を切りつめて、数えられないものを端折るより他はない。言語記号は、そのようにもともと一義的でないシニフィアンを素材としているので、同じ音声の語は、錯覚を生み、意味作用は広がるのである。

男性の側は、それでも「すべて」を数えようとして、似たもの（semblable）

を集め、それを全称肯定の命題によって語ろうとする。集められた似たものは、それぞれが概念を作る材料となり、その総体が「人間」（homme）と名づけられているが、それは「男性」と同音の語である。すなわち、男性が集めて、やがてその「すべて」を「人間」と呼ぶような材料は、いくら集めても、けっして一義性を獲得できない。それは、「すべてではない」のうちの半分にすぎないのである。だが、男性が似たものを集めて、その「すべて」によって自我を想像的に作りあげようとするとき、その原型になるのは、かつて鏡のなかに見たある姿である。それは自分とともに、他人ともよく似た姿であるが、どちらとも分からないままに、やがてそれを自分として認める鏡像である。すなわち、それは自分をそれとして認める（me connaitre）姿であるとともに、自分をそれとして誤認させる（méconnaitre）似たもの（semblable）である。

「他者」とは、境界のない超限的なもののなかにある「すべて」と「すべてではない」の両義性そのもののことである。男性の側が、そこで「すべて」と言い、「人間（homme＝男性）」という似たものを集めて、同じ似たものどうしの性愛（hommosexuel）を実現しようとするところには、一つの仕掛けがある。それは、「すべて」のなかにいない例外者を異質なものとして、数えられるもののそとに出すことである。そうしなくては、どのような「すべて」も数えることはできない。「すべて」は、ある似たものをそとに出して、はじめてある範囲をもち、なかの似たものを数えることができる。さもなければ、その「すべて」には境界も限度もなく、「そと」に対する「なか」もなくなってしまう。男性の側は、「すべて」を言うために、そのようにして例外者をそとに出した。それが特称否定（$\exists x \cdot \overline{\Phi x}$）の命題によって記されている。

ところが、そのように男性の側から「すべて」として「言われたもの」すなわち「人間＝男性」（hommodit）は、語る存在であるひとのランガージュにおいて、どれほど無意識の普遍性をカヴァーして、それを明るみに出すことができるだろうか。ラカンは、そう問うている。無意識は、もちろん、たんに男性の側の「言うこと」から現われてくるわけで

はない。むしろ、そこにおける「すべて」は、これまで無意識に目を向けず、あるいは厄介払いしてきた。だが、ファルス関数は、男女の両側に等しく働いている。男性の側は、そこから「すべて」を「言うこと」の前に、それがすでに「すべてではない」の「言われたもの」を背景にしていることに気づかなかったのである。

Ainsi l'histoire se fait de manœuvres navales où les bateaux font leur ballet d'un nombre limité de figures.

Il est intéressant que des femmes ne dédaignent pas d'y prendre rang : c'est même pour cela que la danse est un art qui florit quand les discours tiennent en place, y ayant le pas ceux qui ont de quoi, pour le signifiant congru.

Mais quand le *pastoute* vient à dire qu'il ne se reconnait pas dans celles-là, que dit-il, sinon ce qu'il trouve dans ce que je lui ai apporté, soit :

le quadripode de la vérité et du semblant, du jouir et de ce qui d'un plus de —, s'en défile à se démentir de s'en défendre,

et le bipode dont l'écart montre l'ab-sens du rapport,

puis le trépied qui se restitue de la rentrée du phallus sublime qui guide l'homme vers sa vraie couche, de ce que sa route, il l'ait perdue.

《大意》
歴史は、こうして限られた数の船がバレーを上演するための航海術から生まれる。
女性たちは、興味あることに、そこに加わるのをいやがらない。ダンスは、そのためにディスクールがしかるべく位置づけされて、男性たち

がそこに適合するシニフィアンを生みだす力をもっているときは、そこで花開く芸術になる。

　しかし、女性の側から「すべてではない」(*pastoute*) がやってきて、自分はダンスのなかにはいないと言う。そう、それがいるのは、私がそれについてした説明のなかである。すなわち、
　最初は、真理と見かけと享楽と剰余享楽からなる四本の足、つまりディスクールの四つの場所である。ここではシニフィアンが、自己弁護して、自己撞着しながら、自己展開する。
　次には、二本の足、これは男女が性関係のないままでいるところから生まれる意味－不在（ab-sens）を示している。
　三番目には、三本の足、これは人間（＝男性）を本当の寝床に導く至高のファルスの復帰によって再生される。人間は、人生の途上において、その寝床を見失っていたのである。

《評釈》
　「限られた数の船」とは、男性が「すべて」として数えようとする船の数である。歴史の舞台では、それらの船が、ちょうど海上でダンスをするように一定の技術をもって動き回っている。しかし、その舞台でダンスがうまく進行しているようにみえても、いつか女性がそこに「すべてではない」としてやってきて、わたしたちはそのダンスのなかにはいないと言う。こうして、ランガージュの世界では、男性と女性がそれぞれのものの言い方をしながら、ファルス関数の働きに服している。
　ひとが話す存在として生きている世界のありさまは、歴史に譬えることもできようが、個々の人生の道のりとして思い描くこともできるだろう。ラカンが述べている三つのステップは、言うまでもなく、スフィンクスがエディプスに出した問いに関係している。四足、二足、三足になるものは何か。答えは人間（homme）であるが、それはもちろん男性だけではない。至高のファルスとは、むろん男性のファルス的身体器官で

はなく、平等に働くファルス関数である。ただし、そこで問いが出されるのは、「すべてではない」の女性の側からである。なぜなら、男性は、四足の構造をもつディスクールにおいて、言いわけを重ねてシニフィアンを数え、「すべて」に至ろうとして失敗を重ね、そこで、次に二本足となって、性関係と意味が不在の世界で生き、最後に、至高のファルスのシニフィアンを導きの杖として「すべてではない」を受け入れ、死の寝床に赴くからである。そこで、ラカンは、エディプス（あるいは、男性である自分自身）に問いを出すのを、次に見るように女性のスフィンクスとしている。そのことは同時に、男性（「すべて」）にとって女性（「すべてではない」）とは何か、という問いに通底している。

第III部

"Tu m'as satisfaite, petithomme. Tu as compris, c'est ce qu'il fallait. Vas, d'étourdit il n'y en a pas de trop, pour qu'il te revienne l'après midi. Grâce à la main qui te répondra à ce qu'Antigone tu l'appelles, la même qui peut te déchirer de ce que j'en sphynge mon *pastoute*, tu sauras même vers le soir te faire l'égal de Tirésias et comme lui, d'avoir fait l'Autre, deviner ce que je t'ai dit."

《大意》
"小人よ、お前は私を満足させた。お前にはよく分かったが、そうでなくてはならなかった。行く（のだ）。語尾に t のあるエトゥルディ（étourdit）、そこに余計な文字はない。午後には、それがお前のところに戻ってくる。それは、お前に差し出す手によって、お前をアンチゴネーと呼ぶものの方に導く女性なのであり、女性スフィンクスである私が出した「すべてではない」の謎に、もしお前が答えられなかったら、お前を引き裂くこともできた同じ女性なのである。夕暮れどきになれば、お前は、テイレシアスのようなものになることもできるだろう。そして、「他者」を作りあげたからには、私がお前に言ったことを見ぬくことさえできるだろう"。

《評釈》
　本論のちょうど中央にあたるこの部分は、そこだけに引用符が付されて、女性のスフィンクス（sphynge）が「お前」に語る言葉となっている。「お前」は、問いに答えたエディプスと見るのが普通だろうが、その問いを、本論の全体的な展開によって受けとめているラカン自身と、人生について考えようとするすべての人と見てもよいだろう。
　語っているのが女性であるのは、「私を満足させた（m'a stisfaite）」の語尾（e）から、それと分かる。また、「行く（のだ）」とカッコをつけ

て訳した Vas は、aller の直説法、二人称、単数の活用形で、命令法ではない。ラカンの生誕 100 年にあたる 2001 年に出版された『オートル・ゼクリ（*Autres écrits*）』では、それが命令形の Va に訂正されている。しかし、それに従うかどうかは、一考を要するところである。ラカンは、はじめから、故意に Vas としたのかもしれない。そうであれば、「行く」は命令ではなく、その主語は「お前（tu）」か、古形では「私（je）」であるが、それでも意味は十分に通る。さらに、ラカンが単語の正書法を無視して、語尾に無音の子音字を加えることはよくあるが、ここでは midi → midit、étourdi → étourdit のように、それが本論全体にとって大きな意味をもっている。そこで、ここでも「行く」はたんに命令ではなく、エディプスがその人生において、自分から「すべて」の道でなく、シニフィアンの多義性に沿った「すべてではない」の道を行かざるをえない、そのことを暗示しているのかもしれない。そう理解すれば、étourdi → va → midi は、étourdit → vas → midit となって、エディプスがファルス関数に従ってたどった人生の三つのステップに対応する。

　そのように、ランガージュの世界に生きるひとの一生には「すべて」と「すべてではない」が同時に働いているが、ファルス関数をどちらか一方に還元することはできない。étourdi が表わす男性は、その正しい綴り字をもって「すべて」と見なす、軽薄な、あわて者だが、そこには étourdit と、その同音異義語を口に出す女性の「すべてではない」が待ちかまえている。男性は、そこでやむなく、ディスクールの行程をそこにおける「意味－不在」（ab-sens）と「性－不在」（ab-sexe）が「よく分かる」までくり返したどるが、やがてその「不在」そのものから「他者」が現われるのを見る。それはテイレシアスのように男性と女性の享楽に近づいたあとの、人生の夕暮れどきである。盲目のエディプスは、アンチゴネーに手を引かれて、そこに導かれた。アンチゴネーは、テーバイの支配者クレオンの命に背いて兄の葬礼を行なって殺された、エディプスの娘である。

　支配者の法は、「すべて」を命じるが、アンチゴネーが生命をかけて

守ろうとした習俗の儀礼は、法より以前にひとを象徴界に導き、そこでひとは去勢されている。それは女性の側の「去勢されていない x は存在しない」（$\overline{\exists x} \cdot \overline{\Phi x}$）が、すでにランガージュの世界で、女性の側の「言うこと」として具現しているのを物語っている。男性の側の「言われたもの」として「すべて」を命じる法は、じっさいはせいぜい超自我の半分の役割をはたすだけである。それが裁こうとする自我には、男女に共通した想像的な内実はなく、自我（moi）はどちらにとっても、それぞれが「一」として統合されることのない半分（moitié）で、しかも両者はともにファルス関数に服している。「他者」とは、「一」の不在がひとの目の前に現われたような存在である。

エディプスは、最後に、この「超（半分）自我」の禁止と命令を、みずから受け入れるはずである。彼は、かつてたまたまテーバイの王ライオスと道で出会い、その法に「否」と言って、王を殺した。その後、みずから法の守護者たる王となり、先王の妻で母親のイオカステを、それと知らぬまま妻にした。やがて、王国が疫病に襲われたとき、予言者となったテイレシアスは、はじめに自分こそ例外者であると名のり、次に「すべて」を統べる法を布告する者となったエディプス本人こそが、あらゆる災いのもとであるのを見ぬいていた。結局、エディプスは、それを予言者から知らされて、いままでそとを見ながら何も見えなかったみずからの目をえぐり、娘に伴われて、最後の土地コロノスにたどりつくのである。

C'est là surmoitié qui ne se surmoite pas si facilement que la conscience universelle.

Ses dits ne sauraient se compléter, se réfuter, s'inconsister, s'indémontrer, s'indécider qu'à partir de ce qui ex-siste des voies de son dire.

D'où l'analyste d'une autre source que de cet Autre, l'Autre de mon graphe et signifié de S de A barré : *pastoute*, d'où saurait-il trouver à redire à ce qui foisonne de la chicane logique dont le rapport au sexe s'égare, à vouloir que ses chemins aillent à l'autre moitié?

Qu'une femme ici ne serve à l'homme qu'à ce qu'il cesse d'en aimer une autre; que de n'y pas parvenir soit de lui contre elle retenu, alors que c'est bien d'y réussir, qu'elle le rate,

— que maladroit, le même s'imagine que d'en avoir deux la fait toute,

— que la femme dans le peuple soit la bourgeoise, qu'ailleurs l'homme veuille qu'elle ne sache rien:

d'où saurait-il s'y retrouver en ces gentillesses — il y en a d'autres—, sauf de la logique qui s'y dénonce et à quoi je prétends le rompre?

《大意》
そこにこそ、それぞれが半々の超自我（surmoitié）があり、これは男性の側の普遍的意識に比べて、統合するのがそれほど容易ではないだろう。

それぞれの「言われたもの」は、補い合うこともできるだろうが、反駁し合うことも、互いに噛み合わないことも、どちらが正しいか分からないことも、どちらとも決められないこともあるだろう。いずれにしても、「言うこと」のそとにある道筋に由来しているのである。

分析者は、この「他者」より他のどこから、すなわち、私のグラフと、そこで横棒を引かれている大他者（女性の側の「すべてではない」（*pastoute*））における主体（S）のシニフィエである、この「他者」（S(*A*)）より他のどこから、性への関係について考えるさいに出会う多くの論理的障害を問題にすることができるだろうか。性への関係は、その障害のために、まっすぐ別の半分に向かおうとしても道に迷うのである。

ある女性は、男性が別の女性を愛さないようにしようとする。しかし、あるときは彼女の意に反して、それを止められず、またあるときは、うまくやめさせることができるかもしれないが、それでもやはり彼女は彼を逃してしまう。

　また、男性のなかには、二人の女性を所有すれば、女性というものをすべて所有したと想像する粗忽者がいるが、これもうまくやっているとは言えない。

　また、民衆（peuple）のなかの女性がブルジョア女（bourgeoise）と呼ばれるとき、男性は、彼女が何も知らないでいて欲しいと思っている。これも、もちろんうまくいかない。

　ひとが、いつも女性に対するそのような配慮（gentilesse）に行きついてしまうのは、どうしたわけだろうか。他の配慮もたくさんあるのだが、それは男性の側の「すべてではない」を忘れた論理から、ここで明るみに出され、私が捨ててしまいたいと思っている論理からであって、他のどこからやってくるだろうか。

《評釈》

　はじめに、性への関係（rapport au sexe）は、男女両性間の関係（rapport entre les sexes）と区別しなくてはならない。性への関係は、それによって男女が、それぞれに性関係の不在を知るのである。女性の側の「すべてではない」は、女性にとっては大他者が、それ自体では完全ではないのを意味していて、それが（$\cancel{A}$）と記号表記される。男性が、性関係によってその不完全な欠如部分を埋めようとしても、語る存在が生きているランガージュの世界では、そこに切断が生じてしまう。それによって、論理に対する障害と、両性間の関係をつなぐことの不可能が生じるのである。男性の側からの女性に対する性的な関係は、その不可能を乗り越えようとして失敗する試みである。そう特徴づけることができよう。

　女性が何も知らないままでいて欲しいという男性の願いが空しい結果に終わるようすは、例えばモリエールの戯曲『女房学校』などが痛烈に

描き出している。男性社会の慣習と法を金科玉条とする貴族（gentilhomme）は、ブルジョア女性（bourgeoise）に対して、何も知らないまま男性の命令に従い、既存の社会秩序を「すべて」としてそのまま受け入れる存在であって欲しい。しかし、そういう女性にしようとして育てるのは、男性の側の無知で、せっかちな欲望である。ここで、gentilesseを「配慮」としたのは、モリエールの戯曲『町人貴族』（bourgeois gentilhomme）からの連想であるが、女性の「幸福」のためとする「配慮」が、じつは男性の側の一方的な論理を覆い隠しているのである。しかし、それは女性の「すべてではない」に出会って、無残に砕ける。

Il m'a plu de relever qu'Aristote y fléchit, curieusement de nous fournir les termes que je reprends d'un autre déduit. Cela n'eût-il pas eu son intérêt pourtant qu'il aiguillât son Monde du *pastout* à en nier l'universel? L'existence du même coup ne s'étiolait plus de la particularité, et pour Alexandre son maître l'avertissement eût pu être bon: si c'est d'un ab-sens comme-pas-un dont se nierait l'univers que se dérobe le *pastout* qui ex-siste, il aurait ri, tout le premier c'est le cas de le dire, de son dessein de l'univers "empirer".

C'est là. justement que passifou, le philosophe joue d'autant mieux l'air du midit qu'il peut le faire en bonne conscience. On l'entretient pour dire la vérité: comme le fou il sait que c'est toùt à fait faisable, à condition qu'il ne suture (*Sutor* ...)pas outre sa semellité.

《大意》
アリストテレスは、そこで首をかしげたが、私はそれを見てうれしかった。私は、哲学的な推論（déduction）とは異なる、別に推論された

もの（déduit）をふたたび取りあげようとしているのだが、興味深いことに、彼はその表現方法をわれわれに見せてくれるのである。アレキサンダー大王の家庭教師であった彼は、「すべてではない」の「世界」から、ついにはその普遍を否定することに目を向けていたのではあるまいか。そうなれば、存在は、もはや特殊によって力を弱められることはなく、彼の主人であったアレキサンダーにとって、その助言は有益でありえただろう。ファルス関数の例外であるような一はないという（comme-pas-un）意味－不在（ab-sens）は、もし、アレキサンダーがそこから出発して、その結果、それによって境界づけられる全世界（普遍）が否定され、そのためにそのそとにある（ex-siste）「すべてではない」が消え去ってしまったら、彼は、地球上で最初に"帝国化する"普遍を夢見た自分の計画をあざ笑ったであろう。

そこで、哲学者は、それほど狂ってはいないので（passifou）、彼が素直にそうできる「半ば言う（midit）」ようにするのがよいのである。彼は、真理を言うために、そういう境遇におかれている。つまり、宮廷の道化師（fou）に倣って、余計なことに口を出さず、自分のできないところまで縫い合わそう（suture）としなければ、真理を言うことは十分に可能なのである。

《評釈》

アリストテレスに始まる古典的論理学では、全称の主語「すべて」を否定することは許されず、女性の側の「すべてではない」は認められない。しかし、彼はアレキサンダー大王の家庭教師として、論理学的な推論の規則とは別の考えを「すべてではない」についてもっていたようである。それは、彼の論理学に従う哲学者たちの推論とは別に「推論された（déduit）」もので、déduit には、他に「気晴らし」や「性的な好み」の意味がある。すなわち、それは論理的な推論を追った知的な失敗の営みではなく、気晴らしを求めた性的な失敗の営みである。

アレキサンダー大王は、歴史上で最初に自分を全世界の例外者にしよ

うとした人物だった。それが、彼の「帝国」と「普遍」と「すべて」を地上に実現しようとした野望である。

　しかし、いくら征服を重ねても、その先には「すべてではない」の領土がある。女性の側の「普遍」は、その存在判断「ファルス関数に服していないものはいない（$\overline{\exists x} \cdot \overline{\Phi x}$）」によっているが、それをどれほど否定して、自分を男性の側の「例外」（$\exists x \cdot \overline{\Phi x}$）にしようとしても、その普遍判断（$\forall x \cdot \Phi x$）そのものが、女性の側の「すべてではない」（$\overline{\forall x} \cdot \Phi x$）によって境界づけられて、はじめて「普遍」として言明できるのである。「すべてではない」が消えてしまったら、例外者もいなくなってしまう。例外者は、「すべて」のそとに「すべてではない」世界があるからこそ、その「すべて」に境界を作って、普遍を実現することができる。つまり、普遍とは、「すべてではない」をその存立条件としている。その意味では、普遍は特殊に通じていて、特殊によってその存在を脅かされることはない。しかし、それを保証しているのは、「すべて」のそとにある存在である。

　「帝国化する」の"empirer"は、「いっそう悪く（pire）する」という意味の動詞である。もしかすると、アリストテレスが大王に仄めかしたのは、そのことかもしれない。しかし、若いアレキサンダーには、その意味が分からなかった。また、彼がその野望を笑いとばしたとしても、彼は地上に普遍を実現する最初の例外者として、みずからをS_1としての主-シニフィアンとして仕立てたかもしれない。それは、見かけを真理につなげようとする主人のディスクールの道である。

　ラカンは、哲学者をpassifouと形容している。これは文字どおりには、「それほど気が狂っていない」か「ばかではない」ということだが、同時に宮廷の道化師（fou）ほど真理をうまく言う者ではない、ということだろう。それでも、自分がおかれている境遇をわきまえて、軽はずみなことを言わなければ、十分に真理を口にすることはできる。

　(Sutor……) は、ラテン語の諺（Sutor ne supra crepidam）の略で、「靴屋は、靴だけを縫っていればよろしい」ということで、前の「縫合

(suture)」という語に関連している。これは、切れたところや傷口などを縫い合わせる（suturer）という意味を示唆して、以後の論述の展開に相当の役目をはたす。ひとが専門外のことにまで口を出さなければ、例えば、それが哲学者であれば真理が言えるということだが、もちろん、それは哲学者にとっての真理であり、分析者にとってのそれではない。というのも、哲学的な「推論」によって真理を取りあげようとすると、たとえそれが真理というものを認めない経験主義の立場からであろうと、どうしても「性関係の不在」から真理を問題にする分析者のディスクールを避けることになる。分析者は、ランガージュにおける真理の役目を無視しない哲学者とは、近い関係にあるけれども、両者のディスクールは区別しなくてはならない。

Un peu de topologie vient maintenant.

Prenons un tore (une surface formant "anneau"). Il saute aux yeux qu'à le pincer entre deux doigts tout de son long, à partir d'un point pour y revenir, le doigt d'en haut d'abord étant en bas enfin, c'est-à-dire ayant opéré un demi-tour de torsion durant l'accomplissement du tour complet du tore, on obtient une bande de Moebius : à condition de considérer la surface ainsi aplatie comme confondant les deux lames produites de la surface première. C'en est à ce que l'évidence s'homologue de l'évidement.

《大意》
さて、ここで、少しトポロジーにふれておこう。

まず、表面が輪の形をした、タイヤのチューブのようなトーラスを取りあげてみよう。いま、それを二本の指ではさみ、一点を定めて、ちょうどそこへ戻るように縁にそって移動させると、指が上から下へ、次い

で下から上へ、トーラスを一周する間に半ねじれが生じる。トーラスの膨らみをとって平らにすると最初の表面から二枚の薄板ができるが、それを重ねて平たくなった表面を想像していただけたら、そのトーラスから、いまのやり方でメビウスの帯が得られる。それは、なかのえぐられた部分からはっきり認められる。

《評釈》

　本論の全体は、女性スフィンクスの言葉を中央にはさんで、前半と後半で構成されているが、後半のはじめでトポロジーにふれているのは、メビウスの帯の一周目と二周目によって、分析者のディスクールの独自性を、それとして説明するためである。二周目とは、メビウスの帯を中心線にそって切りひらくような行程である。

　メビウスの帯にふれるのに、まずタイヤのチューブかドーナツのような形をしたトーラスをあげたのは、それが精神分析における要求と欲望の関係を示すために利用される好個の例だからである。下図に示すように、ランガージュと切っても切れない「要求」は、いわばチューブの中味（もちろん、それは「空」であるが）を取り巻く動き（経線で表わす）であり、「欲望」は、「空」である中味を取り巻いて、そこを想像的にめぐる動き（緯線で表わす）である。それによって、トーラスは、要求と欲望が出会うことも、一つになることもないのを示している。

　ラカンは、メビウスの帯における行程を説明するのに、まず、基本となるトーラスの形を、下図のように平らにすることから始めている。

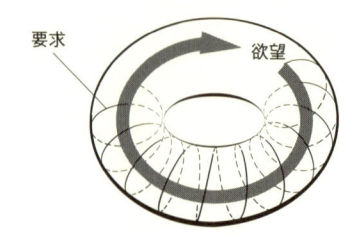

図1　　　　　　　　図2

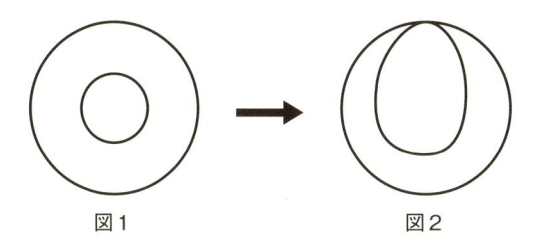

　どちらも、トーラスが押しつぶされ、平らにされた図である。
　図1のようにトーラスを押しつぶすと、重ね合わされた表と裏の面となり、その二つの縁は、向きつけ可能な双側となる。メビウスの帯は、外側と内側の区別がない、向きつけ不可能な、単側の表面であるから、両者は異なる。そこで、平らなトーラスをメビウスの帯のような単側の表面にするためには、平面図では交点のように見える最初の出発点に戻るまで、中空になった表面を2周させて、一つの折り目をつける。図2は、それを表わしている。その結果、平らなトーラスの二つの縁（双側）は、一つの縁（単側）となり、同時に、どちらもえぐられた部分は一つである。その点でトーラスとメビウスの帯は、近い関係にある。

　Il vaut de la démontrer de façon moins grossière. Procédons d'une coupure suivant le bord de la bande obtenue (on sait qu'il est unique). Il est facile de voir que chaque lame, dès lors séparée de celle qui la redouble, se continue pourtant justement dans celle-ci. De ce fait, le bord pris d'une lame en un point est le bord de l'autre lame quand un tour l'a mené en un point conjugué d'être du même "travers", et quand d'un tour supplémentaire il revient à son point de départ, il a, d'avoir fait une double boucle répartie sur deux lames, laissé de côté une autre double boucle qui coristitue un second bord. La bande obtenue a donc deux bords, ce qui suffit à lui assurer un endroit et un envers.

Son rapport à la bande de Moebius qu'elle figurait avant que nous y fassions coupure, est... que la coupure l'ait produite.

Là est le tour de passe-passe : ce n' est pas à recoudre la même coupure que la bande de Moebius sera reproduite puisqu'elle n'était que "feinte" d'un tore aplati, mais c'est par un glissement des deux lames l'une sur l'autre (et aussi bien dans les deux sens) que la double boucle d'un des bords étant affrontée à elle-même, sa couture constitue la bande de Moebius "vraie".

Où la bande obtenue du tore se révèle être la bande de Moebius bipartie — d'une coupure non pas à double tour, mais à se fermer d'un seul (faisons—là médiane pour le saisir ... imaginairement).

Mais du même coup ce qui apparaît, c'est que la bande de Moebius n'est rien d'autre que cette coupure même, celle par quoi de sa surface elle disparaît.

《大意》
もう少し、細かく見てみよう。いま、帯を縁にそって一回だけ切れ目を入れ、離してみると、二つの薄板は、お互いに一方とつながっているのがすぐに分かる。それらは切り離されながら、つながっているのである。そこで、こんどは一方の薄板の縁から一点をとり、そこから縁をたどって薄板を一周すると、他方の薄板の縁につく。そして、そのまま縁をたどってもう一周すると、2周目の最後にはもとの出発点にもどる。これは二つの薄板のどちらの縁から出発しても同じことである。こうして、それぞれの縁の点は、双側の帯を2周したことになる。その帯には二つの縁があるので、表面と裏面があるのは当然である。

その帯と、われわれが切れ目を入れる前に描いたメビウスの帯との関

係を見ると、その帯は、切れ目によって作られていると思われるかもしれない。

　しかし、そこから手品のからくりが生まれる。というのも、メビウスの帯を再生するのは、同じ縁を縫い合わせることではないからである。そう見えるのは、平らになったトーラスの"見せかけ（feinte）"にすぎない（181頁の図2参照）。縁の一点が2周することによって再びもとの点にもどるのは、薄板をねじったあと、もとの点に重ねることによるので、そのようにして向きつけ可能な二枚の薄板を貼りあわせ、はじめて"真の（vraie）"メビウスの帯が再生されるのである。

　そこで、トーラスからえられる帯は、二分化されたメビウスの帯であるのが明白になる。それは2周することによってではなく、二重の環が重なり閉じることでただ一つの切断になる、そのような切断によるのである。これは、想像上、中心線を引いてみるとよい。

　だが、そこに現われる姿は、同時に、切断それ自体であるようなメビウスの帯である。そのようにして、切断そのものは、表面から姿を消すのである。

《評釈》
　ドーナツ形のトーラスからメビウスの帯をつくるのは、ふつうの手続きによっては考えにくい。通常、それは紙テープなどの長方形を一回ねじって表と裏がつながるようにして作る。しかし、ラカンがあえてそうしたのは、トーラスの形が彼の理論の説明に好個の材料を提供してくれるからである。

　ここで、長方形の帯から、「手品のからくり」と呼ばれ、縫合されたあとに現われる"真の"メビウスの帯までの過程を簡単に図示してみよう。

　トーラスを押しつぶして、平らにされた形からメビウスの帯を説明しようとすると、その途中に"見せかけの"帯（181頁、図2参照）が生まれる。しかし、それもディスクールの進行過程では一つの役目をもって

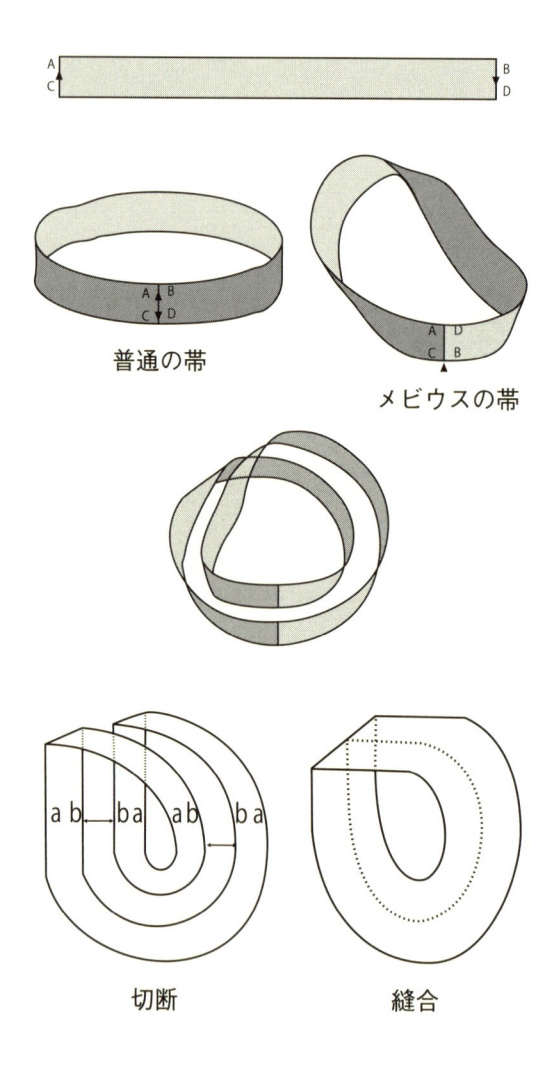

普通の帯　　　メビウスの帯

切断　　　縫合

いる。ただし、まだディスクールを構成している要素間の切れ目に出会っていない。例えば、主人のディスクールでは、$S_1 \to S_2$ におけるつながりの切れ目に出会っていない進行である。それに出会ったのち、もういちど切れ目を縫い合わせ、内部に切断をかかえたまま、一つにまとまった形が上記「切断」と「縫合」の図であり、"真の"メビウスの帯である。

それでは、なぜトーラスを押しつぶした内転する８を"見せかけ"のメビウスと呼び、帯が縫合された図を"真の"メビウスと言うのだろうか。ラカンは、その理由を1964年4月29日の講義（邦訳『精神分析の四基本概念』204-5頁）で説明している。内転する８として描かれている「線」は、メビウスの帯では「面」でなければならない。「面」の性質を正しく捉えてみれば分かるように、内転する８で連続しているかに見える交点は、交差する帯では、面がお互いにそこで立ち塞がっている。そこでは交差によって、たんに面が切断されるだけでなく、空隙が生まれるのである。そこで内転する８の交点は、じつは「一つの空（un vide）」なのであり、それは帯の縫合によって埋められることなく、内部のすき間であり続けるのである。

Et la raison en est qu'à procéder d'unir à soi-même, après glissement d'une lame sur, l'autre de la bande bipartie, la double boucle d'un des bords de cette même bande, c'est tout au long la face envers de cette bande que nous cousions à sa face endroit.

Où il se touche que ce n'est pas du travers idéal dont une bande se tord d'un demi-tour, que la bande de Moebius est à imaginer; c'est tout de son long qu'elle fait n'être qu'un son endroit et son envers. Il n'y a pas un de ses points où l'un et l'autre ne s'unissent. Et la bande de Moebius n'est rien d'autre que la coupure à un seul tour, quelconque (bien qu'imagée de l'impensable "médiane"), qui la structure d'une série de lignes sans points.

Ce qui se confirme à imaginer cette coupure se redoubler (d'être "plus proche" de son bord) : cette coupure donnera une bande de Moebius, elle vraiment médiane, qui, abattue, restera faire chaîne avec la Moebius bipartie qui serait applicable sur un tore (ceci de comporter deux rouleaux de même sens et un de sens contraire ou, de façon équivalente: d'être obtenus de la même, trois rouleaux de même sens) : on voit là que l'ab-sens qui résulte de la coupure simple, fait l'absence de la bande de Moebius. D'où cette coupure = la bande de Moebius.

Reste que cette coupure n'a cette équivalence que de bipartir une surface que limite l'autre bord: d'un double tour précisément, soit ce qui fait la bande de Moebius. La bande de Moebius est donc ce qui d'opérer sur la bande de Moebius, la ramène à la surface torique.

《大意》
それというのも、二分された薄板の一方を他方に重ね合わせてから、再び全体を一つにまとめようとするなら、ずっと帯の裏面をたどって表面に着き、そこで全体として一つにしなくてはならないからである。

それゆえ、メビウスの帯は、半周のねじれによって作られるという通常の考えから想像されるべきではない。そこには、表と裏が結ばれていないような点は一つもないのである。メビウスの帯とは、ただ一周だけの切断以外のものではなく、それは思考するのが不可能な"中心線"によって想像されはするが、そのようにして点のない線 (lignes sans points) の続きによって構造化されているのである。

そのことは、薄板の中心線からそれぞれ縁に近く、縁にそって二つの切れ目を入れることで確かめられる。すなわち、その二回の切断によって、三枚に切られた薄板のうちの中心線を含む一枚は、メビウスの帯と

なり、あとの二枚から切り離されて、しかもそれらとつながっている。そして、あとの二枚はトーラスにもあてはまる二分された双側のメビウスの帯となっていて、二つの同方向の輪と、一つの反対に方向づけられた輪をもっている。同じように、さらに同じ切れ目を入れるやりかたで、三つの同じ方向づけをもった輪もえられる。以上のことから、一回の切断によって生まれる意味−不在（ab-sens）は、メビウスの帯の不在をもたらす。ふたたびメビウスの帯を作るためには、もういちど切断しなくてはならない。それゆえ、この切断がメビウスの帯に等しいのである。

　さらに、この切断は、それぞれの縁が境界となっている表面を二分することであるから、まさしく、それは縁を２周することによってメビウスの帯を作ることだと言わねばならない。それゆえ、メビウスの帯とは、メビウスの帯に手を加えて、それをトーラスの表面にしたものである。

《評釈》
　トーラスは、ランガージュの世界における主体の欲望と要求のようすを伝えるために利用されたトポロジーの図形である。ラカンは、その図形から出発してメビウスの帯を作ろうとする。そのために、メビウスの帯は、ねじれていないふつうの薄板を180°ねじって再び貼り合わせて作るという、通常の考えを退けている。つまり、薄板の裏側を通って、そのまま表側に着き、貼り合わせるというのは、そこで帯をいちど切断したことになり、それがメビウスの帯に他ならないと言うのである。そうしていちど切断されたメビウスの帯は、つながったまま双側で、表裏のある、向きつけ可能な薄板であるが、それを平らにして描いたものは、内転した８の形をした"見せかけの"メビウスの帯と呼ばれている。それは平面上に引かれた線によって、表裏のない、単側の、向きつけ不可能なメビウスの帯に"見える"だけである。

　以上のようないちどの切断は、いわば、ディスクールが、その進行過程で各要素のつながりの「不可能」や「偶然」を覆い隠し、あたかもそれ自体で閉じているように見える状態であると考えることができる。そ

れは、ディスクールが「真理」への途上で、しくじりに直面し、もういちどもとの過程をたどりなおすまでは、みずから完結していると主張できるかもしれない。しかし、それは"見せかけ"にすぎない。ちなみに、もういちど過程をたどることが、２度目の切断であり、いちどの切断による意味－不在（ab-sens）とは、双側の、表裏のある薄板上で、それぞれの点がばらばらに移動している状態である。そして、それらの点を無理に結び合わせようとしたのが、"見せかけの"メビウスの帯である。

　そこで、ディスクールの過程は、もっと先へ進めなくてはならない。とりわけ、精神分析は、"見せかけの"メビウスの帯から"真の"メビウスの帯に進むのを職務としているので、分析者のディスクールは、メビウスの帯を２度切断しなくてはならないのである。

　メビウスの帯は、２度の切断によって３等分されると、中心線を含むメビウスの帯と２回ねじれの帯とに分かれ、同時に二つの帯は、からみ

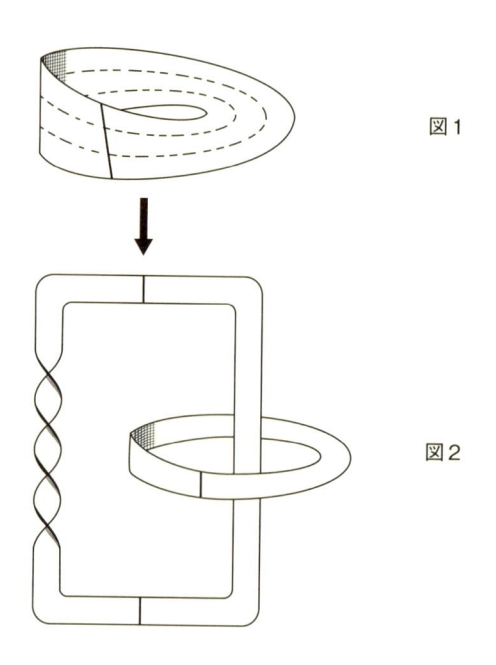

図1

図2

合っている。そのようすを描いたのが、前頁の図1・2である。それは2度の切断によって、いちどの切断によって作られた帯と、それにからんだメビウスの帯ができるのを示している。また、それはディスクールが、"見せかけの"メビウスの帯と"真の"メビウスの帯の、二つの帯によって縫合されるのを示している。"真の"メビウスの帯とは、内部に切断を抱えたまま縫合されていることである。そのことを四つのディスクールに照らしてみると、内部で切断されている状態は分析者のディスクールの本質であり、しかも、それは表裏のある、双側の、向きつけ可能な他のディスクールと分かちがたく、からみ合っている。分析者のディスクールは、みずからを2度切断することによって他のディスクールをゆさぶり、各要素の移動を促すが、他のディスクールにおいても、むろんそれぞれの動きによって、どのディスクールに移動することもありうる。

Le trou de l'autre bord peut pourtant se supplémenter autrement, à savoir d'une surface qui, d'avoir la double boucle pour bord, le remplit ; — d'une autre bande de Moebius, cela va de soi, et cela donne la bouteille de Klein.

Il y a encore une autre solution : à prendre ce bord de la découpe en rondelle qu'à le dérouler il étale sur la sphère. A y faire cercle, il peut se réduire au point : point hors-ligne qui, de supplémenter la ligne sans points, se trouve composer ce qui dans la topologie se désigne du *cross-cap*.

C'est l'asphère, à l'écrire : l,apostrophe. Le plan projectif autrement dit, de Desargues, plan dont la découverte comme réduisant son horizon à un point, se précise de ce que ce point soit tel que toute ligne tracée d'y aboutir ne le franchit qu'à passer de la face endroit du plan à sa face envers.

Ce point aussi bien s'étale-t-il de la ligne insaisissable dont se dessine dans la figuration du *cross-cap*, la traversée nécessaire de la bande de Moebius par la rondelle dont nous venons de la supplémenter à ce qu'elle s'appuie sur son bord.

Le remarquable de cette suite est que l'asphère (écrit: l,apostrophe), à commencer au tore (elle s'y présente de première main), ne vient à l'évidence de son asphéricité qu'à se supplémenter d'une coupure sphérique.

《大意》

　メビウスの帯の縁によってえぐられた穴は、それ以外の仕方によっても埋めることができる。そのためには、帯がいちど切断されて二重の環になった表面に、もう一つのメビウスの帯を貼り合わせればよい。それが、すなわちクラインの壺である。

　また、もう一つの仕方もある。いちど切断されたメビウスの帯の輪切りなった縁をみると、それはちょうど上部が下方にめり込んだ内的な8のようになっている。そして、その縁は表裏のある球面体上に延びている。それを一つの輪として、円を作るようにたどっていくと、ついには一点に還元される。それはいわば、線外の点 (point hors-ligne) である。これが、点のない線 (ligne sans point) を補充して、埋め込まれ、トポロジーでクロス・キャップと呼ばれる形象を生んでいる。

　そうしてできあがった形象は、表裏のない非球面体であり、下方に付されたアポストロフ (l,postrophe)、つまり省略された文字のない省略記号とでも言うべきものである。それは、またデザルグの射影平面とも呼ばれ、水平線に向かってどこまでも直線をのばしていくと、水平線はついに一点に還元され、平面は表から裏へ移らずには、その一点を越えることはできない。

　その点は、またつかむことのできない線によって広がっているのが、クロス・キャップの形象によって示されている。輪は、メビウスの帯の縁にそって埋め込まれているので、その輪が帯を通過するのは必然である。

以上の進行について注目されるのは、省略のない省略記号とでも記されるべき非球面体が、直接手にとることもできる具体的なトーラスから始まって、その非球面的な性質をまざまざと知ることができるのは、球面体であるトーラスの切れ目に、もう一つの球面体の切れ目を重ね合わせることによるのである。

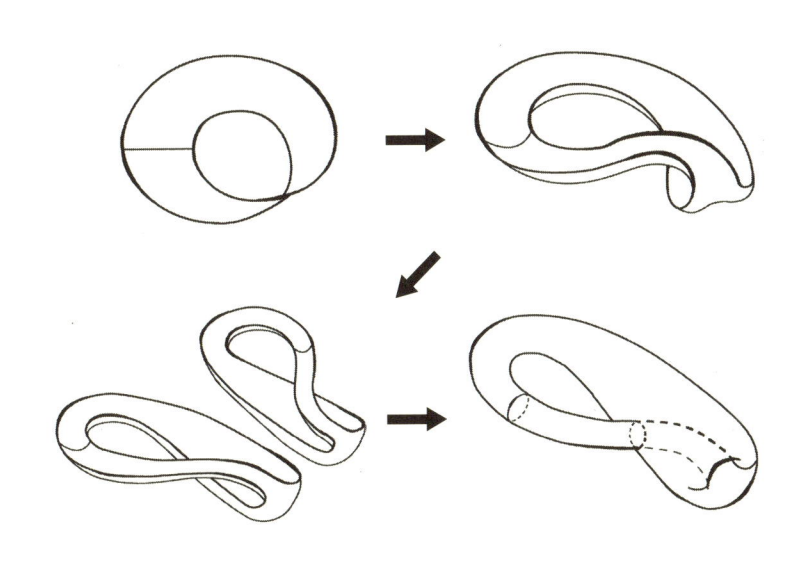

クラインの壺

《評釈》
　ドーナツ形のトーラスには、中央にえぐられた穴がある。メビウスの帯は、表裏のない、単側の薄板であるが、やはりえぐられた穴がある。しかし、その穴を、どうして埋めなくてはならないのか。じつは、精神分析の理論と実践にとって、その問いは非常に重要な意味をもっている。
　デザルグ（1593-1662）は、デカルトと同時代のフランスの数学者で、パスカルに影響を与えたとされているが、その後ずっと忘れられていた。

しかし、今日では射影幾何学の祖と言われている。そのデザルグの平面では、点を水平線に向けてどこまでも進めていくと、水平線はついに一点に還元される。表裏のないメビウスの帯は、穴を埋めていくことによって、一枚の薄板から方向づけのできない曲面になる。しかし、その穴は表裏のない曲面において、ある一点になることはない。すなわち、クロス・キャップのトポロジーでは、えぐられた穴にどのような補充を施しても、それが一点に還元されることはない。つまり、どこまで行っても、場所としての点があるだけで、それは「線外の点」と呼ばれている。そして、そこは「鏡像段階」の説（1936年）以来の、鏡の関係が実現している場所である。

　ラカンは、トポロジーの数学的な形象を自由に活用して、理論の説明にあてている。「線外の点」や「点のない線」もそうである。点には、「位置だけがあって、大きさがない」とか、線には「長さがあって、幅がない」などのいくつかの定義らしきものがあるが、数学的には、つまるところ直感的にしか理解できない無定義用語とされている。だから、「点が集まって線になる」のような不思議な説明もありうるし、「線外の点」のような、もともと幅がないものの「そと（外）」という、奇妙に矛盾した表現も直観的に理解することが求められている。その「長さ」のない、つまり平面上では行きつく先があるはずの線の上にはない場所が「線外の点」であり、ひとはそこで鏡と反映する像の関係を生きているのである。

　メビウスの帯は、右にも左にもねじって作ることができる。えぐられた穴を埋めるためには、ねじれの方向が異なる二つのメビウスの帯を縁にそって貼り合わせる。それによってできるのが、クラインの壺である。そのとき、えぐられた穴をはさんで鏡の関係に照らしてみると、一方は、他方と同じように見える。しかし、ねじれの方向は反対で、両者は別のものである。同じように、ひとも鏡に映る自分の姿を見て、それが自分であるのを認める。しかし、それは錯覚である。鏡像は、単純に上下は同方向であるが、左右は反対である。しかし、ひとは、自分とは別のそ

の姿から、自分を作りあげる。その自分は、一般に自我と呼ばれている。それは、鏡像との想像的関係から生まれる自分であり、いわば想像的自分である。そして、その別の自分とは、とりわけ他者のことである。他者とは、自分と瓜二つのように見えて、自分が想像的に作りあげる他人を指している。

　クロス・キャップの説明に使われている「線外の点」という用語は、表裏のない曲面に一つの穴が開けられて、そこで鏡とそこに映る姿との関係が実現する場所のことである。それはつねに曲面のどこかにあるが、そこを突き止めようとして、点の集まりとしての線をたどってもむだである。すなわち、それは他の点とのつながりを欠いていて、つねに線からはずれた点としてある。そのような場所で、ひとが自分と他者とのあいだに作りあげている関係が、ひとにあらゆる問題を投げかけている。それは錯覚にもとづいた想像的関係であり、本質的にひとを欺瞞する、虚偽の関係であるが、架空の、荒唐無稽な関係とは言えない。むしろ、そこはひとがランガージュの世界で、ディスクールをとおして自分をつかむ場所である。もしも、ひとに想像的関係における自分の分身を、他者としてとらえる場所がなかったら、ひとはランガージュの世界でまったく自分の姿を失ってしまうだろう。そして、ひとはそこに映る他者との関係が続くかぎり、症状としての自分を生きることになる。ラカンは、その他者と自分が一つになるはずのありえない点を、ディスクールのなかの対象 a として示している。

　トーラスを平らにして、平面上にメビウスの帯を描こうとすると、内的な 8 と呼ばれる形ができて、その上方に交差点が生まれる。それは帯が自己交差して、切断されることを表わしていた。こんどは、その図を三次元の空間内にもどして、その切断をいくども行ない、そのたびにできる交差点の続きを一本の線にして、それを一点にまで還元する。そのようにしてできる曲面がクロス・キャップと呼ばれる射影平面である。この閉曲面を、かりに球体とみなせば、それは通常の球体のように閉じた曲面からできている。しかし、クロス・キャップには、一本の交叉線

が通っている。そこで、それをたんなる曲面とみなすなら、その球体の内部は外部とつながっている。すなわち、それは表裏のない開かれた曲面である。メビウスの帯の薄板が二つの円板となり、それらが交叉して切断されるところを続きの点で表わすと、それは円板を分ける直線となり、ラカンがクロス・キャップ（cross-cap）を仏訳して「交叉したつばなし帽（bonnet croisé）」と呼んだ形のもとができる

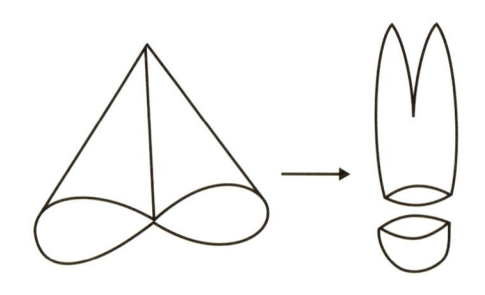

交差したつばなし帽子

　ところで、球体の内部の８字形は、メビウスの帯と同じ二枚の円板であり、それをふつうの８の字に戻すと、それぞれの円板は切断の交差線を軸として、お互いに鏡とそれが映すものとの関係を生んでいる。すなわち、交差線をなしている連続した交差点のそれぞれが、その鏡の場所である。そして、そこに映し出される姿は、「鏡像段階」の時代にはたんに他者（autre）とされていたが、やがて、ディスクールのなかでは、鏡像のない、純粋に欲望の対象としてのａ（対象ａ）にまで抽象化される。クロス・キャップにおいては、それが一方の円板となって、切れ目を表わす交差点を生み、連続する交差線の終わるところまで続く。

　いま、クロス・キャップのなかの交差線を軸とする運動を、四つのディスクールに照らしてみるなら、それは挫折と移動をくり返している各ディスクールの行程と見なすことができる。自己交差するメビウスの

帯の切断は、クロス・キャップでは、交差線上の切断となってくり返されている。それは、四つのディスクールが「真理」に向かう途中で出会う挫折であり、そのために、各ディスクールは移動をくり返すのである。分析者のディスクールを例にとるなら、それが「知（S_2）」に至ることの挫折であり、ふたたび「見かけ」の場所の対象 a を、ランガージュのおける主体（$\mathcal{S}$）に移して、ヒステリー者のディスクールをくり返すことである。

　それでは、クロス・キャップにおいて、なぜ二つの円板が交差をくり返すのか。あるいは、それがくり返されるのは、どういう力によってなのか。その正体は、ファルス（Φ）と命名されている。それは力とはいっても、一つのシニフィアンである。ただし、何の表象もなく、機能だけがある特殊なシニフィアンである。すなわち、ディスクールにおける働きだけがあって、そのための力があり、もっぱら交差をくり返させる役目だけをはたしている

　クロス・キャップは、ふつうにはメビウスの帯の縁に、表裏のある通常の円板を無理に貼り合わせることによって作れるとされるが、帯の中央のえぐりを完全に塞ぐことはできないから、少なくともそれを無理に

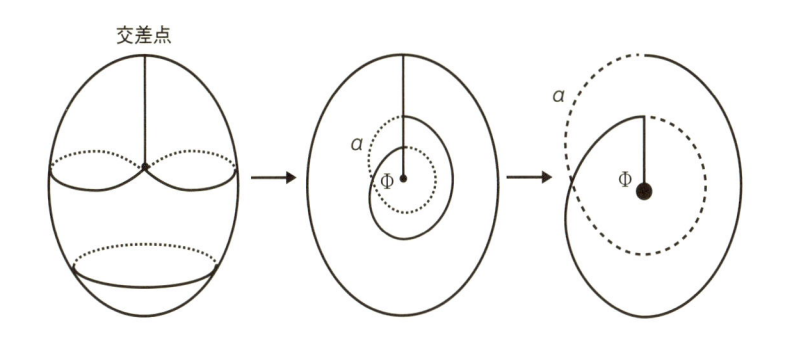

クロス・キャップにおけるファルス（Φ）と対象 a

貼り付けなければ完成させることはできない。だが、そのように曲面が閉じるまで廻りつづけるはずの円板を対象 a とする、ひとの世界のディスクールでは、切断が終わり、交差線がそこへ行き着き、曲面が閉じる点があるのだろうか。おそらく、それは「語る存在」がひとを規定する三領域の舞台から消えるところの点である。

Ce développement est à prendre comme la référence—expresse, je veux dire déjà articulée—de mon discours où j'en suis : contribuant au discours analytique.

Référence qui n'est en rien métaphorique. Je dirais: c'est de l'étoffe qu'il s'agit, de l'étoffe de ce discours, — si justement ce n'était pas dans la métaphore tomber là.

Pour le dire, j'y suis tombé; c'est déjà fait, non de l'usage du terme à l'instant répudié, mais d'avoir, pour me faire entendre d'à qui je m'adresse, fait-image, tout au long de mon exposé topologique.

Qu'on sache qu'il était faisable d'une pure algèbre littérale, d'un recours aux vecteurs dont d'ordinaire se développe de bout en bout cette topologie.

La topologie, n'est-ce pas ce *n'espace* où nous amène le discours mathématique et qui nécessite révision de l'esthétique de Kant?

《大意》
トポロジーについての以上の言及は、いま私がいるディスクールに、すなわち分析者のディスクールに寄与するための見本として、それも私がすでにはっきり述べた、疑いようのない見本として受けとられるべきである。

トポロジーには、隠喩的なところはまったくない。そこにあるのは道具であり、同時に素材とでも言うべきもの、それが隠喩のなかに落ち込んでしまわないかぎりは、分析者のディスクールの道具とでも言うべきものである。
　私は、それを言おうとして、すでに隠喩のなかに落ち込んでしまっているが、しかし、それを使うに当たっては、すぐに捨てられてしまう道具としてではなく、私がトポロジーについて語っているあいだ、私が語りかけている分析者に、私が語っていることを理解してもらうために、ずっとそのイメージを抱き続けてもらえるような道具として使ったのである。
　ご存知のことであろうが、通常、トポロジーについて語るためには、文字表記による純粋な代数学によって、つまり力の大きさと方向を示すベクトルを使って、遺漏なく行なうことができる。
　トポロジーとは、数学のディスクールがわれわれに与えてくれた、空間ならざる空間（n'espace）で、そのために、カントの美学を再検討することが必要になるのではないだろうか。

《評釈》
　言葉は、対象と直接的に関係することはできない。ひとが何を語るにしても、その言葉と対象とは別のものである。ところがここで、トポロジーに隠喩的なところはまったくないとされ、ラカンは、これからもその主張をくり返す。言葉は、対象と無関係であるにもかかわらず、それがつながると何らかの意味を生む。つまり、それは対象を言葉のつながりによってある表象を別の表象に喩えたのであり、それが隠喩のもとである。しかし、ここでトポロジーを、言葉によって表現されるにもかかわらず、それによって何かを喩えているのではないと言うのである。つまり、ディスクールという対象をトポロジーに喩えているのではない、と。すると、トポロジーは、それを語るひとが必然的に言葉の隠喩性のなかに落ち込んでしまうにしても、それとディスクールとの関係は間接

的ではなく、トポロジーは、ディスクールそのものである。そのことを、トポロジーは分析者が使う étoffe（道具であり、素材でもあるもの）だと言ったのである。

　トポロジーが隠喩的でないというもう一つの意味は、それが何らかの実体を案出しようとして、言葉を誤りなくつなぎ、意味を確定していこうとするものではないということである。ラカンは、そのことを言うために、"n'est-ce pas ce ?"（「－ではないだろうか」という否定疑問）と、n'espace（= espace、空間）という同音異義の言葉遊びをして、「空間」の概念の歴史をふり返る。カントの美学を再検討しようと言うのも、そのためである。

　カントは、『純粋理性批判』のなかで、こう述べている、「おのれの対象を感官（Sinn）なしで直観する能力をもった或る悟性というものを案出したり、あるいはあらゆる接触なしの牽引力を案出したり、あるいは新しい種類の実体、たとえば不可入性なしで空間において現存するような或る実体を案出することは許されておらず、したがってまた、経験が暗示するようなすべての相互性とは異なるところの、諸実体のいかなる相互性もない。…… 要するに、私達の理性には、可能的経験の諸条件を諸事象の可能性の諸条件として使用することだけが可能である。しかし、可能的経験の諸条件にまったく依存せずに、それ自身で、諸事象の可能性の諸条件をいわば創りだすということは、断じて不可能である」（理想社、選集、下、69頁）。これは、超越論的方法論のなかの第一篇、第三章の一節であるが、現在では、美学を含む全批判哲学の完成に向かう本質的な箇所の一つと見なされている。カントのテキストでは、Sinn を「感官」と訳されることが多く、それは「対象が現にあるものを直観する能力」のことで、通常の「感覚」とは少し意味が異なる。ラカンは、そのような考えに対して、あとの＜本文＞に見られるような訂正を加えるのである。

　空間のなかに、いま、いるとは、いつも「言うこと」によって問いかけていることである。それは、論理的にはつねに否定形をもって表現さ

れる。そのさい、「言うこと」は、意味作用において、いつも同音意義的に聞きとられ、その結果をもたらす可能性があるのを認めなくてはならない。ある言葉が、ある対象に向かう必然的な意味作用はなく、同音異義こそがトポロジー的曲面が最終的に閉じることのない運動を荷なっている。トポロジー的空間のなかには、「言うこと」とファルス的機能の他にはいかなる実体もない。トポロジー的球体をえぐること（évidement）は、明証（évidence）の世界に、すなわち「理性」による認識の世界に穴をあけることである。精神分析における実践は、あれこれの存在や実体や対象を探し求めることではなく、双側の曲面である閉じた球体から、単側の開かれた球体への運動を、またその逆の方への運動をくり返し続けることである。それゆえに、トポロジーは、隠喩的ではなく、喩え話の一つでもないのである。

Pas d'autre étoffe à lui donner que ce langage de pur mathème, j'entends par là ce qui est seul à pouvoir s'enseigner: ceci sans recours à quelque expérience, qui d'être toujours, quoi qu'elle en ait, fondée dans un discours, permet les locutions qui ne visent en dernier ressort rien d'autre qu'à, ce discours, l'établir.

Quoi m'autorise dans mon cas à me référer à ce pur mathème?

Je note d'abord que si j'en exclus la métaphore, j'admets qu'il puisse être enrichi et qu'à ce titre il ne soit, sur cette voie, que récréation, soit ce dont toute sorte de champs nouveaux mathématiques se sont de fait ouverts. Je me maintiens donc dans l'ordre que j'ai isolé du symbolique, à y inscrire ce qu'il en est de l'in -conscient, pour y prendre référence de mon présent discours.

Je réponds donc à ma question: qu'il faut d'abord avoir l'idée, laquelle se prend de mon expérience, que n'importe quoi ne peut pas être dit. Et il faut le dire.

Autant dire qu'il faut le dire d'abord.

Le" signifié " du dire n'est, comme je pense l'avoir de mes phrases d'entrée fait sentir, rien qu'ex-sistence au dit (ici à ce dit que tout ne peut pas se dire). Soit: que ce n'est pas le sujet, lequel est effet de dit.

《大意》

その空間に与える素材としては、純粋なマテーム（mathème、数学素）以外にない。私がそのように言うのは、それが教えることのできるたった一つの教材だからである。それは、いかなる経験に訴えることもない。経験は、何であろうといつでもそれがあることによって、ディスクールに根を下ろしていて、ある話し方を可能にしているが、つまるところ、それはそのディスクールをそれとして確立しようとしているのである。

それでは、私の場合、その純粋なマテームを使うにあたって、何がわたしに許可を与えてくれるのだろうか。

私は、先に述べたように、隠喩を遠ざけるが、それが豊かにされていくのは認める。隠喩は、そこで途中のレクリエーション（再創造）とでも言うべきものとなり、それによって数学のあらゆる新しい領野が開かれることになる。私は、象徴界という自分で取りだした領野にとどまり、そこに無意識に関わるあれこれを書き込み、いまの私のディスクールの見本にしようと思う。

私は、自分の問いにこう答えよう。着想をもつのがはじめに必要なことだが、私が経験からえたところによると、何であろうと、それは「言われたもの」としてあることはできない。何よりも、「言うこと」がなくてはならないのである。

言わなくてはならない分だけ、まず「言うこと」がある。

それでは、「言うこと」の"シニフィエ"とは何か。それは、私が書いたあの文（「ひとが言うことは、聞かれるにおいて、言われたものの背後に忘れ去られる」）によって、「言われたもの」のそとにあること（ex-sistence）以外ではないのを感じていただけたと思うのであるが、ここでは、すべてが言われることはできないという、この「言われたもの」のそとにあることで、それはすなわち、「言うこと」は主体そのものではなく、「言われたもの」の効果以外の何ものでもないということである。

《評釈》

　マテーム（mathème）は、ラカンの造語で、mathématique（数学）の前半と sème（意味素）、phonème（音素）などの語尾 me を合わせた語である。想像界と密接な意味作用を離れて、もっぱら諸要素の関係を記そうとする書字で、記号の単位を指すと同時に、代数学や論理学の書字法と似た一群の式を意味している。これを使って、精神分析の言わんとするところを記した式（マテームの図式）には、年代順に、「シェーマL」「欲望のグラフ」「四つのディスクール」「性別化の式」の四つがある。本論では、位相数学のトポロジーを使って、直接には後二者のマテームについてふれているが、むろん前二者が、その前提にあり、背景となっている。いずれも、ひとが分析者のディスクールをじっさいにすすめようとするときに直面する、問題の諸要素間の関係を示そうとしている。

　ところで、カントは、経験の基礎を「直観する能力」としての感覚（「感官」）におき、経験から離れた諸事象のいかなる相互関係もないと言った。しかし、ラカンは、マテームがいかなる経験からも離れているからこそ、それを使って教えることができる、すなわち精神分析の知を伝達できる唯一の教材であると言う。そこに、二人の感覚と経験の関係についての、ラカンはそれを「言われたもの」と「言うこと」の関係と言い直すが、両者の関係についての見方のずれがある。カントの言う、そとからの刺激を受けとる能力である感受性から直観的に生まれる意味

とは何だろうか。また、その「感官」にとって、経験のはじめにあるのは、「言われたもの」だろうか、それとも「言うこと」だろうか。ラカンは、ひとの直観する能力の面からすると、「言うこと」は「言われたこと」より前にあると言う。そのことが、カントの美学を再検討する理由であり、はじまりである。

　「言われたもの」は、どんな意味作用も前後の意味作用との関係なしに、それ自体としてあることはできないところからして、感覚が受容する刺激の出発点とはなりえない。それは、ひと続きになって想像的な内容を、すなわち意味作用の結果として生まれる集団的通念（ドクサ）を形成しているのである。精神分析にとっては、その前にひとの「言うこと」があり、それは、はじめにあらゆる意味作用のそとにあって、ずっとそとにあり続けるのである。言いかえると、それはずっと意味－不在（ab-sens）のうちにあり続けるのである。ラカンは、そのようにあり続けることを「言うこと」のシニフィエであると言い、カントの「感官」から生まれる意味に対置したのである。

　「言うこと」は、「可能的経験の諸条件を諸事象の可能性の諸条件として使用する」ことから生まれる主体ではない。それは、理性的認識の主体でも、言表の主体でもなく、シニフィアンの主体であり、そのかぎりで、前のシニフィアンが生みだす効果であり、次のシニフィアンに主体を代理表象するものである。シニフィアンは、主体を代理表象し、ディスクールにおいて主体を決定するが、主体そのものではない。シニフィアンは、主体にとって何らかの表象であって、それはシニフィエと同じように、主体にある心的現実を到来させる。そして、ランガージュの材料となって「言われたもの」と結びつくとき、それはディスクールのなかで主体を決定するのである。しかし、そのようにして決定される主体は、「言うこと」において、つねに「言われたもの」のそとにある。精神分析が、トポロジーを教材として伝えようとしているのは、そのありさまである。

　そのようにして伝えられるのは、精神分析の「知」であるにちがいな

いが、皮肉なことに、けっして「知」に届くことのできない知である。ひとが「言うこと」をやめないかぎり、その意味－不在（ab-sens）が、「知」に届くことの無力を明らかにしているが、マテームがトポロジーを使って伝えようとしているのは、そのようなありさまである。位相数学も、また「言われたもの」であるかぎり、隠喩的に想像されるのは避けられない。しかし、「言われたもの」の経験から離れて、それを教材として用いると、やめることのできない経験の根源を、隠喩的なレトリックではなく、経験そのものとして伝えることができるのである。

Dans nos asphères, la coupure, coupure fermée, c'est le dit. Elle,fait sujet : quoi qu'elle cerne...

Notamment, comme le figure la sommation de Popilius d'y répondre par oui ou par non, notamment, dis-je, si ce qu'elle cerne, c'est le concept, dont se définit l'être même : d'un cercle autour — à se découper d'une topologie sphérique, celle qui soutient l'universel, le quant-au-tout : topologie de l'univers.

L'ennui est que l'être n'a *par lui-même* aucune espèce de sens. Certes là où il est, il est le signifiant-maître, comme le démontre le discours philosophique qui, pour se tenir à son service, peut être brillant, soit : être beau, mais quant au sens le réduit au signifiant-m'être. M'être sujet le redoublant à l'infini dans le miroir.

J'évoquerai ici la survivance magistrale, combien sensible quand elle s'étreint aux faits " modernes ", la survivance de ce discours, celui d'Aristote et de saint Thomas, sous la plume d'Étienne Gilson, laquelle n'est plus que plaisance : m'est: "plus-de-jouir".

C'est aussi bien que je lui donne sens d'autres discours, l'auteur aussi, comme je viens de le dire. J'expliquerai cela, ce qui produit le sens, un peu plus loin.

《大意》
　切断は、われわれの球体においては、閉じられた切断であり、「言われたもの」である。それは、囲んでいるものが何であっても、それを主体として作りあげる。
　ローマの元老院議員ポピリウスの警告が教えているように、それには"とくに（notamment、記入することによって）"イエス、あるいはノーと答えなくてはならない。私は、それが囲んでいるものを概念と呼ぶが、それの囲んでいる円によって存在そのものが規定されるのである。それは、また球体のトポロジーによって、表と裏の二つに切り分けられ、普遍とすべてに関する宇宙のトポロジーを支えるのである。
　しかし、困ったことに、存在は、それ自体では、どんな意味ももたない。たしかに、それはあるのだが、そこにあるのは哲学のディスクールが明かしてくれるように、主－シニフィアン（signifiant-maître）である。哲学のディスクールは、その目的のために明晰で、立派なものではありうる。しかし、意味について言うと、それはつまるところ主－シニフィアンに帰着する。そして、私を主体としてあらしめる（m'être sujet）ために、それは鏡のなかでどこまでも強化されるのである。
　私は、ここで驚くほどの長い存命を指摘しておきたい。それが、いわゆる"近代的"諸事実からどれほど締め付けを受けても、あいかわらず顕著な、このディスクールの存命、それはアリストテレスや聖トーマスのディスクールであり、エティエンヌ・ジルソンの言うところによれば、たんなる楽しみであり、私に言わせれば、"剰余享楽"である。
　私は、彼らのディスクールに対して、ジルソンもそうしたように別の意味を与えている。そのことをこれから説明するつもりであるが、それはディスクールの輪舞のなかで、意味を生みだすものをもう少し先に移動させることによって行なうのである。

《評釈》

　球体をなす曲面には表と裏があり、向きづけが可能である。メビウスの帯は、部分的には、どの場所にも表と裏があり、通常の曲面と変わらないように見えるが、それは帯の全体とは関係がない。全体では表も裏もなく、向きづけが不可能な、単側の帯である。ところが、前に述べたように、それをいちど二つに切ると、驚くことには表裏のある双側の曲面ができあがり、メビウスの帯の特徴は消えてしまう。そのさい、いちど二つに切るというのは、帯を平面化して描いた図において、行程が折り目のついたところで表から裏へ、あるいは反対方向へ、その折り目を横切ることである。曲面には厚みはないから、横断するのは、折り目の位置にある点、すなわち交差点である。そして、この交差点を通過することが切断と呼ばれる。

　クロス・キャップは、いわばメビウスの帯を球体化しようとした図形であるが、そのなかでは、切断をいくどでもくり返すことができる。そして、そのようにくり返される切断の交差点は、連なって直線となり、それがクロス・キャップの内部で無限遠方に位置する点として、一本の交差線を作るのである。その意味では、曲面が切断されるかぎり球体は閉じることがないので、本文の「閉じられた切断」とは矛盾した表現のようだが、切断されているのに、それでも閉じようとする非球体の曲面であり、ラカンは、それをすぐあとで「われわれの非球体」にとっての切断として重視している。それは「言われたもの」にとって非球体を閉じようとする運動であり、ランガージュの世界で「主体」を作りあげている。つまり、構造的に閉じることはできないにもかかわらず、無理にも閉じようとしている曲面で、それがランガージュにおける「言われたもの」の特徴をなしている。

　ポピリウスの警告は、紀元前168年、シリアのアンティオコス４世が、父３世（大王）の征服した領地を回復しようとエジプトのアレクサンドリアに迫ったとき、ローマ軍のポピリウスが彼を取り囲み、砂上に閉じた円を描いて、エジプトから出ていくように警告し、それにイエスか

ノーで答えるまでは、この円から外に出ることはできないと言った故事を指している。表と裏のある球体の曲面も、それによって宇宙をそととなかに二分しながら、存在を確保しようとして、閉じている。しかし、ディスクールにおいては、存在を確保しようとしてディスクールを閉じようとすると、とたんに「意味」の産出は止まる。もともと、閉じようとする運動が目ざした存在には意味がなかったのであり、それはシニフィエのないシニフィアン、「主－シニフィアン」だったのである。哲学のディスクールは、当初から、私を一人称の主語としてあらしめるために、シニフィエのない主－シニフィアンにその存在を託してきたのである。

　ところが、ディスクールのなかで、この主－シニフィアンを存在にまで高めようとする動きは、その命脈が驚くほど長い。エチエンヌ・ジルソン（1884-1978）は、『アベラールとエロイーズ』、『中世哲学の精神』などの邦訳もある、高名な中世哲学史家だが、彼は、「近代」哲学の祖とされる17世紀のデカルトの「存在、(cogito ergo) sum（われあり）」が、どれほどアリストテレスの「実体（ウーシア）」やトマス・アクィナスの「神（ありてあるもの）」の伝統を受け継いでいるかを明らかにした。また、例えば、それはアリストテレスの「存在は、根本的に概念を越えている」から、「個体は現実的なものであって、本質（述語）を越えている」という、現代風のディスクールにまで、その命脈が及んでいるのである。それらは、すべてディスクールのなかで、主－シニフィアンを存在として確保するのを目指しているが、分析者のディスクールを例にとるなら、その結果として生み落とされるのは S_1 という創設的なシニフィアンであって、そのディスクールでは、当のシニフィアンを真理につなげる道には、しくじりが待ち受けている。

　そうしてみると、分析者のディスクールは、語るひとを主－シニフィアンの意味の不在（ab-sens）に直面させて、そこから他のディスクールへと、全体を揺り動かそうとするディスクールである。そのことが、閉じた球体の曲面の一方の側を他方につなげようとするときに生じる切

断によって、比喩的にではなく示されている。メビウスの帯は、一回の切断ごとに、その球体として描かれた曲面は、はじめの帯の非球体からいちどの切断による球体へ、また次の切断によって球体から非球体へと変わる。前に、ディスクールの場合では、切断された曲面をもとの球体の曲面にもどそうとする動きを、「縫合（suture）」と呼んでいた。そして分析者には、ディスクールを動かすために、それらの切断と縫合とをくり返すのが職業上の義務とされていた。

一方、哲学者たちは古代から、主－シニフィアンと存在を一つにするための営みを plaisance（楽しみ、遊び）と呼んでいた。しかし、分析のディスクールにとって、その営みの産物は、ディスクールにおいて享楽が性関係を実現できないことから生まれる plus de jouir（剰余享楽）であり、「存在」はディスクールにおける意味作用の効果の一つで、「真理」の場所に行きつくことのない、意味－不在の S_1（主－シニフィアン）である。ラカンにとって、意味は「想像的なものによって支えられている」。それは象徴界からはっきり区別されるが、ランガージュの世界ではシニフィアンという象徴界の材料によって、その効果に接する他はない。そして、それは不動のディスクールからではなく、ディスクールの輪舞のうちからのみ生まれてくるのである。

L'être se produit donc " notamment ". Mais notre asphère sous tous ses avatars témoigne que si le dit se conclut d'une coupure qui se ferme, il est certaines coupures fermées qui de cette asphère ne font pas deux parts : deux parts à se dénoter du oui et du non pour ce qu'il en est(" de l'être") de l'une d'elles.

L'important est que ce soit ces autres coupures qui ont effet de subversion topologique. Mais que dire du changement par elles survenu?

Nous pouvons le dénommer topologiquement : cylindre,

bande, bande de Moebius. Mais y trouver ce qu'il en est dans le discours analytique, ne peut se faire qu'à y interroger le rapport du dire au dit.

Je dis qu'un dire s'y spécifie de la demande dont le statut logique est de l'ordre du modal, et que la grammaire le certifie.

Un autre dire, selon moi, y est privilégié : c'est l'interprétation, qui, elle, n'est pas modale, mais apophantique. J'ajoute que dans le registre de la logique d'Aristote, elle est particulière, d'intéresser le sujet des dits particuliers, lesquels ne sont *pastous* (association libre) des dits modaux (demande entre autres).

L'interprétation, ai-je formulé en son temps, porte sur la cause du désir, cause qu'elle révèle, ceci de la demande qui de son modal enveloppe l'ensemble des dits.

《大意》

存在は、そこで「とくに記入する（notamment）」ことによって生みだされる。しかし、われわれの非球体は、「言われたもの」が閉じられた切断によって何かを結論するとき、たとえこの非球体がどのように変化し、また、そこにいくつかの閉じられた切断が生まれたとしても、それによってこの非球体が二分されることはないのを証明している。二つに分けられている部分は、この二つの部分の一つがどのようになっているかに対してイエスかノーかで示されるのである。

しかし、トポロジー的転換を生む、それとは別の切断のあることに目を向けなくてはならない。だが、別の切断から生まれるその変化について、どう考えたらよいだろうか。

われわれは、それを円柱、帯、メビウスの帯によって、トポロジー的に示すことができる。しかし、それについて分析者のディスクールのなかから見いだせることは、「言うこと」の「言われたもの」への関係を考えて、はじめてじっさいの姿をとるのである。

ある何かを「言うこと」は、精神分析では要求として受けとられるが、その論理的な資格は様相の次元に属していて、文法がそのことを教えている。
　また、あるもう一つの「言うこと」には、私の見るところ、特別の意味がある。それがすなわち解釈であり、解釈は様相的ではなく、反語的肯定（apophantique）である。解釈は、アリストテレス論理学の言語学的使用法では、個別的な意味をもち、そこでは主語を個別的な「言われたもの」にかかわらせていることをつけ加えておこう。そこの「言われたもの」は、とくに要求における様相的な「言われたもの」に見られる、自由連想から生まれた「すべてではない（pastout）」とは違ったものである。
　私は、かつて、解釈は欲望の原因に向けられると言った。それは解釈が明らかにする原因であって、「言われたもの」の全体を様相で包む要求からやってくるのである。解釈は、それを反語的否定疑問によって肯定し、承認するのである。

《評釈》
　ラカンは、「われわれの非球体」と言って、それが向きづけ不可能な、開かれた非球体でありながら、いちどの切断によって閉じようとする向きづけ可能な球体の曲面を指している。クロス・キャップは、メビウスの帯の単側の縁を円周になるように変形したもので、この円周に円板を貼り合わせると、実射影平面と呼ばれる曲面ができる。この曲面は、閉曲面ではあるが、表と裏の区別がつけられないので、やはり向きづけ不可能である。ラカンは、その非球体から球体へのトポロジー的移行を、メビウスの帯がいちど二つに切られ、それが表裏のある双側の曲面（球体的曲面）となっても、もとの非球体的曲面はつながったまま、二分されないことに関連させている。それは通常の帯の切断とは異なった「別の切断（切り方）」であり、トポロジー的転換を生む。
　非球体から球体への移行は、また、平面的に描かれたメビウスの帯の

折り目を表から裏へ、あるいはその逆に交差的に移動することであり、クロス・キャップでは、切断されている内部の場所を通過することである。いずれも連続している面や線を、交差によって切断するのを意味している。ラカンは、そのような交差による切断を「言われたもの」に対する「言うこと」の関係としてとらえる。「言われたもの」は、メビウスの帯の単側の曲面をぐるぐると回って、閉じたままであろうとする。一方、「言うこと」は、その曲面を切断しようとするのである。「言うこと」は、ランガージュによって「要求」として言表される。それは論理的には、可能、不可能、必然、偶然などの様相によって表現される。助動詞、動詞の時制などの文法上の使用規則が、そのことを知らせている。いずれにせよ、その言表内容の確実性の程度は知られず、決定されないままである。

ところで、《大意》では un autre dire を、あるもう一つの「言うこと」とまわりくどく訳したが、簡単に他人の「言うこと」としても日本語の意味は通るだろう。その「言うこと」が、精神分析では「解釈」となり、「解釈とは切断である」となる。この定義は、ラカン理論の基本となる一文言である。すなわち、「言うこと」は、精神分析において、一方では要求であり、他方では解釈である。さらに、要求は様相的であるのに対して、解釈は様相的ではなく、apophantique であると言われる。同じ「言うこと」の性質が、要求では肯定され、解釈では否定される。apophantique は、修辞学の用語で、日本語では「陽否陰述法」などと訳されているが、意味は「何々と言っているわけではない」と言って、その何々を強く肯定しようとする表現法であり、また「何々ではないのですね？」と念を押して、暗にそれを肯定しようとする表現法でもある。

アリストテレスの論理学では、解釈は「個別的な意味」をもつ。したがって、それは様相的でないばかりか、判断の普遍性にもかかわりなく、むしろ「例外的」、「一回的」であって、ちょうど女性の側の定式の一つ「すべてではない」にみられるように、一般的判断から生まれる「言われたもの」とは遠くかけ離れている。それは、球体的曲面を交差的に切断

しようとする「言うこと」で、それゆえに切断としての解釈は、たんに様相的でないばかりか、「要求」より、むしろ「欲望」の原因に近づこうとする。その原因とは、対象 a である。

ひとはランガージュの世界に住み、そこを安定した住み家（stabitat）としているが、一方ではディスクールにおいて、不安定に移動している（d'labiter）。d'labiter は、正書法を無視して、labiter（移動する）と habiter（住まう）を合成した造語である。対象 a は、ディスクールのなかで、シニフィアンの移動（$S_1 \rightarrow S_2$）から生まれる意味作用とはかかわりなく、そこから形成される存在の表象からも逃れて、たんに幻想のなかに、いつもそのまま現われる、この世にない対象である。したがって、それを対象とする欲望は、根本的にそれを取り逃がし続ける。けれども、それはこの世にあるひとの存在にとって、絶対に欠かすことのできない対象である。ところで、この世に存在しない対象を、この世に存在しなくてはならないひとにつなぐのは、ひとの世界のランガージュを措いてない。だから、その対象は、ランガージュによる要求の様相的な表現から探るより他にない。そのさい、切断としての解釈は、それを反語的否定疑問によって明るみに出そうとするのである。

Quiconque me suit dans mon discours sait bien que cette cause je l'incarne de l'objet (*a*), et cet objet, le reconnaît (pour ce que l'ai énoncé dès longtemps, dix ans, le séminaire 61-62 sur l'identification, où cette topologie, je l'ai introduite), l'a, je l'avance, déjà econnu dans ce que je désigne ici de la rondelle supplémentaire dont se ferme la bande de Moebius, à ce que s'en compose le *cross-cap*.

C'est la topologie sphérique de cet objet dit (a) qui se projette sur l'autre du composé, *hétérogène*, que constitue le *cross-cap*.

" Imaginons " encore selon ce qui s'en figure graphiquement

de façon usuelle, cette autre part. Qu'en voyons-nous ? Sa gonfle.

Rien n'est plus de nature à ce qu'elle se prenne pour sphérique. Ce n'en est pas moins, si mince qu'on en réduise la part torse d'un demi-tour, une bande de Moebius, soit la mise en valeur de l'asphère du *pastout* : c'est ce qui supporte l'impossible de l'univers, — soit à prendre notre formule, ce qui y rencontre le réel.

L'univers n'est pas ailleurs que dans la cause du désir, l'universel non plus. C'est de là que procède l'exclusion du réel...

... de ce réel : *qu'il n'y a pas de rapport sexuel*, ceci du fait qu'un animal a stabitat qu'est le langage, que d'labiter c'est aussi bien ce qui pour son corps fait organe, — organe qui, pour ainsi lui ex-sister, le détermine de sa fonction, ce dès avant qu'il la trouve.C'est même de là qu'il est réduit à trouver que son corps n'est pas-sans autres organes, et que leur fonction à chacun, lui fait problème,

— ce dont le dit schizophrène se spécifie d'être pris sans le secours d'aucun discours établi.

《大意》
私のディスクールを聞いているひとは、だれもがこの原因について、私が対象aと呼ぶものであり、それはすでに10年前から、私がトポロジーを導入した1961〜62年の「同一化」についてのセミネールのさいに紹介した補助的な円板、それがここでメビウスの帯を閉じた曲面に仕立て、それをクロス・キャップの射影平面を実射影平面として作りあげる、下方に描かれたあの円板であるのを知っている（120頁の図を参照）。

それは、（a）という対象の球体的トポロジーであり、クロス・キャッ

プを構成する合成された他のもの、異成分（hétérogene）の上に投影される。

　いま、この他の部分を図形的に通常の仕方で想像してみよう。われわれは、下方にあるこの膨らんだ部分をどう見たらよいだろうか。

　その部分は、球体的なものと見るのがもっとも自然である。メビウスの帯の半ねじりのところをどれほど小さくしても、それがメビウスの帯であることは変わらない。すなわち、それは「すべてではない」の開かれた非球体性を失うことなく、普遍の不可能を維持して、われわれの定言を用いるなら、そこで現実界に出会うのである。

　普遍は、欲望の原因とは別のところにあるのではなく、普遍的な性質をもったものも、やはりそれと同じである。そこから現実界の排除が起こるわけだが…

　…この現実界から「性関係は存在しない」がひとの世界にやってくる。それは、ひとという動物にとって、安定した住み家（stabitat）はランガージュであり、そこに住まうこと（labiter）が、その身体にとっては器官となっていることからやってくるのである。この器官は、いわばひとのそとにある（ex-sister）のだが、ひとがその働きを見いだす以前から、ひととそれによって決定している。ランガージュの世界に住むひとの身体は、ファルスというその器官の、ただしその姿形のないシニフィアンの象徴的な機能によって決定されはするが、やはり、そのことからひとの身体にはいくつもの別の器官が発生して、それぞれの器官のもつ働きが問題を生じさせるのである。例えば、いわゆる統合失調症は、そのひとを安定させるいかなる既存のディスクールの助けもなしに、他の器官の働きにとらわれているのである。

《評釈》
　クロス・キャップは、たんに射影平面と呼ばれることもあるが、それに円板を貼り合わせて、閉曲面にしたものが実射影平面（plan projectif réel）である。ラカンは、それをあえて開曲面である「われわれの非球

体」と呼んでいるが、それは、球体としては閉じていながら、内部で切断する交差点が無限の遠方まで開かれている「非球体」ということである。すなわち、実射影平面とは、じっさいにはクロス・キャップの開曲面と円板の閉曲面とが合成された「球体」である。この非球体を閉じようとする動きとして、「要求」の様相的な言語表現と、「欲望」の原因である対象 a を反語的に探ろうとする解釈のそれとの関係が浮かび上がる。対象 a は、非球体のクロス・キャップを閉じようとして、それとは異質の補助的な円板のうえに投射されたものである。解釈とは、切断であり、投射は、それをふたたび球体に戻そうとする縫合の動きである。そして、膨らみ (gonfle) は、その結果として生まれる部分であり、それとともに主体は、そのつど閉じた球体に戻ろうとするのである。

　「同一化」のセミネール（1961〜62）は、公刊されるミレール版に第 9 巻として予定されているが、現在までのところ未刊である。しかし、その記録は、市販されていない複数のいわゆる海賊版から読むことができる。ラカンは、1962 年 7 月 27 日の最後の講義まで、15 回にわたってトポロジーにふれているが、おもに本文のメビウスの帯とその補助的な円板からできたクロス・キャップについて語っているのは、5 月 16 日からの 3 回の講義である。そこでは、「同一化」のテーマとのつながりでは、主体とシニフィアンの関係が問題とされている。そのさい、対象 a としての円板は、メビウスの帯で作られる射影平面とは異質で、両者は切れているのだが、二つを貼り合わせることで、両者はつながってクロス・キャップができる。そのさい、二つをつなぐ役目をするのが、ファルスというシニフィアンである。

　ファルスは、働きがあって、姿形がない、他のあらゆるシニフィアンとは区別される特殊なシニフィアンであるが、それがあるのもクロス・キャップが、二つの異成分 (hétérogene) からできているためであり、両者は、ファルスの働きによってつながろうとするたびに、もともと表裏のないメビウスの帯の曲面が、表から裏へ（あるいはその逆へ）交差して、切断されるのである。ランガージュの世界において、メビウスの

帯の切断とは、「語る存在」の切断であるとともに、精神分析では解釈が行なわれることである。それをくり返し行なうことによって、切断を最後の点にまで還元してクロス・キャップを閉じた曲面にしようというのだろうが、その点は無限の遠方にあり、それまでは「要求」、「言うこと」と「欲望」、「対象a」の異質性が消えることはないだろう。
　同一化によって生まれる同一性（identité）は、同じものであること（mêmeté）ではない。同一化が、もし同じものであることになれば、おそらく「普遍（univers）」や「普遍的なもの（universel）」の観念は十全なものになるだろう。しかし、ランガージュの世界に、欲望の対象はそれとして存在せず、姿を現わすこともない。言葉と対象の根本的な異質性が、ひとを現実界から遠ざけ、同時にひとは、現実界を排除した世界に安定した住み家を求めようとするのである。ファルスは、その安定した住み家を普遍的なものにしようとして働く。そして、その姿形のないシニフィアンは、話すひとの身体の器官となっている。それだけに、根本的につながりを欠いた、「性関係が存在しない」世界では、その器官の働きに、他のいくつもの器官の働きが干渉するのである。

　J'ai la tâche de frayer le statut d'un discours, là où je situe qu'il y a... du discours : et je le situe du lien social à quoi se soumettent les corps qui, ce discours, labitent.
　Mon entreprise paraît désespérée (l'est du même fait, c'est là le fait ,du désespoir) parce qu'il est impossible que les psychanalystes forment un groupe.
　Néanmoins le discours psychanalytique (c'est mon frayage) est justement celui qui peut fonder un lien social nettoyé d'aucune nécessité de groupe.
　Comme on sait que je ne ménage pas mes termes quand il s'agit de faire relief d'une appréciation qui, méritant un accès

plus strict, doit s'en passer, je dirai que je mesure l'effet de groupe à ce qu'il rajoute d'obscénité imaginaire à l'effet de discours.

D'autant moins s'étonnera-t-on, je l'espère, de ce dire qu'il est historiquement vrai que ce soit l'entrée en jeu du discours analytique qui a ouvert la voie aux pratiques dites de groupe et que ces pratiques ne soulèvent qu'un effet, si j'ose dire, purifié du discours même qui en a permis l'expérience.

Aucune objection là à la pratique dite de groupe, pourvu qu'elle soit bien indiquée (c'est court).

La remarque présente de l'impossible du groupe psychanalytique est aussi bien ce qui en fonde, comme toujours, le réel. Ce réel, c'est cette obscénité même : aussi bien en " vit-il " (entre guillemets) *comme groupe*.

《大意》
　私には、ディスクールのあり方を明らかにするという仕事があり、それによってディスクールのあるところを位置づけしたいと思っている。ところで、そのディスクールを不安定に、移ろいやすいものにしているあり方は、社会的な絆に服している。私は、その絆によってディスクールの身分を明らかにしたいのである。
　私の企ては、精神分析家たちがグループを作るのは不可能であるという事実からして、絶望的なようである。その事実が、つまり絶望の事実なのである。
　しかし、社会的な絆は、グループに対する何らかの必要性によって形成されているのだが、精神分析的ディスクールは、まさしくそうした社会的な絆を基礎づけることができるディスクールである。
　私は、知られるとおり、何かの評価が云々されるとなると、そのときは遠慮なく口をはさむ。そういうものは、もっと厳密にやってみるだけ

の価値はあるかもしれないが、そもそもなしですますべきものであって、私はそれを、あるグループが想像的な猥褻さ（obsénité）からその結果をディスクールの効果につけ加える、そういうグループの効果によって推し測るのである。

　それだけに、私がこう言っても驚かないで欲しい。すなわち、分析的ディスクールの始まりが、いわゆるグループの実践に道を開いたのは歴史的に本当のことだが、それとともに、あえて言うなら、その実践は、それによって経験を可能にしたディスクールそれ自体の、純化された効果を生んでもいるのである。

　そこで、グループのいわゆる実践が短命であるのをよく分かってさえいれば、それに対する何らかの反対がそこに生まれても不思議ではないと見なされるだろう。

　精神分析のグループは不可能であるという現時点での指摘は、同時にいつものことではあるが、それによって現実界に根拠を与えるものでもある。その現実界とは、あの猥褻さそのものであり、それがグループとして、それによって「生きている（vit-il）」こと、そのものでもある。

《評釈》
　ディスクールの「あり方」とは、その「ステイタス（statut）」、身分である。それによって、各ディスクールは維持され、安定を得ようとしている。ディスクールの安定は、それを構成する四つの要素のつながりから生まれる意味作用に基づいている。しかし、そのつながりは、それぞれの要素が最後に到達すべき「真理」には行き着けない。精神分析にとって、真理は存在し、パロールをとおして現われる。しかし、それはつねに部分的真理であり、ランガージュの世界に全体的真理は存在しない。そのことから、各ディスクールにおいて、諸要素の移動が生じるのである。

　そのようなディスクールの条件のなかで、分析者のそれは特殊なあり方をしている。というのも、他の三つのディスクールは、真理への無力

のなかにあっても、それ自体が変わらずに維持され、存続しようとするが、分析のディスクールは、そこで各要素が移動し、全体が変化するのを前提にしているからである。それは、社会的な絆によって形成されながらも、そのあり方は、性関係と意味の不在によって意味作用はついに安定せず、いつも変わりやすいのを認めざるをえない。それゆえ、ひとびとが社会的な絆の実現のためにグループを作ろうとする面から見ると、精神分析家たちは、その社会的な存在理由そのもののために、それができないのである。

　三つのディスクールでは、その移ろいやすさや不安定にもかかわらず、それぞれの意味作用の効果によって、その変わらない存続をはかっている。そのさい、それぞれに「真理」に対する無力を隠蔽して、まず、ディスクールにおける「見かけ」と「大他者」の場所をつながなくてはならない。例えば、主人のそれは創設的なシニフィアン（S_1）を見かけとして、大他者の場所にある役に立つ奴隷を知（S_2）につなげ、ヒステリー者のそれは主体（$\mathcal{S}$）を、知を生みだすはずの大他者の欠如につなげ、大学人のそれは知を見かけとして、それを対象 a につなげようとする。けれども、分析者のディスクールが社会的な絆を実現するのに基礎となる土台の一つとしてあるかぎり、他のディスクールはそれぞれの不安定性を明らかにされ、根本的に相対化されるだろう。

　一方、分析者のディスクールは、その不安定性を前提としているにもかかわらず、やはり不変の存続を求めて、他のディスクールに頼り、それによって強力なグループを作ろうとしているのは、まぎれもない事実である。そして、そのとき推進しようとするメンバーは、精神分析家たちが、分析者のディスクールのそれぞれの実践経験から得た、あらゆるグループの本質をすっかり忘失しているのである。それは、ランガージュを柱とした象徴界と現実界の関係からきている。ひとは、それぞれに現実界を排除しようとグループに走るが、そのこと自体、人々に対する現実界のまぎれもない力を知らせている。そのさい、人々がグループによって現実界を排除しようとするやり方の本質は、人々のあいだの猥

褻さによってはっきり見てとれる。もちろん、精神分析のいわゆるグループも、その猥褻さを見せている。それは現実界が、社会的な絆としてあるディスクールに対して、それとして存在を知らせる一つの面である。

　人々のあいだに現実界が関与すると、それは猥褻なものとなる。姿のない現実界に面して、人々は猥褻になるのである。動物たちの現実界を想像してみると、そこに猥褻さはない。想像界と現実界とのあいだに隙間がないからである。この隙間は、鏡の関係をとおして象徴界から生まれる。猥褻さを生むのは、人々の自己像であり、それが現実界に猥雑な性質を与えるのである。

　Cette vie de groupe est ce qui préserve l'institution dite internationale, et ce que j'essaie de proscrire de mon École, — contre les objurgations que j'en reçois de quelques personnes douées pour ça.

　Ce n'est pas là l'important, ni qu'il soit difficile à qui s'installe d'un même discours de vivre autrement qu'en groupe, — c'est qu'y appelle, j'entends : à ce rempart du groupe, la position de l'analyste telle qu'elle est définie par son discours même.

　Comment l'objet (*a*) en tant qu'il est d'aversion au regard du semblant où l'analyse le situe, comment se supporterait-il d'autre confort que le groupe ?

　J'y ai déjà perdu pas mal de monde : d'un cœur léger, et prêt à ce que d'autres y trouvent à redire.

　Ce n'est pas moi qui vaincrai, c'est le discours que je sers. Je vais dire maintenant pourquoi.

　Nous en sommes au règne du discours scientifique et je vais le faire sentir. Sentir de là où se confirme ma critique, plus haut, de l'universel de ce que " l'homme soit mortel ".

Sa traduction dans le discours scientifique, c'est l'assurance-vie. La mort, dans le dire scientifique, est affaire de calcul des probabilités. C'est, dans ce discours, ce qu'elle a de vrai.

Il y a néanmoins, de notre temps, des gens qui se refusent à contracter une assurance-vie. C'est qu'ils veulent de la mort une autre vérité qu'assurent déjà d'autres discours. Celui du maître par exemple qui, à en croire Hegel, se fonderait de la mort prise comme risque; celui de l'universitaire, qui jouerait de la mémoire" éternelle " du savoir.

《大意》
　グループを保つ力は、いわゆる国際的な組織を制度として防衛している。私は、そこのある人たちから受けた非難に対抗して、自分の「学派」からそれを追放している。
　しかし、大切なのはそのことではなく、また、同じディスクールに安住しているひとは、おそらくグループと別の生き方をするのは難しいということでもない。私には、グループの要塞からの呼び声が聞こえるが、重大なのはグループのディスクールそのものによって決定される分析者の位置なのである。
　対象 a は、分析がそれを位置づけている「見かけ」の場所で、それが嫌悪を与えているかぎり、グループのなかで生きるのとは異なった、どういう楽しみから、それが受け入れられるというのだろう。
　私は、すでに多くのひとを失ったが、それでも気持ちは軽く、他の人たちが、やがて同じことを言ってくれるだろう。
　やがて勝つのは、私ではなく、私が仕えるディスクールである。いま、そのわけを述べよう。
　われわれは、科学のディスクールが支配する時代にいるのを、はっきりと感じとって欲しい。そこから、私が既述した「ひとは死す (l'homme soit

mortel)」の普遍に対する批判が確認される。

　科学のディスクールでは、その文は「生命保険（l'assurance-vie）」と翻訳される。科学の言うことにあっては、死は確率の計算問題である。そこに、このディスクールにおける死の本当らしさがある。

　しかし、われわれに時代には、生命保険の契約を断わる人たちがいる。その人たちは、すでに他のディスクールが死について断言している他の真理を求めているのである。例えば、主人のディスクールは、ヘーゲルの言うところによれば、危険としてつかまれる死に支えられているだろうし、大学人のディスクールは、知の"永遠の"記憶を奏でるだろう。

《評釈》
　グループのなかで生きるひとは、グループの存続を脅かす動きを警戒し、阻止しようとする。フランスの精神分析家たちは、1926年に、パリ精神分析協会と称する最初のグループを作った。その後、第二次世界大戦を経て世代の交代や会員の資格取得問題などをめぐる内部の不一致はあったが、1959年に、新設のフランス精神分析協会が、シカゴに本部をおく国際精神分析協会に正式の加入を申請した。その結果、1961年に、調査委員会の結論をもとに、本部から加入の条件が勧告として送られてきた。そこに、ラカンの教育活動の中止が骨子として要請されていた。この勧告をめぐって、しばらく両協会の交渉が続いたが、結局1963年7月に、本部から「3ヵ月以内に、ラカンは教育分析家のリストから抹消されなくてはならない」という最終勧告が出された。ラカンの事実上の除名が、国際組織に加入するための条件であった。

　ラカンの「自分の『学派』」とは、フランス精神分析協会を去った後、1964年6月に設立した「フランス精神分析学派」（直後に「パリ・フロイト学派」と改名）を指す。彼は、本文で、異分子を排除しようとするグループの動きを、ディスクールのタイプの問題として取りあげ、そこにおける分析者のディスクールのステイタスを確かなものにしようとしている。グループを安定的に存続させようとする動きには、一つのディ

スクールのなかに閉じこもり、それを不変のまま反復しようとする動きがともなっている。しかし、分析者のディスクールは、もともとそのようにディスクールを不動なものにしようとする動きとは、相容れない。はじめからそれぞれのディスクールを相対化し、他のディスクールへと移動させながら、実践の目的に近づこうとしている。

精神分析家たちが、フロイトのもとでグループを作ったのは歴史的な事実であるが、そのために、つねにそれぞれのディスクールを動かすはずの分析者のそれは、自分が他のディスクールに移ってから、そこで閉ざされ、凝固してしまい、逆に自分たちが始めた分析者のディスクールを排除するようになったのである。精神分析家たちは、グループによって生きるようになってから、そもそも対象 a が「見かけ」の場所をとるのを嫌っている。彼らにあっては、ディスクールのなかで、すでに創設的なシニフィアン（S_1）と知（S_2）のあいだの間隙が、自我の働きによって埋まっていると想像されているので、ひとにあって象徴界の編入とともに始まるランガージュと現実界の断裂が、ひとが世界に登場するはじめに起こることとは認められず、自分たちはずっと以前からグループのなかに生きていて、そこにおける慰めを求め続けるのである。

ラカンのディスクールに耳を貸さないひとは、もちろんたくさんいる。しかし、分析者のディスクールをしかるべきものとして確かめようとするひとが、まったくいなくなることはないだろう。われわれは、現在、科学のディスクールの支配下にあるのをはっきり認めなくてはならないが、そこにおける「普遍」は、いわばランガージュの詭計であって、もとより、そのディスクールは相対化されるのである。

Ces vérités, comme ces discours, sont contestées, d'être contestables éminemment. Un autre discours est venu au jour, celui de Freud, pour quoi la mort, c'est l'amour.

Ça ne veut pas dire que l'amour ne relève pas aussi du calcul des probabilités, lequel ne lui laisse que la chance infime que le poème de Dante a su réaliser. Ça veut dire qu'il n'y a pas d'assurance-amour, parce que ça serait l'assurance-haine aussi.

L'amour-haine, c'est ce dont un psychanalyste même non lacanien ne reconnaît à juste titre que l'ambivalence, soit la face unique de la bande de Moebius, — avec cette conséquence, liée au comique qui lui est propre, que dans sa " vie " de groupe, il n'en dénomme jamais que la haine.

Je renchaîne d'avant : d'autant moins de motif à l'assurance-amour qu'on ne peut qu'y perdre, — comme fit Dante, qui dans les cercles de son enfer, omet celui du conjungo sans fin.

Donc déjà trop de *commentaire* dans l'imagerie de ce dire qu'est ma topologie. Un analyste véritable n'y entendrait pas plus que de faire à ce dire, jusqu'à meilleure à se prouver, tenir la place du réel.

La place du dire est en effet l'analogue dans le discours mathématique de ce réel que d'autres discours serrent de l'impossible de leurs dits.

Cette dit-mension d'un impossible qui va incidemment jusqu'à comprendre l'impasse proprement logicienne, c'est ailleurs ce qu'on appelle la structure

La structure c'est le réel qui se fait jour dans le langage. Bien sûr n'a-t-elle aucun rapport avec la " bonne forme "

《大意》
それらの真理は、それぞれのディスクールとして、お互いに他のどれもが大いに疑わしいとして争っている。そこへ、フロイトとともに、もう一つのディスクールが登場した。それによると、死とは愛である。

といっても、それは愛が、生命保険と同じように確率計算のうちにあると言っているのではない。ダンテの詩（『新生』）が教えてくれたように、それにはほんの僅かなチャンスが残されているのである。それは、愛の保険というものはなく、あるとしたら、それは同時に憎しみの保険ということである。
　愛－憎しみ、精神分析家はラカン派でなくとも、それがまさにアンビバレンスであるのを、つまりメビウスの帯の表裏のない曲面であるのを知っている。そこで、愛はそれに特有の経緯から、グループにおけるその「生きざま」は、必ず憎しみとなって現われるのである。
　私が言っているのは、ひとが必ず失ってしまう愛の保険に訴えることではない。それは、ダンテが地獄の循環のなかで、「終わりなき結婚」のそれを捨てたことからも明らかだろう。
　それゆえ、私のトポロジーがそれである「言うこと」のイメージのなかには、すでに多すぎる注釈（commentaire）がある。本当の分析者であれば、その「言うこと」についてそれほど注釈しようとはしないだろう。それはうまくいって、現実的なものの場所をみずからに明らかにしてみせるくらいである。
　「言うこと」の場所は、じっさい数学のディスクールにおける現実的なもののアナロジーであるが、それを分析者以外のディスクールでは、それぞれの「言われたもの」の不可能によって追究しているのである。
　この不可能の「言われたものの次元（dit-mension）」は、ときに論理家に特有の行き詰まりを明らかにしてくれることがある。それが、また構造と呼ばれるものである。
　構造とは、ランガージュのなかに現われる現実界である。むろん、それはゲシュタルト理論の「良き形態（bonne forme）」とは何の関係もない。

《評釈》
　科学のディスクールによれば、死は「生命保険」の計算事項であるが、

フロイトによると、死とは愛である。といっても、愛は、死のような確率計算の問題にはならない。
　ダンテ（1265-1321）は、9歳でベアトリーチェと初めて会い、9年後に再会して、丁寧な挨拶を受けた。その経験が、1283-93年頃に書かれた詩集『新生』に反映している。その間、1290年に、ベアトリーチェは若さと美の絶頂にあって、急死した。そのことがダンテを死の現実化ではなく、一切の見返りを捨て去った無償の愛の理想化に赴かせた。彼女の死は、題名（Vita nuevo）が示すように、「新たな生命」を与えたのである。ラカンは、それを愛の「僅かなチャンス」と言ったのであろう。それは愛が憎しみに変わるまでの「保険」とも言える。けれども、通常、愛と呼ばれている経験には、憎しみがつきまとう。そこには、表も裏もないメビウスの帯の同じ曲面上の動きがあるだけで、とりわけひとがグループによって生きるときには、憎しみから遠ざかる僅かなチャンスもない。そこでは想像的自己像との融合である愛と、そこからの分離である、やはり想像的な他者に対する憎しみとが際限のないくり返しによって躍動している。そこで、ダンテは、司祭の立会による結合（終わりなき世俗の結婚）を遠ざけたのである。
　ラカンがトポロジーを参照するのは、それがディスクールにおける意味と性関係の不在を比喩的にではなく、知らせてくれるからである。それゆえ、分析者のディスクールにあって、意味作用は「言うこと」のイメージのなかに跡かたもなく消え去っていく。ここで、ラカンはcommentaire（注釈）とcomment taire（どうやって沈黙するか）を掛けている。すなわち、分析者の注釈は、どうやって黙るかを知ることである。ところが、グループで生きる分析者は、それとは逆に「言われたもの」を引き出して、これでもかと注釈する。しかし、それはméconnaissance（自己を誤認すること）と同様のmécommentaire（自己本位の誤まった注釈）である。そこから姿を現わすのは、グループが避けて、見まいとしている現実界である。
　数学のディスクールでは、表記されている記号間の関係は、「言うこ

と」によって何の意味作用も生みださない。それは不可能の表記だと言える。そこに記された文字記号は、ディスクールが生んだ不可能の効果、すなわちその残滓である。「言うこと」の不可能が、「言われたもの」を生み、それがまた「言うこと」を不可能にする。不可能は「言うこと」のうちにあり、決定できないのは「言うこと」であって、「言われたもの」は、それを「言うこと」がくり返すことによって現実的なものを垣間見せる。しかし、そのくり返しが注釈になったとき、それは何を注釈しているかを知らない。ゲシュタルト理論の「良き形態」は、知覚や認知の形成に関して、個々の要素よりも全体やまとまりを重視する立場から生まれる。それを支えているのは、普遍や全体に対する伝統的な信仰であり、それを強固にするために不可能へ目を向けようとしないディスクールである。だが、じっさいにどのディスクールにも共通しているのは、「言うこと」が生みだす「言われたもの」の「不可能の次元」なのである。

　この「不可能な次元」は、また、あの有名なパラドクス「クレタ人は嘘つきだ、と、あるクレタ人は言った」に見るような、論理家に特有の行き詰まりを生む。しかし、構造とは、その不可能の「言われたもの」の次元が展開する場所であり、それがランガージュのなかに現れる現実界、すなわち不可能としての現実界である。そして、それは「言われたもの」の次元に平衡状態をもたらすわけではなく、構造とは、むしろ「良き形態」を袋小路に追い込む仕組みであって、それをもたらす不可能な現実界のことである。

Le rapport d'organe du langage à l'être parlant, est métaphore. Il èst encore stabitat qui, de ce que labitant y fasse parasite, doit. être supposé lui porter le coup d'un réel.

Il est évident qu'à " m'exprimer ainsi " comme sera traduit ce que je viens de dire, je glisse à une " conception du monde ", soit au déchet de tout discours.

C'est bien de quoi l'analyste pourrait être sauvé de ce que son discours le rejette lui-même, à l'éclairer comme rebut du langage.

C'est pourquoi je pars d'un fil, idéologique je n'ai pas le choix, celui dont se tisse l'expérience instituée par Freud. Au nom de quoi, si ce fil provient de la trame la mieux mise à l'épreuve de faire tenir ensemble les idéologies d'un temps qui est le mien, le rejetterais-je ? Au nom de la jouissance ? Mais justement, c'est le propre de mon fil de s'en tirer : c'est: même le principe du discours psychanalytique, tel que, lui-même, il s'articule.

Ce que je dis vaut la place où je mets. le discours dont l'analyse se prévaut, parmi les autres à se partager l'expérience de ce temps. Le sens, s'il y en a un à trouver, pourrait-il me venir d'un temps autre : je m'y essaie — toujours en vain.

Ce n'est pas sans raison que l'analyse se fonde du sujet supposé savoir : oui, certes elle le suppose mettre en question le savoir, ce pour quoi c'est mieux qu'il en sache un bout.

J'admire là-dessus les airs pincés que prend la confusion, de ce que je l'élimine.

Il reste que la science a démarré, nettement du fait de laisser tomber la supposition, que c'est le cas d'appeler naturelle, de ce qu'elle implique que les prises du corps sur la " nature " le soient, — ce qui, de se controuver, entraîne à une idée du réel que je dirais bien être vraie. Hélas ! ce n'est pas le mot qui au réel convienne. On aimerait mieux pouvoir la prouver fausse, si par là s'entendait : chue (falsa), soit glissant des bras du discours qui l'étreint.

《大意》

　ランガージュが話す存在に対してもつ器官としての関係は、隠喩である。それは安定に向かう状態（stabitat）ではあるが、不安定なもの（labitant）を宿しているため、そこにある現実的な衝撃がもたらされると考えなくてはならない。

　私がそのように説明し、やがていま言ったことが翻訳されることになると、私はあらゆるディスクールの残滓である「世界観（conception du monde）」の方へと陥っていく。それは明らかである。

　分析者は、それをランガージュの廃棄物として解明すれば、自分のディスクールからはそれを追い払って、そこに落ち込むのを免れることもできよう。

　私は、そういうわけで一本の糸の流れから出発している。それはイデオロギー的ではあるが、私が選んでいるわけではなく、それによってフロイトの始めた経験が織りなされている糸である。そこで、もしこの糸が、私の生きている時代の諸イデオロギーを全体として問題にしようとするとき、その重みにいちばんよく耐えられる織機から出ているとしたら、どうしてそれを捨ててしまうことができようか。享楽の名においてだろうか。しかし、享楽が引き出されるのは、私の糸の固有性からなのであり、それはまさしく精神分析のディスクールであって、その原則は、ディスクールそのものによって告げられるのである。

　私の言うことは、私が分析者のディスクールを位置づけた場所とつながっている。そこは、他のディスクールのなかにありながら、この時代の経験を分かち合うにあたって、精神分析が利用されるべき場所である。

　もし、意味というものが、その一つを見いだすべきものとしてあるなら、私にもときどき精神分析によって一つの意味が見いだせるのではないかと思えることはあるが、しかし、それを試そうとすると、結果はことごとく失敗であった。

　分析が、「知っているはずの主体（sujet supposé savoir）」すなわち、知っていると仮定されている主体の上に立っているのは理由がある。た

しかに、それは主体が知とかかわりがあるのを想定している。そこで、知についてはもう少し知る方がよいのである。

　そのことで、知について平気で思い違いをしている態度に、私はそれを払い除けているのだが、ともかく驚いている。

　科学は、それでもはっきりと仮定を振り落としたという事実から始まったのである。それは「自然的」と呼ばれる仮定で、「自然」に身柄を拘束されている状態を想定しているが、それは捏造されたもので、私ならまさしく「真実らしい（vraie）」と呼ぶ、現実的なものの観念に誘い込むのである。しかし、残念ながら、それは現実的なものに相応しい語ではない。それによって、見捨てられた、迷わされた（falsa）、すなわちそれを締め付けていたディスクールの腕がすべったという意味を嗅ぎつけるなら、その観念は誤っているのを証明されるのがよいはずである。

《評釈》
　隠喩（メタファー）は、修辞法の一つであるが、じっさいは比喩表現の代表で、「人間は、一本の葦である」の有名な例から、「人生は旅である」「土俵の鬼」「人情紙風船」など、二つの言葉を提示して、比較の根拠を示さないまま意味作用に変化をもたらす、修辞法の主役と見られている。しかし、「永田町の論理」「借金地獄」など、いつのまにか隠喩によって意味作用は動きが失われ、紋切り型の表現になる。ここでは、ランガージュが、話す存在のもともと意味−不在の関係に意味を与えることによって、それを安定させようとすることである。

　「世界観」は、ドイツの現代哲学者ディルタイの用語（Weltenschaunung）として知られているが、ラカンは、その影響を受けたヤスパースの用法（『世界観の心理学』）を一度ならず批判している。広義には、歴史的相対主義の立場にありながらも、ディスクールによって世界を全体的、統一的に把握できるという考えを背景とした用語である。それは、ディスクールの効果の一つとして生まれた「言われたもの」の残り屑である。「語る存在」は、そこにとどまるにせよ、そこから離れるにせよ、

そこから出発して一本の糸をたどるのであるが、その糸は必ずイデオロギー的である。イデオロギーとは、ここでは観念の糸をたどった論理であるが、「語る存在」は、そこから出発せざるをえない。しかし、フロイトの経験によって、その観念は「言われたもの」とともに、そのなかにあるのではなく、かえってそのそとにあり、むしろ観念にかかわるのは「言うこと」であるのが明らかになった。すなわち、「言われたもの」の意味−不在には、「言うこと」がもとにあり、そこからやってくるのである。

「主人」「ヒステリー者」「大学人」のディスクールには、それぞれにわれわれの時代に特有なイデオロギーがあり、分析者のディスクールは、自分を含めた四つを相対化する。その立場は、フロイトに従って、あくまでも時代の経験を不可能に立脚させることである。それは、現実的なものから離れないと言ってもよい。そこで、分析者の立場から、ディスクールのなかに一つの意味を見いだそうとすると、他の三つのいずれかに合流することになり、それを避けることはできない。一つの意味を、分析者のディスクールだけによって見いだそうと試みると、必ず失敗する。しかし、そのような分析者の経験にも、他の三つのディスクールと共有し、それぞれが社会的経験を分かち合えるところがあり、それが「知」の場所である。そのように、四つのディスクールは「知」の経験を共有していて、精神分析は、実践で経験する「知」のあり方によって、それぞれのディスクールを考えるのに役立つはずである。ただし、四つのディスクールが共有しているのは、ディスクールにおける「意味（作用）」の経験ではなく、「知」の経験であるのは看過できない。それゆえ、この「知」について、思い違いのないようにしたい。分析者が実践において、「知を仮定されている主体」という幻想に出会うのは、やむをえない。だからこそ、分析者にとって、主体は「知」とかかわらざるをえない主体なのである。

「仮定（supposition）」は、あらかじめ知っているのを想定されていることだが、近代の科学は、その仮定を知と切り離すことから始まった。

それは「自然」という言葉のもつ観念の支配力と結ばれ、「自然的」と形容する語が、ある対象の実在と一致するという仮定である。西欧世界では、それはギリシア人のいわゆる自然哲学から始まって、アリストテレスを頂点とする自然観に由来するとされ、自然は、それ自身のうちに運動の原理をもちながら、不変、不動の宇宙を生んでいる現象の全体であって、それが現実界にとって代わるほどの存在そのものになった。しかし、それは「語る存在」であるひとが、現実界を象徴界から追い出した結果の一つとして作りあげた観念の捏造品である。不動の宇宙にあっては、重いものは軽いものよりも早く地上に落下するのが、自然の摂理である。仮定とは、話し方としてのディスクールである。西欧では、やがて自然に対するそういう仮定から、別のディスクールへと移動することになった。ピサの斜塔からものを落としたというガリレオの実験の言い伝えは、それをよく物語っている。現実界は、それまでの仮定とは異なり、いまでは地球上の重力加速度の標準値が、9.81 m／s2 という数字記号に変わったのである。

　しかし、重力加速度についての観念を「自然」という言語記号から数字記号に変えたからといって、それが現実界に適合するわけではない。その数字は、ディスクールのマテームにおける S_1 であり、やはり記号の捏造品であることに変わりはない。ラカンは、それを「真実らしい、本当らしい（vrai）」と形容する。それは誤りではなく、虚偽でもないが、現実界のそとにある。その S_1 に続く数多の記号 S_2 は、それまでの仮定によって締めつけられてきた観念の拘束をゆるめて、数字による仮定に道を開いたが、不可能の論理からなる現実界は、どのような記号による仮定や仮説も受け入れないからである。科学の知は、実験を重ねた結果に作られた「真実らしい」記号によって、それが現実界に適合するという観念に誘われるかもしれないが、それと分析者の知とのあいだにある溝を認めなくてはならない。それを無視すれば、精神分析における「語る存在」の経験は、どこかに消えてしまう。

　近代の科学は、ディスクールのマテームにおける S_1 を数字記号とし

て、それによって大他者の欠如を埋めようとした。その成果は S_2 として産出されている。それは主人のディスクールがヒステリー者のそれに移動したことによって実現したのだとも言える。しかし、分析者のディスクールからすると、そこに実現されているのも捏造されたものである。ラカンは、それを現実界から「見捨てられた（falsa）」ものと言う。ラテン語の falsa は、fallare の活用形（過去分詞）で、道を間違えて、迷ったことである。分析者のディスクールは、たんにその捏造を批判したり、論証したりすることではない。ふたたび意味－不在の場所にもどり、そこから出発して、ディスクールのなかに新たな意味作用を呼び起こすこと、すなわち、ディスクールを移動させることである。

Si mon dire s'impose, non, comme on dit, d'un modèle, mais du propos d'articuler topologiquement le discours lui-même, c'est du défaut dans l'univers qu'il procède, à condition que pas lui non plus ne prétende à le suppléer.

De cela " réalisant la topologie ", je ne sors pas du fantasme même à en rendre compte, mais la recueillant en fleur de la mathématique, cette topologie, — soit de ce qu'elle s'inscrit d'un discours, le plus vidé de sens qui soit, de se passer de toute métaphore, d'être métonymiquement d'ab-sens, je confirme que c'est du discours dont se fonde la réalité du fantasme, que de cette réalité ce qu'il y a de réel se trouve inscrit.

Pourquoi ce réel ne serait-ce pas le nombre, et tout cru après tout, que véhicule bien le langage? Mais ce n'est pas si simple, c'est le cas de le dire (cas que je me hâte toujours de conjurer en disant que c'est le cas).

Car ce qui se profère du dire de Cantor, c'est que la suite des nombres ne représente rien d'autre dans le transfini que l'inaccessibilité qui commence au deux, par quoi d'eux se constitue l'énumérante à l'infini.

Dès lors une topologie se nécessite de ce que le réel ne lui revienne que du discours de l'analyse, pour ce discours, le confirmer, et que ce soit de la béance que ce discours ouvre à se refermer au-delà des autres discours, que ce réel se trouve ex-sister.

C'est ce que je vais faire maintenant toucher.

《大意》
　私の「言うこと」は、ひとが言うように、一つのモデルではなく、ディスクールそれ自体をトポロジー的に表現した話であるのは、それが生まれる世界の欠如のせいであるが、その欠如を補填しようと主張しているわけでもない。
　それゆえ、私は「言うこと」の「トポロジーを作成しながら」も、それについて説明されるべき幻想に目をつむっているわけではなく、数学の分野からトポロジーを借りてくるのは、それがいっさいの隠喩に頼らず、ただ換喩的に意味 – 不在を表現し、あたうかぎりもっとも意味を空にしたディスクールによって記入されているからである。それゆえ、私はトポロジーについて、幻想の現実らしさを基礎づけ、現実界がそこにあるのを知らせてくれる、そういうディスクールによって記入されていると言うのである。
　その現実界は、どうして数でないわけがあろうか。数は、つまるところランガージュが現実界を、まさしくそれとして伝えているものではないだろうか。しかし、ことはそう簡単にいかない。いま問題になっているのは、「言うこと」の事例である（c'est le cas de le dire）。私は、いつもそう言って、急いである事例（cas）を祓い除けているのだが。
　というのも、カントールの「言うこと」が明言しているのは、数の連続が、超限数のなかで2（deux）から始まる数の接近不可能性より他の何も表わしていないことだからである。それによって、それらの

(d'eux) という複数から、無限に向かう可算的なものが開けるのである。
　そこで、トポロジーが必要とされる。というのも、現実界が回帰してくるのは、もっぱら分析者のディスクールによっているからである。このことを、そのディスクールのために確認しておきたいが、それがいっとき切り開いて、他のディスクールの彼方でふたたび閉じるのは、そこに意味 – 不在によって開かれた空隙があるからであり、そのとき、現実界は、そとにある（ex-sister）のである。
　私がいま述べようとしているのは、そのことである。

《評釈》
　世界の欠如は、「語る存在」がランガージュによって作りだす世界（univers）における、ディスクールの欠けたところである。トポロジーによって「言うこと」を表現しても、それによってディスクールの欠けたところを補えるわけではない。文字や図形による象徴的な表現は、想像的なもの（幻想）から離れることはできず、そのために、現実的なものはそこにはないものであり続ける。
　換喩（メトニミー）は、隠喩と並んで、やはり比喩表現の代表である。換喩も、隠喩と同じように、言葉を並べながら比較の根拠を示さないが、ふつう修辞法の説明では、隠喩が言葉の「類似性」に基づく比喩であるのに対して、換喩は、「隣接性」に基づく比喩だとされている。例えば「人間は、一本の葦である」という隠喩表現は、「人間」と「葦」には似たところがあるとされ、「ボージョレを飲む」という換喩表現では、「ボージョレ」と「飲む」は、言葉に近いところがある。身近に連想しやすいということだろう。しかし、二つの性質の違いは、じっさいの用法ではどちらとも言えないこともあるが、ラカンは、ここで意味作用の面からはっきり分けている。「人間」と「葦」の比較からは「弱い」という意味がいつも必ず生まれるわけではない。そこには別の意味が生まれる可能性があり、意味作用に幅がある。一方、「ボージョレ」と「飲む」のあいだには、「鴎外を読む」のと同じように、「ワイン」か「書物」の他

に意味は生まれない。言いかえると、ランガージュにおける二語のあいだの意味作用は、ゼロに近づく。「腹が立つ」「弓矢の道」「馬耳東風」などもそうである。

　意味 – 不在は、そもそも「言うこと」からやってくる。それはどのディスクールにも共通している。もちろん分析者の「言うこと」も、それを補うことはできない。しかし、精神分析の知は、意味が空になった場所に近づこうとする。そうするには、ディスクールにおいて隠喩的な意味作用をできるかぎり制限しなくてはならない。意味は、想像的なものと象徴的なものが互いに関与することから生まれる。それを空にするには、想像的なものの関与をできるだけ排した象徴表現を用いる必要がある。ラカンは、そのためにトポロジーに訴えようとする。すると、その象徴表現がありのままの現実界に近づく。そのためにも、想像的なものから生まれる幻想 (fantasme) の現実らしさ (réalité) について、はっきり知る必要がある。

　幻想の現実らしさとは、現実的なものが想像的なものによって表象されるときの性質であり、想像的なものに対する現実的なものの迫真力が大きければ、それだけ幻想は現実らしくなる。また、真実らしさ (vrai) は、想像的なものが象徴的なものによって表現されるときの性質で、想像的なものに対する象徴的なものの拘束力が強ければ、その表現の真実らしさはそれだけ大きくなる。数もむろん象徴表現の一つであるが、2は1の次にくる数というように、ある数は、前の数の後継数として定義される。そこで、1は0によって定義され、1として数えられるのである。すなわち、その内容は空でありながら、数として記され、はじめに数えられるのである。では、1と2のあいだはどうであろうか。ラカンは、ここでカントールの無限集合の概念を借りて、そのあいだには無限個の全体集合と等しいだけの部分集合があると言う。すなわち、数えられはするが、全体としては接近不能な部分集合間の関係を切断と呼んでいるのである。

　つまるところ、数は記入され、数えられはするが、意味にはかかわら

ない。そうであれば、数は、ランガージュによって現実界が告知される特権的な象徴手段ではないか。だが、そうすっきりとはいかない。なぜなら、「それは『言うこと』の事例である（c'est le cas de le dire）」から。これは、ラカンが口ぐせのようにくり返す文句であり、ふつうは「それはうまい言い方だ」、「いま、それを言うときだ」のようにもとれるが、意味に含みがある。

　事例あるいは場合（cas）は、もともとラテン語のcasus（落下するもの）、その動詞はcadere（落下する）で、ここでは、ディスクールにおいて「言うこと」が、すでに現実的なものから落ちこぼれているという「事例」を指している。数を「言うこと」は、それがどれほど換喩的表現に適してはいても、そこから幻想をすっかり削ぎ落とすことはできない。すなわち、ひとが何かを「言うこと」は、それがランガージュの世界で象徴的なものにつながっているかぎり、そこから幻想の真実らしさが生まれる事例になる。数も、ときには隠喩的な用法による意味の産出に利用されるが、ラカンは、そういう露骨な事例に出会うたびに、現実的なものから離れまいとして、それを祓い除けるのだと言う。

　「言うこと」の事例は、分析者のディスクールにとってとくに大きな意味をもっている。というのも、「言うこと」はそこにおいて、他のディスクールとともにあり、それによって社会的な絆を実現していく営みの一つであるが、分析者のディスクールの土台は、意味と性関係の不在である。そこでは、「言うこと」を要求として数えることはできるが、どこまで数えても、ぽっかりと空いた欠如の場所はふさがらない。しかし、その先にふたたび閉じる場所を見つけ、そこにおいてディスクールをふたたびまた移動させるのである。すなわち、それを安定的に維持し、固定させるのではなく、移動させることによって社会的な絆を確かめようとしているからである。

Ma topologie n'est pas d'une substance à poser au-delà du réel ce dont une pratique se motive. Elle n'est pas théorie.

Mais elle doit rendre compte de ce que, coupures du discours, il y en a de telles qu'elles modifient la structure qu'il accueille d'origine.

C'est pure dérobade que d'en extérioriser ce réel de standards, standards dits de vie dont primeraient des sujets dans leur existence, à ne parler que pour exprimer leurs sentiments des choses, la pédanterie du mot " affect " n'y changeant rien.

Comment cette secondarité mordrait-elle sur le primaire qui là se substitue à la logique de l'incqnscient?

Serait-ce effet de la sagesse qui y interviendra? Les standards à quoi l'on recourt, y contredisent justement.

Mais à argumenter dans cette banalité, déjà l'on passe à la théo logis de l'être, à la réalité psychique, soit à ce qui ne s'avalise analytiquement que du fantasme.

Sans doute l'analyse même rend-elle compte de ce piège et glissement, mais n'est-il pas assez grossier pour se dénoncer partout où un discours sur ce qu'il y a, décharge la responsabilité de le produire.

Car il faut le dire, l'inconscient est un fait en tant qu'il.se supporte du discours même qui l'établit, et, si seulement des analystes sont capables d'en rejeter le fardeau, c'est d'éloigner d'eux-mêmes la promesse de rejet qui les y appelle, ce à mesure de ce que leur voix y aura fait effet.

Qu'on le sente du lavage des mains dont ils éloignent d'eux le dit transfert, à refuser le surprenant de l'accès qu'il offre sur l'amour.

《大意》

　私のトポロジーは、実践に根拠を与えるものを現実界のかなたに据えるような、ある内容をもったものではない。それは理論ではない。

　しかし、それはディスクールの切断を明らかにしなくてはならない。その切断が、ディスクールの当初にあった構造を変えるのである。

　この現実界を、生活水準と呼ばれるような日常のスタンダードをもって表現することは、まさしく障害物を避けることだと言わねばならない。ひとはそれによって日常生活の面から評定されるだろうが、それはものごとについての感情だけを表出するために口をきいているのであって、"情（affect）"という用語をいわくありげに使用したところで何も変わらない。

　どうして、"情"が世間で影響力をもち、それが無意識の論理に代わるというのだろうか。

　そこに知恵の働きがあって、それが効果をあげているのだろうか。

　しかし、ひとがそれにすがっているスタンダードは、まさしくディスクールの輪舞を妨げているのである。けれども、その陳腐な議論をすすめていくと、ひとはもうそこで存在の神学へと、また心的現実性へと移っている。すなわち、分析的には、幻想だけによって保証されているものへと移っているのである。

　たしかに、分析は、それ自身によってこの落とし穴と横滑りを、それとしてはっきり知らせている。しかし、スタンダードの落とし穴は粗末なもので、そこに何があるのかを語るディスクールがみずから移動する責任を免れているところでは、どこでもそれとして見破られているのである。

　というのも、無意識は、それを生みだす分析者のディスクールそれ自体によって支えられており、そのようなものとしての事実であって、分析者たちは、無意識の重荷を廃棄することができるかどうかについては、たんに自分たちを招いてくれたその廃棄の約束から遠ざかって、自分たち自身はその重荷を降ろさないのである。そのことの結果は、自分たち

の話す声が、将来、分析主体がその重荷を降ろすのにどれほどの効果があったかを見て計られる。

　そこで、分析者たちは、転移によって生まれる愛の突然の来襲を退けて、自分たちからいわゆる転移を遠ざけることをよくよく感じとって欲しいのである。

《評釈》
　ひとは現実的なものについての経験から、その生起についての法則を作り、それを一般化しようとするが、それを集めたものをただちに理論とは言えない。その場合、生起するものは、一般に自然現象と言われるが、それが実践的なものになると、それに根拠を与える法則は、自然法則とはまったく異なる。いずれにせよ、理論は、個々の法則を集めたものではなく、それらにいっそう普遍的で、統一的な説明を与えるものである。ラカンがここで言う理論は、むろん自然科学のそれではなく、精神分析の実践にかかわるものだが、同時に現実界を見据えている。法則の表わすのが自然にせよ、実践にせよ、それが現実界を言葉や文字の記号表現によって伝えようとしているところは共通している。自然科学のディスクールは、いわば数字によって現実界に迫ろうとする表現方法である。しかし、それはあくまでも数学的な象徴表現によっているので、現実界のそとにあるのはすでに述べたとおりである。
　トポロジーは、数学の領域にあって、むろん象徴表現法の一つである。にもかかわらず、それをとくに理論ではないと断るのは、実践を念頭においているからであろう。実践にかかわる理論は、その内容から隠喩的な意味が充満してくるのを避けられない。それだけ、想像的なものが大きく働く余地を残している。あらゆる象徴表現法は、イデオロギーにつながらざるを得ないが、それでもトポロジーは、経験的なものの説明に根拠を与えようとするのではなく、隠喩的な意味をできるかぎり遠ざけて現実的なものを換喩的に、シニフィアンの切断によって、そのまま表現しようとしていると考えられる。その表現法において、現実界とは切

断であると言えるのである。トポロジーの役目の一つは、そのような現実界を日常生活の現実とか、社会的慣習の現実のような現実と混同せずに、ランガージュの世界で、そういう通常語の現実に覆い隠されてしまった現実界を、それとして直視するのを助けることでもある。

　感情は、ひとがもっとも身近にいつも体験している心的状態で、通常は快と不快が伴うとされている。また、ある感情を生じさせる状況や刺激には共通性や普遍性がみられるので、それを生理的、行動的、認知的などの観点から研究して、その現実的な面に迫ろうとする傾向はあるが、それらの試みは、日常生活のスタンダードをそのまま前提として疑わないので、ディスクールを移動させるという現実的なものの働きから目をそらす結果を生んでいる。感情は、ランガージュの世界の日常における刺激に対する反応として表出される。しかし、それをあたかも自明のことのように、心的現実を日常のランガージュの世界に閉じ込めてしまうと、それによって無意識に対する防禦壁が形成され、ディスクールの固定化を助長させることになる。ディスクールには、どれにも幻想がつきまとっているのは同じで、それはやむをえない。日常のランガージュは、その幻想を絶えず紋切り型の表現によってくり返しているが、そこに"情（affect）"というやや学術的な響きのある用語をあてて現象の共通性を探ってみても、ディスクールの構造を動かすという精神分析の役目からは遠ざかるばかりである。

　無意識は「言うこと」から、それと知られる。しかも、それがランガージュのそとにあることから、語る存在の重荷が生まれる。分析者があるディスクールを、別のそれに移動させようとするのは、重荷を軽くしようとするためである。しかし、分析者自身がその重荷を避けたり、降ろしたりしたら、彼の「言うこと」は、ディスクールの構造を変化させるという役目に照らして、ただちに無効となる。こうして分析者は、職務上、みずからは重荷を背負ったまま、「言うこと」によって解釈を続ける。そして、その声が重荷を軽くする効果があるかどうかは、結果を分析主体に委ねる。本文では、文法時制の前未来形（leur voix aura fait effect) によって、その結果を、将来のある時期には明らかになるだろうとしている。すなわち、それが分析効果の如何である。そのために、幻想にまといつく愛の感情に譲って、転移の罠に陥らないようにしようと言うのである。

A se passer dans son discours, selon la ligne de la science, de tout savoir-faire des corps, mais pour un discours autre, — l'analyse, — d'évoquer une sexualité de métaphore, métonymique à souhait par ses accès les plus communs, ceux dits pré-génitaux, à lire extra —, prend figure de révéler la torsion de la connaissance.Y serait-il déplacé de faire le pas du réel qui en rend compte à le traduire d'une absence situable parfaitement, celle du " rapport " sexuel dans aucune mathématisation ?

C'est en quoi les mathèmes dont se formule en impasses le mathématisable, lui-même à définir comme ce qui de réel s'enseigne, sont de nature à se coordonner à cette absence prise au réel.

Recourir au *pastout*, à l'*hommoinsun*, soit aux impasses de la logique, c'est, à montrer l'issue hors des fictions de la Mondanité, faire fixion autre du réel : soit de l'impossible qui le fixe de la structure du langage. C'est aussi bien tracer la voie dont se retrouve en chaque discours le réel dont il s'enroule, et renvoyer les mythes dont il se supplée ordinairement.

《大意》
分析は、科学の道に沿って、自然に存在する物質についてのいかなる情報操作にもとらわれず、そのディスクールによって、あるディスクールを別のディスクールに移動させようとしている。そのために、ディス

クールにおいて性関係は存在しない、意味−不在の関係として、性現象そのものを隠喩的に描くが、さらに口唇や肛門のような性器外的と言うべき、いわゆる前性器期的な、もっとも広く見られるお誂えむきの接近方法をとおして換喩的に描く。それによって、認識力のねじれを具体的に提示して見せるのである。だが、現実界への接近を表現するのに、それがまったく位置づけできないのを隠喩的に、あるいは、いかなる数学的な表現のなかにも性"関係"は存在しないのを換喩的に示すのは、わき道にそれた、的はずれな方法であろうか。

ディスクールの四つのマテームは、その点で数学化できるものの袋小路を表現しているが、これ自体が現実界から教えられるものとして定義されるので、それらのマテームは、そもそも現実界に属する性関係と意味の不在に連なっているのである。

Pastout（＝去勢されているのは、すべての x ではない）や *hommoinsun*（＝去勢されていない x が存在する）に訴えるのは、言いかえると、論理の袋小路に訴えるのは、「世俗性」のフィクションのそとに出口を示して、現実界を別の仕方でフィクションに仕立てることである。つまり、それはランガージュの構造によって現実界を象徴的に固定する不可能のフィクションである。だが、そういうやり方も、現実界がそれぞれのディスクールのなかにひとしく見いだされる姿を追うことであり、同時にディスクールがいつもそれによって隙間の穴埋め作業をしている神話をどこかに追いやろうとしていることである。

《評釈》
　近代科学は、「自然」という前提的仮定を離れることから出発した。精神分析もその道に沿って、ランガージュの世界におけるひとの話し方を、マテームと呼ぶ数学的記号素を使って、ディスクールの面から追究しようとしている。そこにおける意味作用は、あるシニフィアンが別のシニフィアンに移行するときに生まれるが、それを S_1 から S_2 への移行として、それによって性関係を述べようとするのが、性現象の隠喩的

表現である。この表現によると、言述の意味作用の幅は非常に広く、その表現方法もまことに多様である。つまり、それだけひとの想像力の関与が著しく、意味作用も、ひとの恣意に委ねられることが多くなる。それに対して、性現象を換喩的に表現するのは、それが現われるとおりに、そのまま述べようとすることである。といっても、現実的なものをそのまま伝えることはできないから、それもあくまで喩えによる表現であるが、喩えるものと喩えられるものの間の意味作用の幅をできるかぎり狭くしようとする。それによると、フロイトの発見した口唇や肛門などの身体器官を利用したリビドーの運動が、幼児の前性器期的な性欲の発現としてもっとも目立った現象となる。フロイトの記述に隠喩的な意味作用が生まれるのを防ぐことはできないが、それによってひとの性現象に対する認識が、ランガージュの世界においていかにねじれたものになるかを見ることができる。

　ラカンは、トポロジーの数学的表現によって、ディスクールにおける性関係と意味の不在を表現しようとするが、それもむろん性現象を換喩的に表現することによって不可能な現実界に近づこうとした試みである。しかし、現実界をあらかじめ不可能と規定することは、たやすく陥りやすい落とし穴のすぐ近くにいることである。すなわち、それはあらゆる「世俗化」を生んでいるディスクールのフィクションに落ち込むことであり、またしても社会環境と時代のイデオロギーに身を任せて、ディスクールを固定させようとする動きにつながる。

　Pastout は、すでにくり返された「すべてではない $(\overline{\forall x} \cdot \Phi x)$」という女性の側の述語判断を表わす用語であるが、*hommoinsum* は、ここではじめて使われる造語で、ラカンは、前年のセミネールでは *hommoinzin* として、その後もこの造語をしばしば使っているが、意味は共通している。これは "au moins homme un" を一語にしたもので、意味は「少なくとも一人の去勢されていない人間（男性）が存在する」ということで、性別化のマテームでは、それを男性の側の存在判断 $(\exists x \cdot \overline{\Phi x})$ が表わしている。これに対比される女性の側の存在判断 $(\overline{\exists x} \cdot \overline{\Phi x})$、すなわち

特称肯定、それと述語判断（$\overline{\forall x} \cdot \Phi x$）、すなわち全称否定は、現代の論理学では認められず、採用されていない。しかし、そのことはかえって論理学を現実界から遠ざけている。

けれども、上のようないわば論理学のそとにある判断形式によって、現実界を象徴的に表現しようとするのは、ともすると「言えないものがある」とか「真理は存在しない」のような軽率な俗見に基づくフィクションの作成に手を貸すことにもなる。それは、古代からの懐疑論や不可知論の真剣な議論のたどった道が、良い例として教えている。そこで、そういうフィクションが生まれることは、それ自体によって、現実界がひとの世界を取り巻き、そのなかに浸透していて、ひとはそれに近づくことを避け、身をかわしながら、神話のイデオロギーにすがろうとしているのであり、そのことを知らなくてはならない。

Mais de là proférer qu'il s'en faut du réel que rien ne soit tout, ce dont l'incidence à l'endroit de la vérité irait tout droit à aphorisme plus scabreux, — ou, à la prendre d'autre biais, émettre que le réel se nécessite de vérifications sans objet, est-ce là seulement prendre la relance de la sottise à s'épingler du noumène : soit que l'être fuit la pensée … Rien ne vient à bout de cet être qu'un peu plus je daphnise, voire laurifice en ce " noumène " dont vaut mieux dire que pour qu'il se soutienne, faut qu'il y en ait plusieurs couches …

Mon tracas est que les aphorismes qu'au reste je me contente de présenter en bouton, fassent refleurs des fossés de la métaphysique, (car le noumène, c'est le badinage, la subsistance futile…). Je parie qu'ils se prouveront être de plus-de-*nonsense*, plus drôles, pour le dire, que ce qui nous mène ainsi…

… à quoi? faut-il que je sursaute, que je jure que je ne l'ai pas vu tout de suite alors que vous, déjà... ces vérités premières, mais. c'est le texte même dont se formulent les symptômes des grandes névroses, des deux qui, à prendre au sérieux le normal, nous disent que c'est plutôt norme male.

Voilà qui nous ramène au sol, peut-être pas le même, mais peut-être aussi que c'est le bon et que le discours analytique y fait moins pieds de plomb.

《大意》
けれども、そのことから無がすべてであるためには、現実界がなくてはならないなどと言うのは、真理に対する態度をただちにいっそう動きのとれないアフォリズム（金言）に向かわせることになるだろう。あるいは別の面から、現実界については対象のない検証がなくてはならないと言うのは、たんに、それをあのヌーメノン（本体）によってとらえようとする失敗をふたたび始めることにならないだろうか。すなわち、存在は思考を逃れる、うんぬんと。その存在の果てにまで行きつくものは何もないが、私は、それをもう少し変身させて（daphnise）みよう。あるいは、その"ヌーメノン"に寝床を提供しよう（laurifice）。分かりやすく言うと、その存在がありうるためには、いくつかの性感領域と呼ばれる寝床が必要なのである。

私の役目は、アフォリズムを未完成のままに紹介することであり、それで満足しているのだが、それが形而上学の落とし穴を復活させるのではないかと心配している。（というのも、ヌーメノン、それはつまり軽い冗談や、取るに足りない生活必需品…）。さらに断るなら、アフォリズムは、やがてナンセンス以上のもの（plus-de-*nonsense*）になってしまうかもしれず、それはもっと滑稽で、われわれをあらぬ方向に導く（nous mène）のである。

しかし、どこへ導くのだろうか。私は、"ヌーメノン（noumène）"と"われわれを導く（nous mène）"が同音意義であるのに驚くが、皆さん

がすでに、はじめの二つの真理の場所にいるというのに、私には、誓ってそこがどこであるかはすぐに分からなかった。だが、そこはヒステリーと強迫症という、あの大きな二つの神経症の諸症状が述べられているテキストそのものなのである。それらは、われわれがまじめに、正常なもの（normal）として聞きとれば、むしろ二つは男性の基準（norme male）であると言っている。

そのようなものとして聞きとれば、われわれはしかるべき場所に行くことができる。おそらく、そこは同じ場所ではないだろうが、やはり好ましい場所で、とくに分析のディスクールは、そこで足取りが軽くなるのである。

《評釈》
現実界は不可能とされるからといって、それをすべてと等しい無であるとか、対象となりえないものなどと考えてはならない。そうすると、やがて大昔からのヌーメノンとなり、考えられはするが、認識という本当の思考が及ばないものになる。ヌーメノンは、古代ギリシアにおいてフェノメノンと区別され、ひとの世界を構成する二大次元の一つである。フェノメノンが感覚によって知覚される現象（phenomena）を指すのに対し、ヌース（nous、精神）によって把握される世界で、叡智界と訳されることもある。また、近代の使用法では本体と訳されて、カントの前提的な基本概念である物自体に近いとされることもよくある。いずれにせよ、理性的な思考による客観的な認識は不可能とされながらも、現象のそとにおかれた無限定な実体とされている。そこから、思考を逃れる存在があるという観念が生まれるのである。ラカンは、大他者の他者は存在しないとして、その観念を退けたと言える。なぜなら、ひとの世界を生んでいるのはランガージュであり、ひとがそれぞれの存在を探しているのはランガージュの世界における大他者のなかであって、ひとはそのそとの存在について語ることができないがゆえに、それについては何も語らないからである。

無は、たんに何もない。しかし、ランガージュは、何かをあらしめようとする。そうするためには、ディスクールを非球体的に開いたままにしておくのではなく、球体的に閉じなくてはならない。例えば、クロス・キャップのトポロジーを閉じるためには、その開いたままの下部を円板に貼りつけなくてはならない。もちろん、それを実射影平面と言っても、実在しない、想像上の球面体ではあるが、ランガージュもまた、そのようにして無理にも存在をあらしめようとする。ヌーメノンが陥る罠も、そこにあったわけである。しかし、ラカンは、そういう存在をもう少しヌーメノン（本体）に向けて変身させて、それぞれに寝床を用意すると言う。寝床とは、いわばクロス・キャップを見せかけの球体にする円板のようなものである。ギリシア神話に登場する河神の娘ダフネ（Daphné）は、彼女を恋したアポロンとレウキッポスのしつこい追求を逃れようとして、月桂樹に変身した。本文では、彼女の名を動詞化（daphner）して、思考を逃れる存在が、ランガージュの世界でさまざまな事物の呼び名に変わることを示唆している。

ダフネは、ディスクールにおける、いわばヌーメノンとしての対象 a であり、それがディスクールを際限のない移動のくり返しに導くのである。また、それは姿のない対象であって、非球体のなかの交差点を無限の遠方まで生みだしていく切断そのものである。「(寝床を) 提供する」と訳した laurificer は、彼女が変身した月桂樹 (laurier) や、彼女に焦がれるレウキッポス (Leucippe) の綴字に近いが、同時に口唇や肛門など身体の開口部 (orifice) にも近い。二語を掛け合わせて、対象 a であるダフネが、ひとの性現象においてさまざまな部分対象に変わり、フロイトがそのことをリビドーの発達段階における性感領域の変化として、換喩的に語ったことを指している。レウキッポスは、女装してダフネに近づき、彼女も気をゆるめたが、ついに捕えることはできず、彼女は姿を消してしまった。それは、ひととその欲望の原因としての対象 a との関係を物語っている。

ともあれ、ヌーメノン (noumène) は、われわれをどこかに導く (nous

mène)のである。この同音異義は、フランス語を話すひとを驚かせるが、そこにはヌース（nous、精神）とわれわれ（nous）が同じ綴字であることもからんでいる。だが、少し顧みれば、ランガージュがそれに導かれて行き着いたアフォリズムは、例えば「すべては無である」とか「真理は存在しない」のような、およそ意味を蒸発させた冗談になるか、ひとを騙すナンセンス以上のものになるのが分かる。そこで、われわれの導かれる先を、正常な基準（normal）に沿って、まじめに（au sérieux）に考えなくてはならない。「まじめに」とは、série（系、列）に沿ってということで、シニフィアンの連鎖から表象されてくるものを、その筋道にしたがって言葉に翻訳し、意味作用を逸脱しないように述べるということである。

　そうすると、分析者には、まずヒステリーと強迫症という二大神経症から、二つの行き先が見えてくる。それらは、むろんディスクールにかかわる現象であり、ひとが日常生活において実践している二つの話し方である。そのうち、ヒステリーは、ディスクールの構造をなす四つのタイプの一つであるが、強迫症は、いずれのタイプにも認められる話し方である。二つの症状は、ディスクールのなかで、たしかに正常な基準に沿った話し方の発現として聞くことができる。しかし、それらをよく聞いてみると、一つは「すべてのひとは去勢されている」というヒステリー者の話し方で、もう一つは「去勢されていないひとがいる」という強迫症者の話し方で、どちらも性別化における男性の側の定式に帰着する。したがって、それらはひとの話し方の正常な（normal）発現でありはしても、じつは、あくまで男性の側の定式を基準（norme male）とした話し方である。ひとはそのように考えて、はじめてすべてのディスクールを移動させるのがその役目である分析者のディスクールにたどり着くことができる。そこは、ディスクールのなかで性別化のある特定の定式が基準とされる場所ではなく、同じ症状が発現する場所でもない。男性と女性の側の定式が、ともに交代運動をくり返している場所であり、当然ながら、両性の側の定式は、ともに相対化されるだろう。しかし、

そのことによってはじめて、シニフィアンに代理表象される主体は意味作用の重荷を軽くすることができるのである。

Mettons en train ici l'affaire du sens, plus haut promise de sa différence d'avec la signification.

Nous permet de l'accrocher l'énormité de la condensation entre" ce qui pense " de notre temps (avec les pieds que nous venons de dire) et la topologie inepte à quoi Kant a donné corps de son propre établissement, celui du bourgeois qui ne peut imaginer que de la transcendance, l'esthétique comme la dialectique.

Cette condensation en effet, nous devons la dire à entendre "au sens analytique ", selon la formule reçue. Quel est ce sens, si justement les éléments qui s'y condensent, se qualifient univoquement d'une imbécillité semblable, voire sont capables de s'en targuer du côté de " ce qui pense ", le masque de Kant par contre paraissant de bois devant l'insulte, à sa réflexion près de Swedenborg : autrement dit, y a-t-il un sens de l'imbécillité ?

A ceci se touche que le sens ne se produit jamais que de la traduction d'un discours en un autre.

Pourvus que nous voilà de cette petite lumière, l'antinomie tressaille qui se produit de sens à signification : qu'un faible sens vienne à surgir à jour rasant des dites " critiques " de la raison pure, et du jugement (pour la raison pratique, j'en ai dit le folâtre en le mettant du côté de Sade, lui pas plus drôle, mais logique), — dès que leur sens donc se lève, les dits de Kant n'ont plus de signification.

La signification, ils ne la tiennent donc que du moment où' ils n'avaient pas de sens, pas même le sens commun.

《大意》
　ここで、意味の問題にふれることにしよう。すでに述べたとおり、それは意味作用の問題と区別されなくてはならない。
　われわれは、次のような両者のあいだに、重大な圧縮があると考えることができる。それは、われわれの時代の前述したような重い足取りの「考えるもの（ce qui pense）」と、カントがそこにブルジョア風の建物を立てた不適切なトポロジー、それによるともっぱら超越によって、美学を弁証法のように考えることができるのだが、それら両者の圧縮である。
　この圧縮について、われわれは、じっさいにこれまで述べてきたディスクールの定式にしたがい、「分析的な意味によって」言わねばならない。意味とは何か。たとえ、まさしくそこに圧縮されているさまざまな要素が、一律に似たような無根拠とみなされ、しかも「考えるもの」の側では自慢できるものであっても、カントが感覚的なものの側から発せられた侮蔑を前に見せたあの無表情の仮面は、神秘家のスウェーデンボルクに対する考察では逆の姿を見せるのである。言いかえてみると、そこには無根拠による意味があるのではないか。
　すなわち、意味は、あるディスクールを別のディスクールに翻訳すること、ただそのことから生まれると言っているのだろう。
　われわれに翻訳というこの小さな光明がありさえすれば、意味から意味作用への過程で生まれる二律背反はたちまち揺らぐことになる。そして、理性と判断力のいわゆる「批判」から、意味のかすかな曙光が見えはじめることになる。実践理性については、以前、カントをサドの方に位置づけることで、私はその軽はずみなところを語ったことがある。サドは、滑稽なところは少ないが、論理的である。そういうわけで、カントの「言われたもの」から意味が生まれるやいなや、その意味作用はなくなる。

意味作用は、それゆえ、「言われたもの」が意味をもたず、共通の意味さえもたないときに、はじめてそこから生じるのである。

《評釈》
　圧縮をとおして、意味と意味作用の区別にふれている。圧縮（condensation）は、フロイトが移動（déplacement）とともに、夢の作業としてあげた無意識の一次過程における心的機能である。ラカンは、それらをランガージュの領域に移して、圧縮を隠喩と、移動を換喩と結びつけた。どちらもひとの心に浮かぶ姿（心像、イメージ）が変化するのは共通しているが、圧縮では表象が変化するとされるのに対し、隠喩ではシニフィアンを素材とした言葉の表現が変化する。ここでは、むろん言葉の使われ方からみた「両者の圧縮」である。意味は、圧縮の結果としての「言われたもの」がもつ内容であり、意味作用は、言葉の表現が圧縮によって変化する過程である。この変化は、まさに翻訳（traduction）と呼ぶことはできるが、それはたんなる省略や簡略化ではない。

　ここでは、ヌーメノンという重荷を残したままの、デカルト風の「考えるもの（cogitans）」と、カントの超越による弁証法とのあいだに見すごせない圧縮があるとされている。しかし、ラカンは、ここで超越（transcendance）という一般的な概念によってカントの「トポロジー」を括っているが、カントが「超越論的（transcendantal）」と「超越的（transcendant）」をはっきり区別したのはよく知られている。前者は、経験的、内在的な認識の可能性を意味し、後者は、経験の限界を越えて、いわばその外部から経験が認識される可能性を意味している。ラカンは、その区別をわきにおいて、感覚、悟性、理性という経験的な様態を表現した超越論的な面を不適切なトポロジーとしたのだろう。しかし、カントの「超越論的」には、すでに経験に先立ち、それに由来もしないア・プリオリな、すなわち「超越的」な認識の可能性が予見されているのもよく知られている。

　ともあれ、理性の限界の知を目指したカントが、霊界や視霊現象に大

いに惹かれていた事実に圧縮の例を見ることができる。スウェーデンボルクは、カントよりずっと年長の神智学者であるが、同時に自然科学者としても当時の最先端であり続けた。カントは、感覚に依拠した常識的な知に根拠はないとしながら、一度はその常識的な知によって視霊現象を斥けた。しかし、いつのまにか、それに抵抗できずに惹かれていく自分の姿を認めている。理性と霊界とは、どちらも圧縮される要素である。ディスクールにおいて、それらがともに「似たような無根拠」とされるのは、分析者のディスクールが意味の「不可能」に立脚しているからである。無根拠（imbecillité）は、ふつう痴愚、馬鹿さ加減などとされているが、ラカンがこの言葉をくり返しているのは、「sans béquille（松葉杖のない、支えを欠いた）」、という、もともとの意味を強調しているのであろう。分析者のディスクールからすれば、それらの要素に根拠がないと考えるのは当然である。

　「言われたもの」には、それ自体の意味はない。ディスクールのなかに各要素の移行があって、意味は、そこから生まれる。カントとスウェーデンボルクの「言われたもの」のあいだに「翻訳」があるならば、そのときディスクールは移動する。意味は、それによって生まれるのである。ディスクールにおいて、あるシニフィアン（S_1）が、別のシニフィアン（S_2）に主体を代理表象するというのは、シニフィアンがそれ自体として意味をもつということではない。意味は、あるシニフィアンと別のシニフィアンとのつながりの結果として生まれてくるので、いわばシニフィアンの効果である。あるシニフィアンを「言われたもの」として釘づけし、そこにシニフィエとしての意味を固定しようとすれば、「言われたもの」の足取りは重くなり、主体を窮屈にするばかりだが、そこで意味の重荷を降ろし、「言うこと」によって次のシニフィアンに移行すれば、そこから意味作用が生まれ、新たな意味の曙光が見えてくる。

Ceci nous éclaire les ténèbres qui nous réduisent aux tâtons. Le sens ne manque pas aux vaticinations dites présocratiques : impossible de dire lequel, mais *çasysent*. Et que Freud s'en pourlèche, pas des meilleures au reste puisque c'est d'Empédocle, n'importe, il avait, lui, le sens de l'orientation; ça nous suffit à voir que l'interprétation est du sens et va contre la signification. Oraculaire, ce qui ne surprend pas d ce que nous savons lier d'oral à la voix, du déplacement sexuel.

C'est la misère des historiens : de ne pouvoir lire que le sens, là où ils n'ont d'autre principe que de s'en remettre aux documents de la signification. Eux aussi donc en viennent à la transcendance, celle du matérialisme par exemple, qui, " historique ", l'est hélas ! l'est au point de le devenir irrémédiablement.

Heureusement que l'analyse est là pour regonfler l'historiole : mais n'y parvenant que de ce qui est pris dans son discours, dans son discours de fait, elle nous laisse le bec dans l'eau pour ce qui n'est pas de notre temps, — ne changeant par là rien de ce que l'honnêteté force l'historien à reconnaître dès qu'il a à situer le moindre *sacysent*. Qu'il ait charge de la science de l'embarras, c'est bien l'embarrassant de son apport à la science.

Il importe donc à beaucoup, à ceux-ci comme à beaucoup d'autres ?, que l'impossibilité de dire vrai du réel se motive d'un mathème (l'on sait comment je le définis), d'un mathème dont se situe le rapport du dire au dit.

Le mathème se profère du seul réel d'abord reconnu dans le langage : à savoir le nombre. Néanmoins l'histoire de la mathématique démontre (c'est le cas de le dire) qu'il peut s'étendre à l'intuition, à condition que ce terme soit aussi châtré qu'il se peut de son usage métaphorique.

《大意》

　こうして、意味を暗やみのなかで手探りのまま追っていくことが、われわれに光を与えてくれる。

　意味は、いわゆる前ソクラテス期の予言のなかに、それとして言うことはできないが、感じとられる（*casysent*）ものとしてあり、フロイトはそれを待ち焦がれていた。しかし、それがエンペドクレスの予言のようなものであったので、最上のものとは言えないまでも、フロイトは大喜びしていた。そのことはさほど重要ではない。フロイト自身は方向感覚をもっていたので、そのことが、解釈は意味に由来し、意味作用に抗うことをわれわれに教えたのである。予言や託宣（oraculaire）については、われわれは性現象における移動（déplacement）によって口唇的なものが声につながるのを知っているので、驚きはしない。

　歴史家は、不幸なことに、意味を読むことしかできない。彼らには、意味作用の記録に身を任せる以外に、原則がないのである。彼らも、例えば唯物論における超越のように、超越のところへやってくるが、それはいつも"歴史的"であって、それに手のほどこしようがなく、そうなっているという点で歴史的ということになるのである。幸いにして、精神分析が、歴史家の教説にふたたび息を吹き込む。ただし、それは分析者のディスクールによってなされるかぎりでのことであり、歴史を超越にゆだねる今日の風潮に抗うということについては、われわれに待ちぼうけを食わせるのである。真面目な歴史家は、意味が感じとれる（*casysent*）予言から、翻訳による次の意味の追究（*sacysent*）に向かうべきことを認めはしても、そのことによって事態が変わることはない。つまり、歴史家が歴史という困難な科学の任務を負っていることは、科学に対する彼らの寄与を、やはり難しいものにしているのである。

　そこで、歴史家たちにとっても、分析者のような他の人たちにとっても、銘ずるべきは次のようなことである。すなわち、現実界について本当らしいことを言うのが不可能なのは、すでに詳述したマテームが明らかにしており、「言うこと」と「言われたもの」の関係は、マテームに

よってはっきり知られるのである。

　マテームは、ランガージュのなかで最初にそれとして認められる唯一の現実的なものから口にされる。それは、数である。しかし、数学の歴史は、それにもかかわらず現実界が直観にまで広がりうることを明らかにしている。それは、まさしく直観を「言うこと」、それによって広がるのである。ただし、それにはこの直観という用語が、やはり隠喩的な用法によって去勢されている（châtré）という条件がついている。

《評釈》
　意味のなかをつき進んでいくと、やがて意味作用の先に現実界との不可能な出会いが待っている。そこでひとに「感じられるもの」は、ランガージュの世界で言葉にされる。予言や託宣は、それを物語っている。そこでは言葉の換喩的な言いかえによって、その名を移動させるのである。その託宣（oraculaire）は、口唇（oral）から尻（cul）への性欲動の移動を表わしてはいないだろうか。*Casysent* は、ca s'y sent を縮めた造語で、あとの *sasysent* に対置される。それは「感じられるもの」であって、やがて言葉による「翻訳」とつながり、それによって意味は固定される。言葉は、不可能から「感じられるもの」に名を与えて口に出されるので、それ自体には中味はなく、意味はない。

　フロイトが意味を固定するために受け継いだ予言は、エンペドクレス風のそれなので、あまり感心できるものではない。エンペドクレスは、紀元前5世紀の、ソクラテスとほぼ同時代の哲学者である。地、水、火、風の自然現象は、すべて愛と憎しみの力によって結合と分離をくり返すと説いたが、ラカンは、ここでギリシア時代の有名な二元論者の名をあげて、フロイトの愛と憎しみのアンビバレンスや、生と死の欲動などに見られる、一貫して目立つ二元論的傾向を連想させている。

　「感じられるもの」は、「解釈」につながり、さらに「翻訳」を経由して「理論」にいたる。そこで、「超越」が言葉として口にされるのである。*Sasysent* は、Sacy se sent と読んで、その事情を伝える造語として受

けとれる。Sacy は、人名（ル・メートル・ド・サシ）で、パスカルと同時代（17世紀）のポール・ロワイヤルの司祭。そこで進められた旧・新約聖書の翻訳事業の中心人物だった。それは当時から多くの議論を呼んだが、後世に大きな影響を与え、「モンスの聖書」として長く愛読されてきた。解釈は、もともと感じ取られた欠如の翻訳である。サシは、その翻訳をさらに翻訳することによって、超越の観念をいっそう本当らしく、真実らしいものにした。そこに移動による意味作用があり、意味が生まれたのである。

しかし、歴史家は、その意味を読むことしかしない。ここでは読む（lire）と、解釈する（interpreter）との違いは微妙であるが、歴史家が意味作用の記録をただ読んでいるうちに、超越は意味の終点として、意味作用をそこで休止させるために語られるようになる。真面目な歴史家には、意味は意味作用を越えて、さらに不可能に向かっているのが感じられているが、科学のディスクールとしての歴史には、歴史家がその責務として背負った困難がある。科学は、現実界の動きを予測しようとする。語るひとの世界には、現実界がそのまま侵入しているにもかかわらず、その動きは言葉で予測できない。ひとは現実界のそとに出ることはできないが、象徴界を作りあげ、語る世界から現実界を追い出してしまった。そこで、象徴界において、ディスクールをとおして現実界に出会うと、そこで言葉は意味の内容を失ってしまう。

もともと象徴界には、それ自体としての意味はない。意味があるのは、そこに想像界が加わったときだけである。そのようなひとの世界について、歴史の科学を語るには、特有の難しさがあろう。そこで、ラカンは、ふたたび「現実界を本当らしく言うことの不可能」を換喩的に表現した、あのマテームに戻るのである。歴史には、いつも「言うこと」の一面があり、意味作用の記録には、すでに「言われたもの」の一面が保存されている。それら両面の関係は、マテームによって知られるからである。ところで、ランガージュにおいては、「数」が、現実界とひととのかかわりを最初に告げる。やや唐突に聞こえるかもしれないが、ひとは数を

口にして、またそれを表記して、自分を現実界に登記し、それによって象徴界への編入を保証されるということである。同時に、ひとはそれによって現実界からひき離されるのである。

すでにふれたように、ある数は、その後継数によって定義される。したがって、１は０の後継数であり、その内容は空虚であった。しかし、ひとはこれまで１を、数える対象の単位と考えて、そのように使用していた。それが数学的には根拠がないのを証明されても、１は、実在する何かと等しい特別な数として口にされるのがやんだわけではない。１がそのようなものとしてくり返し口にされるのは、数学的にその内容が空虚であるとされても、それを現実的に保証するものがないからである。もしそれを保証するものがあるとすれば、それは現実的なものを、１よりももっと本当らしく感じとらせる記号だろう。つまり、それもまた言葉による表現である。

結局、現実界を０として定義するのを保証してくれるようなメタ・ランガージュは、ひとの世界には存在しない。ラカンは、そのことを「大他者の大他者は存在しない」として、ディスクールのなかには大他者の欠如を埋めるような要素はないと言うのである。ひとは、数学の歴史に見るように、「直観」に頼って換喩的な話法を広げていくことはできる。しかし、その直観も、けっしてそれ自体が独立した働きをしているわけではない。それは、感覚、思考、認識など、他の言葉とのつながりに支えられている。つまり、それ自体としては無意味である。言いかえると、直観は、すでにその表現そのものによって現実界からひき離されて、隠喩的な効果を生もうとしている。ランガージュの世界では、隠喩に向かって完全に道を閉ざした換喩的表現はない。むろん、マテームもそのような表現の一つである。

Il y a donc là un champ dont le plus frappant est que son développement, à l'encontre des termes dont on l'absorbe, ne procède pas de généralisation, mais de remaniement topologique, d'une rétroaction sur le commencement telle qu'elle en efface l'histoire. Pas d'expérience plus sûre à en résoudre l'embarras. D'où son attrait pour la pensée : qui y trouve le *nonsense* propre à l'être, soit au désir d'une parole sans au-delà.

Rien pourtant à faire état de l'être qui, à ce que nous l' énoncions ainsi, ne relève de notre bienveillance.

Tout autre est le fait de l'indécidable, pour en prendre l'exemple de pointe dont se recommande pour nous le mathème : c'est le réel du dire du nombre qui est en jeu, quand de ce dire est démontré qu'il n'est pas vérifiable, ceci à ce degré second qu'on ne puisse même l'assurer, comme il se fait d'autres déjà dignes de nous retenir, d'une démonstration de son indémontrabilité des prémisses mêmes qu'il suppose, — entendons bien d'une contradiction inhérente à le supposer démontrable.

On ne peut nier qu'il y ait là progrès sur ce qui du *Ménon* en reste à questionner de ce qui fait l'enseignable. C'est certes la dernière chose à dire qu'entre les deux il y a un monde : ce dont il s'agit étant qu'à cette place vient le réel, dont le monde n'est que chute dérisoire.

C'est pourtant le progrès qu'il faut restreindre là, puisque je ne perds pas de vue le regret qui y répond, à savoir que l'opinion vraie dont au *Ménon* fait sens Platon, n'a plus pour nous qu'absens de signification, ce qui se confirme de la référer à celle de nos bien-pensants.

《大意》
こうしてみると、そこでは使われている用語の意味作用に逆らって、その展開が一般化によって実現しているのではなく、トポロジー的な手

直しによって、さらには歴史を抹消してしまうような始原への遡及によって実現している、そういう領域があるのは真に驚くべきことである。そして、その領域における経験ほど、歴史の困難を確実に解決してくれるものはない。それは思考にとっての魅力であり、そこでは存在に固有な無意味（*nonsense*）が、すなわちその先がないパロールに固有の欲望が見いだされるのである。

　だが、存在を拠りどころにできないのだと言ったところで、われわれは、それを喜んで受け入れているわけではない。

　そのように言うことは、存在の決定不可能性とはまったく別のことで、マテームがわれわれに示すような極端な例をとってみると、問題になっているのは、数を「言うこと」と現実界との関係であるのが分かる。しかし、数は、「言うこと」そのものによっては検証されないことが明らかになると、次の段階に進む。すなわち、われわれがすでに気づいているように、0を土台にした数について「言われたこと」に矛盾があるにしても、それを「言うこと」が確かであるかどうかは証明できない。それならば、その「言うこと」が予想している矛盾した前提の証明不可能性が証明可能であるかというと、その可能性によっても「言うこと」の確かさは明らかにならない。われわれは、「言うこと」が確かであると予想するときに必ず生まれる矛盾を知らなくてはならない。

　そこで、われわれは『メノン』が残した問題に、すなわち「教えられるもの」については進歩があるかどうかの問題に、それがあるだろうというのを否定することはできない。たしかに、0と1のあいだに世界があるとは、最後に言われることだろう。そこには現実界がやってきて、世界は取るに足りない欠片のような落ちこぼれにすぎないということであるから。

　しかしながら、進歩は限られていると見なくてはならない。私は、プラトンが『メノン』で教えている「正しい意見」については残念に思っているが、それはわれわれにとっては、もはや意味作用における意味 − 不在でしかなく、今日のわれわれ分析家仲間の正統派が抱く意見に照ら

してみれば、そのことはすぐに確かめられる。

《評釈》
　ふつう日本語で「無意味」とされる *nonsense* は、ここでは英語で書かれているが、ラカンの仏語のテキストでは、通常、non-sens はたんに意味のない pas de sens ではない。日本語の「無意味」は後者に近いと思われるが、両者を区別する訳語はないようである。ラカンは、存在という観念にそなわる non-sens（無意味）を、本論に先立つ８年前のセミネール（『精神分析の四基本概念』）で、「金（カネ）」と「命（イノチ）」の二語のつながりから説明している。もっと平易に、例えば「ウマ」と「ウシ」は、どちらもそれぞれの存在自体は無意味であるが、日本語でそれらをつなげれば、通常の意味作用から、哺乳類、草食、家畜などの観念が生まれる。また、たしかに「ウマ」の存在には、それだけでは意味はないが、その言葉を次にくる語がないところまで追いつめて、それによって何かを言おうとする。それがパロールによる欲望の表現である。
　１は、０ではないにもかかわらず、０によって定義される。すなわち、何かあるものの中味が、何もないものによって規定されている。これは矛盾であるが、それは数の「言われたもの」からやってくる。そして、それは数を「言うこと」、そのことの現実に拠っている。しかし、この現実そのものを証明することはできない。さらに進めてみると、その証明不可能性そのものが証明不可能なのである。そこから、「言うこと」が証明できるかどうかについて、また「言われたこと」に矛盾があるかどうかについての決定不可能性が生まれる。つまるところ、「言うこと」は、矛盾とその証明可能性の論理に収まらないのである。それでは、数について「言われたこと」と、数を「言うこと」について、何が教えられるか。
　ソクラテスは、「徳は教えられるか」というメノンの問いに対して、三つの命題によって答えている。①　徳は教えられうるものである。②　徳は知識である。③　徳は善き、有益なものである。ここで、②は、①

が成り立つために必要な仮設（ヒポテシス）であり、③は、②が成り立つために必要な仮設となっている。すなわち、①の結論は、③の対話者たちの同意と承認に支えられている。それが「正しい意見（opinion vraie）」すなわち「オルト・ドクサ（orto-doxa）」とされ、正統な教義とされる。しかし、それはあくまで個別的、特殊的な意見であって、普遍的な性質はもたない。ラカンは、そこを「残念」と言い、結局プラトンの時代からわれわれの時代までに、「教えられるもの」についての進歩があるのかと自問する。その答えは、たとえ「あるだろう」と肯定的に答えられるとしても、その進歩はきわめて限定的である。なぜなら、ドクサ（教義）とは、いつもある時代に、ある集団のなかで承認された個別的、特殊的な社会通念であって、それを世界の共通観念にまで広げようとする想像的な加工は、つねに現実界の不可能に出会って、そこで引き返し、ふたたびディスクールの移動をよぎなくされるからである。

「0と1のあいだに世界がある」。0は、いわば現実界であり、1は、現実界を追い出した象徴界である。ひとの世界は、そのあいだにあって、象徴界を想像的に加工しながら、神話の制作に勤しんでいる。「正しい意見」は、ディスクールにおいて現実界への接近を避け、それをかわして、象徴界の不動性に寄与しようとする。しかし、分析者のディスクールにとって、それは症状の固定化を意味するので、精神分析は、ドクサの特殊性に与しない。あくまでも、意味作用における意味−不在と現実界の不可能から離れず、パロールの個別性に立脚して、ディスクールのタイプを移動させようとする。そのような面からみると、今日の精神分析にかぎらず、社会通念に依拠したあらゆる分野の「正しい意見」は、それ自体に意味作用はなく、すなわち、ディスクールの移動によって次の意味作用の出現を待っているような、意味−不在のから騒ぎであるのがたやすく見てとれるのである。

Un mathème l'eût-elle porté, que notre topologie nous fournit? Tentons-la.

Ça nous conduit à l'étonnement de ce que nous évitions à soutenir de l'image notre bande de Moebius, cette imagination rendant vaines les remarques qu'eût nécessitées un dit autre à s'y trouver articulé : mon lecteur ne devenait autre que de ce que le dire passe le dit, ce dire étant à prendre d'au dit ex-sister, par quoi le réel m'en ex-sist(ait) sans que quiconque, de ce qu'il fût vérifiable, le pût faire passer au mathème. L'opinion vraie, est-ce la vérité dans le réel en tant que c'est lui qui en barre le dire?

Je l'éprouverai du redire que je vais en faire.

Ligne sans points, ai-je dit de la coupure, en tant qu'elle est, elle, la bande de Moebius à ce qu'un de ses bords, après le tour dont elle se ferme, se poursuit dans l'autre bord.

Ceci pourtant ne peut se produire que d'une surface déjà pique d'un point que j'ai dit hors ligne de se spécifier d'une double boucle pourtant étalable sur une sphère : de sorte que ce soit d'une sphère qu'il se découpe, mais de son double bouclage qu'il fasse de la sphère une asphère ou *cross-cap*.

Ce qu'il fait passer pourtant dans le *cross-cap* à s'emprunter de la sphère, c'est qu'une coupure qu'il fait moebienne dans la surface qu'il détermine à l'y rendre possible, la rend, cette surface, au mode sphérique : car c'est de ce que la coupure lui équivaille, que ce dont elle se supplémentait en *cross-cap* " s'y projette", ai-je dit.

Mais comme de cette surface, pour qu'elle permette cette coupure on peut dire qu'elle est faite de lignes sans points par où par-tout sa face endroit se coud à sa face envers, c'est partout que le point supplémentaire à pouvoir se sphériser, peut être fixé dans un *cross-cap*.

《大意》

　ところで、正しい意見が一つのマテームをもたらしてくれたのであれば、われわれのトポロジーは何を提供してくれるだろうか。それを試してみよう。

　われわれは、メビウスの帯をたんに想像された形から用いるのを避けてきた。そのようにすると、「言われたもの」がそこで分節されて他のものになるのに必要な考察がむだになってしまう。「言うこと」が「言われたもの」を通りぬけることによって、私の読者は、はじめて他のものになるのである。そして、その「言うこと」は、「言われたもの」のそとに存在するとされなくてはならず、それによって現実界は、私を「言うこと」のそとに存在させたのである。だが、そのことは「言われたもの」の真偽が確かめられるからといって、だれかがそれをマテームに移せるようなことではないのである。正しい意見、それは現実界が真理について言うことを妨げるかぎりにおいて、現実界における真理なのであろうか。

　ここで、ふたたび私が述べたトポロジーにかえって、正しい意見なるものを調べてみよう。

　私が述べた切断について、点のないその線は、それ自体がメビウスの帯である。その縁の一つは、周回して帯が閉じると、次に他の縁を周回する。

　球面体の上で停止させる点をさらに一周させて停止させる点、私はそれを「線外の点」と言ったが、その点があるためには、すでにある一点によってえぐられた曲面がなくてはならない。そして、その点は一周目には二つの面をもっているけれども、二周することによって、球面体を非球面体にする。それがクロス・キャップである。

　だが、クロス・キャップのなかを通りぬけて、球面体を実現するのは、曲面からメビウスの帯を作りだした切断であり、クロス・キャップは、帯の曲面をさらに球面体の形態に仕上げたものである。つまり、切断がクロス・キャップを球面体と同じようなものにしたのだが、そのさい切断は、それを実現するために補助となるものを加える。それが、前に述

べたように、円板として切断の場所に「投影される」のである。

しかし、メビウスの帯の曲面が切断されるためには、それは「点のない線」によって行なわれ、線のどこをとってみても表面と裏面とが一つになっていて、それによって補助的な点がクロス・キャップのなかで固定されるのを可能にしていると言うことができる。

《評釈》

メビウスの帯は、表裏のない向きづけ不可能な曲面である。この帯を、中心線に沿ってぐるりと一回切断すると、それはつながったまま、ふつうの帯のような表裏のある曲面になる。この事実は、メビウスの帯の目立った特徴だろう。次に、それをもう一度切断すると、既述したように、今度はふたたび表裏のない曲面に戻る。メビウスの帯を平面化して、直線で描くと、それは三つの半ねじれをもった帯であり、そこから出発して中心線に沿った一回目の切断と、中心線をはさんで三等分した二回目の切断を受けた図が想像される。二回目の切断による半ねじれの数は九つである。メビウスの帯は、半ねじれの数が奇数でなくてはならない。

ところで、以上のような特徴をもったメビウスの帯からクロス・キャップを作るには、やはり特別の操作が必要なのである。ちなみに、じっさいに作れるのはメビウスの帯だけで、クロス・キャップや、既出のクラインの壺は数学的定義による抽象物である。ラカンが、ふたたびここでトポロジーをもち出したのは、本文にあるとおり、メビウスの帯からクロス・キャップができる過程で、どこにいわゆる「正しい意見」（オルト・ドクサ、orto doxa）を位置づけすることができるか、それを検討するためである。

簡単に言えば、球体のように閉じた形をしたクロス・キャップを作るには、メビウスの帯の長い単側の縁を短い円周になるように変形した、やはり抽象物である十字帽を作り、それに補助的な円板を貼りつけて、閉じた外形に仕上げればよい。しかし、その内部には、交差線によって

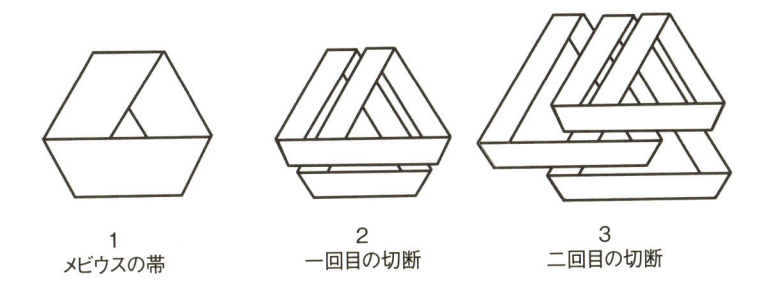

```
    1           2              3
メビウスの帯   一回目の切断   二回目の切断
```

　切断された「線外の点」が入り込んで、球体は、それをつつみ込んでいる。そこで、かりに球体を厚みのない純粋な曲面と考えるなら、その内部はメビウスの帯の表裏と同じように外部とつながっている。そして、その切断は、球体内で無限に続く遠方の点として、どこまでも続くはずであるが、クロス・キャップが全体として閉じた外形を保つためには、点はどこかで停止しなくてはならない。そのところで、曲面は閉じるのである。それでは、その「線外の点」はどこで始まったのだろう。これは難しい問いであるが、ここでは本文の文脈から、それは「言うこと」が最初に現実界との交差によって生みだした切断の場所から始まったと見ておこう。

　「言うこと」は、すでに現実界をひとのそとに存在させる。それがランガージュの世界における「ひとは語る」といういとなみである。それゆえ、マテームは、現実界と「言うこと」との分離、不連続を表示することになる。現実界の真理とは、「言うこと」が現実界とつながらないことであり、そとに存在するものとしての「言われたもの」が、そこに登場して、存在としての効果を発揮する。存在は、「線外の点」がそこで停止する場所である。その点は、たしかに無意味（non-sens）の場所であるが、それがクロス・キャップを閉じた球面体にして、補助の円板

として働く。点は、クロス・キャップの内部に、この円板として「投影」されるのである。

「線外の点」は、また、ディスクールにおける対象 a が、そこに釘付けされる場所とも考えられる。ひとは、それでも語り続けなくてはならないが、そこに「正しい意見」が、S_1 から「言われたもの」として形成される。しかし、S_1 は、翻訳されて、たった一つの言葉になるわけではない。プラトンの「徳」は、三つの命題によって知識となった。だが、それはたった一つの S_1 ではない。S_1 は「群れ（エサン essaim）」となって、無数に発生する。その一方で、ひとは群れとなり、そこにオルト・ドクサが形成され、その効果は大きくなるのである。今日の精神分析の正統派の教義も、ひとの群れを背景にして形成された意見である。ひとは、それを語るのをしばらくは止めないだろうが、その意見がくり返されているうちに、それは S_2 として知識となって、そのまま見かけの場所をとる大学人のディスクールになると、ディスクールは、その構造全体を動かすのが難しくなるだろう。しかし、クロス・キャップのなかで「線外の点」が主体を導く場所は、球体の外形を保つために、つねに補助的な円板に投影されてはいるが、切断としての点は、クロス・キャップを球体そのものとしてはけっして実現させない。それはいつも非球体に向かう可能性をもっていることであり、ディスクールに照らせば、それを移動させる可能性をもっていることである。

Mais cette fixion doit être choisie comme unique point hors ligne, pour qu'une coupure, d'en faire un tour et un unique, y ait effet de la résoudre en un point sphériquement étalable.

Le point donc est l'opinion qui peut être dite vraie de ce que le dire qui en fait le tour la vérifie en effet, mais seulement de ce que le dire soit ce qui la modifie d'y introduire la $\delta\delta\xi\alpha$ comme réel.

Ainsi un dire tel que le mien, c'est d'ex-sister au dit qu'il en permet le mathème, mais il ne fait pas pour moi mathème et se pose ainsi comme non-enseignable avant que le dire s'en soit produit, comme enseignable seulement après que je l'ai mathématisé selon les critères ménoniens qui pourtant ne me l'avaient pas certifié.

Le non-enseignable, je l'ai fait mathème de l'assurer de la fixion de l'opinion vraie, fixion écrite avec un x, mais non sans ressource d'équivoque.

Ainsi-un objet aussi facile à fabriquer que la bande de Moebius en tant qu'elle s'imagine, met à portée de toutes mains ce qui est inimaginable dès que son dire à s'oublier, fait le dit s'endurer.

D'où a procédé ma fixion de ce point $\delta\grave{o}\xi\alpha$ que je n'ai pas dit, je ne le sais pas et ne peux donc pas plus que Freud en rendre compte " de ce que j'enseigne ", sinon à suivre ses effets dans le discour scours analytique, effet de sa mathématisation qui ne vient pas d'une machine, mais qui s'avère tenir du machin une fois qu'il l'a produite.

Il est notable que Cicéron ait su déjà employer ce terme : " Ad usum autem orationis, incredibile est, nisi diligenter attenderis, quanta opera *macbinata* natura sit" (Cicéron, *De natura deorum*, II, 59, 149), mais plus encore que j'en aie fait exergue aux tâtonnements de mon dire dès le 11 avril 1956.

《大意》
だが、点の固定は、「線外の点」のただ一点として選ばれなくてはならない。それによって、切断は一周、一回かぎりで、その結果を球面上に位置する一点に変えることができる。

それゆえ、点は正しい意見であると言うことができる。ただし、それは「言うこと」が二回の周行によって、その意見をじっさいに確かめることができること、しかも、それはたんに「言うこと」がその意見を現実的なものとしてドクサ（$\delta \grave{o} \xi a$）に仕立てあげたことによるのである。

　そこで、私がしているような「言うこと」について、それが「言うこと」のマテームを可能にしてくれるのは、それが「言われたもの」のそとに存在することであって、しかも、それは私にとってはマテームではなく、「言うこと」が生まれる以前には、教えられないものとしてある。また、その「言うこと」は、私にその正しさを証明してくれなかった『メノン』の基準にしたがって、私が数学化したあとになって、やっと教えられるものになるのである。

　教えられないもの、私はそれを正しい意見の固定によって確かなものにしながら、そのマテームを作ったのである。しかし、その固定はクロス・キャップのなかではxとして記入され、その意味作用は、やはり一義的ではないのである。

　そこで、メビウスの帯のように、とても簡単に作れそうに想像されるものでも、「言うこと」がやがて忘れられ、「言われたもの」に試練を課することになると、たちまち万人に想像できないものを与えるようになる。

　それゆえ、私がドクサというこの点を固定するのは、「言われたもの」によるのではない。私は、フロイトと同じように「私が教えるものについて」説明することはできない。ただ、分析者のディスクールによって、「言うこと」の効果を追っているだけであり、それが「言うこと」の数学化である。しかし、その効果は、計算機（machine）から生まれるのではなく、いちどそれが生まれてしまうと、やがてだれからともなく（machin）やってくるのが明らかになる。

　キケロが、すでにこのmachineという語を使っているのは、特筆すべきことである。すなわち、"Ad usum autem orationis, incredibile est nisi diligenter attenderis, quanta opera machinata natura sit"（De natura deorum, II , 59, 149)「自然は、言語の使用について、たくさんの企みをしてくれた（machine）が、細心の注意を向けないと、そのことは信じられない」。この言葉は、すでに1956年4月11日の日付があるセミネールでも、私に「言うこと」の探索を促していた。

《評釈》
　クロス・キャップの曲面を非球体から球体に閉じる「線外の点」は、どのような意見であれ、むろん正しい意見も、曲面上のある一点として固定される。「言うこと」は、メビウスの帯を一回切断することによって、それを閉じたものとすることができる。しかも、それはさらに二回目の切断によって、ふたたび開いたものにすることができる。閉じた球体をふたたび開くとは、ある意見を別の意見にむける、さらには、あるディスクールのタイプを別のタイプにむける可能性であると言ってよい。ともかく、「言うこと」は、曲面上のどこかで固定される。それは現実的なものをある意見に変えることである。してみれば、「言うこと」そのものが、「言われたもの」のそとにあると同時に、私のそとにある。ランガージュの世界では、「言うこと」は、たとえ黙ったままであっても、それ以前に私はいない。しかも、私は「言うこと」のそとにいる。「言うこと」は、やがて忘れられ、「言われたもの」として私のそとの意見となる。そこで、私には教えられるものはなく、ただ分析者のディスクールにしたがって、「言うこと」の効果から目を離さずに、それを追うことができるだけである。

　「言うこと」の効果は、やがて「言われたもの」の意味作用として現われる。それはとても広く、多様な現われ方をして、とうてい一義的とは言えない。またある仕組みをもった機械（machine）から、自動的にやってくるわけでもない。ラカンは、ここでmachineという語を使って、それが本文に引用されたキケロのエピグラムにもあるのを指摘している。キケロは、紀元前2世紀に生まれたローマの哲学者で、machineは、ラテン語ではmachina、「道具」や「発明」を意味する。この語は、

フランスで machin という派生語になり、具体的に名前を言うことができない人や物を指すようになった。ラカンは、それを利用して自説を述べている。

すなわち、クロス・キャップのなかで「線外の点」として意味作用が固定し、一点となったドクサは、特定の人物や仕掛けが生んだのではなく、だれでもなく、何であるかも分からないものから生まれたのであり、それこそがひとを話す存在にして、さまざまの難問を与えた自然の企みであろう。けれども、同時に集団のドクサは、つねに個別の語る主体をとおして現れる。1956 年 4 月 11 日のセミネールは、『精神病』という表題をもつ 14 回目の講義で、「シニフィアンは、それ自体では何も意味しない」と副題されているように、はじめからシニフィアンと意味作用の違いが強調されている。すなわち、シニフィアンは、ランガージュにおける「言うこと」の面を考慮に入れてはいるが、その効果からはまったく独立しているのに対し、意味作用は、もっぱらその効果として生まれてくるもので、しかも、あらかじめ予測したり確定したりすることはできないのである。

ひとが口をきくのは、ひとの現実的な面であるが、「言うこと」は、すでにそれを固定して、クロス・キャップのなかの現実的な点をひとのそとにおく。固定されてあるもの（fixion）は、「言われたもの」の虚構（fiction）である。それは不可能な現実界を避け、象徴界と想像界とが、お互いに絡み合って生んでいるものである。Machine は、これら二つの領域の絡み合いを実現させている、特定の仕掛けもなく、操縦者もいない装置を指している。

La topologie n'est pas " faite pour nous guider" dans la structure. Cette structure, elle l'est — comme rétroaction de l'ordre de chaîne dont consiste le langage.

La structure, c'est l'asphérique recelé dans l'articulation langagière en tant qu'un effet de sujet s'en saisit.

Il est clair que, quant à la signification, ce " s'en saisit " de la sous-phrase, pseudo-modale, se répercute de l'objet même que comme verbe il enveloppe dans son sujet grammatical, et qu'il y a faux effet de sens, résonance de l'imaginaire induit de la topologie, selon que l'effet de sujet fait tourbillon d'asphère ou que le subjectif de cet effet s'en " réfléchit ".

Il y a ici à distinguer l'ambiguïté qui s'inscrit de la signification, soit de la boucle de la coupure, et la suggestion de trou, c'est-à-dire de structure, qui de cette ambiguïté fait sens 1.

Ⅰ. Il paraîtra, j'espère ici que de l'imputation de structuralisme, à entendre comme compréhension du monde, une de plus au guignol sous lequel nous est représentée l' "histoire littéraire" (c'est de cela qu'il s'agit), n'est malgré la gonfle de publicité qu'elle m'a apportée et sous la forme la plus plaisante puisque j'y étais embarqué dans la meilleure compagnie, n'est peut-être pas ce dont j'aie lieu d'être satisfait.

Et de moins en moins dirais-je, à mesure qu'y fait montée une acception dont la vulgate s'énoncerait assez bien de ce que les routes s'expliquent de conduire d'un panneau Michelin à un autre : "Et voilà pourquoi votre carte est muette. "

《大意》
　トポロジーは、われわれを構造に案内してくれるものではない。構造とは、ランガージュを構成している連鎖の順序を遡った結果として与えられるものである。
　主体のいるところは、ランガージュの分節によってつかまれる（s' en saisit）はずである。構造とは、言語によって分節されることで隠され

てしまう非球面のことであり、それはそのことを主体の効果がとらえるかぎりのことである。

そこで、意味作用についてみると、「つかまれる」のは、あたかも様相的であるが、それが再帰動詞（s' en sasit）として包み込んでいる対象そのものによって、文法上の主語（主体）のなかに反響させられている。そこにトポロジーからくる想像的なものの反響が、すなわち意味の誤まった効果が生まれるのである。そこでは、主体のいるところで非球面体の上にめまぐるしい運動が起こっているか、そこにおける主体の主体性が反映されている。

意味作用、すなわち切断の固定によって刻まれるものの曖昧さ、それとそこに開いている穴、すなわちその曖昧さから意味が生まれてくる構造のありさまと、その両者の違いにここで注意しなくてはならない

［註Ⅰ］。構造主義が世界を理解するための説明手段になっていることから発した非難のせいで、もういちどわれわれに「文学史」として紹介されている分野が裁判所に出頭を命ぜられて、判断を仰ぐことになった。私のところにくるたくさんの広告では、私は最良の同伴者といっしょに乗船しているので、とても気持ちの良いものだが、それでも満足できそうなものではない。

言うなれば、それは通俗書によって、道路はミシュランのタイヤで運転すると説明されるようなことが、ますます受け入れられる度合いに応じて、いよいよ満足は少なくなるのである。説明されて理解しても、それによって「言うこと」は生じない。ちょうどモリエールの劇に「だから、あなたの娘は口をきかないのだ」とあるように、「だから、あなたの地図は口をきかない」のである。

《評釈》
構造は、ふつうに広く使われるときは、そこに集合と写像の観念が介在している数学上の定義と同じではない。ここでは、クロス・キャップ

のなかで交差線の終わる点が話題になっているのだが、ラカンは、それをランガージュのあり方を換喩的に表現したものとして利用しているので、とくに数学上の定義にしたがっているわけではない。いずれにしても、構造には、一般に全体と部分の観念が共通している。部分は全体を構成する各要素であり、要素間の関係が変化することによって全体が変化するとき、そこに構造という観念が成立する。

　要素間の関係が変わり、構造は変化しても構造そのものは存続する。そこに、構造を静止的なものと見るか、動的なものと見るかの違いが生じるようであるが、ラカンは構造における要素間の関係の変化に目を向けている。

　ランガージュにおいてシニフィアンの連鎖を遡るのを、ディスクールについてみると、それはあるディスクールのタイプから別のディスクールのタイプへと移動することである。例えば、分析者のディスクールであれば、見かけの場所にあった欲望の原因 (a) のところへ、それが向かった主体（S）を時計の針と反対方向に逆行させて、ヒステリー者のディスクールへとタイプを移動させることである。クロス・キャップのなかでそのような移動があれば、クロス・キャップの曲面には切断が生じ、それまで閉じていた曲面は開かれた曲面になる。構造は、それによって与えられるのである。ところが、クロス・キャップは、外見上、球体的な閉じた曲面である。しかし、それはトポロジーが数学上の定義によって作った想像的な形体であり、じっさいには存在しない。構造は、その想像上の球体のなかで開いていて、それを非球体にしてしまうような点によって支えられている。

　このように、メビウスの帯の周回によって曲面を球体から非球体へ、また非球体から球体へと移動させる切断が、クロス・キャップのなかに定義上は無限の遠くにある点にまで続く。構造は、切断のところにできる穴であり、それは球面を非球面にする開かれた穴としての点の動きによってできる。ところが、トポロジーは、一方では非球体的曲面を球体的曲面に閉じる動きを含んでいる。それはクロス・キャップのなかの点

を動かさずに、固定しようとすることで、ディスクールでは、意味作用を不変のまま、安定的に保持しようとすることである。したがって、それは、当然ながら説明的になる。ラカンが、世に広まった構造主義に不満なのは、それがちょうど彼の言う構造とは反対の役目をしようとするからである。通俗書は、構造主義によって何かが分かったような気にさせる。つまり、想像的に分かったように思い込ませる。彼の構造は、そうではなく、説明の理解から得られるような知に欠落したところが、いつも生みだされているような仕組みのことである。

というのも、ランガージュにおける意味作用は、根本的な曖昧さを拭えないからである。それは、欲望と要求のすれ違いにも通じる。ランガージュには、「言うこと」が「言われたもの」として聞きとどけられたとき、その意味作用を保証してくれるものは何もない。たとえ、そこに欲望の意味を聞きとっても、ランガージュは、それと欲望の対象をつなぐことはできない。つなぐのは、ひとえに想像的なものの働きである。そこから、言葉の多義性が生じてくる。トポロジーは、開いたままの曲面を点の固定によって閉じようとして、それが補助の円板に投影される。しかし、その場所は説明された正しい意見と同じように、想像界によらなくては意味の効果を生むことはできない。トポロジーの地図は、あくまでも想像的なのである。そこで、ちょうどモリエールの「女房学校」に登場する生娘が、大人からいくら道徳を説かれても、そこからは一義的な意味作用は生まれないので、黙っているよりなかったのと同じように、ミシュランのタイヤで走る道路の地図は、何も言わないのである。

Ainsi la coupure, la coupure instaurée de la topologie (à l'y faire, de droit, fermée, qu'on le note une bonne fois, dans mon usage au moins), c'est le dit du langage, mais à ne plus le dire en oublier.

Bien sûr y a-t-il les dits qui font l'objet de la logique prédicative et dont la supposition universalisante ressortit seulement à la sphère, je dis : la, je dis : sphère, soit : que justement la structure n'y trouve qu'un supplément qui est celui de la fiction du vrai.

On pourrait dire que la sphère, c'est ce qui se passe de topologie. La coupure certes y découpe (à se fermer) le concept sur quoi repose la foire du langage, le principe de l'échange, de la valeur, de la concession universelle. (Disons qu'elle n'est que " matière" pour la dialectique, affaire de dicours du maître.) Il est très difficile de soutenir cette dit-mension pure, de ce qu'étant partout, pure elle ne l'est jamais, mais l'important est qu'elle n'est pas la structure. Elle est la fiction de surface dont la structure s'habille.

Que le sens y soit étranger, que " l'homme est bon ", et aussi bien Je dit contraire, ça ne veuille dire strictement rien qui ait un sens, on peut à juste titre s'étonner que personne n'ait de cette remarque (dont une fois de plus l'évidence renvoie à l'être comme évidement) fait référence structurale. Nous risquerons-nous au dire que la coupure en fin de compte n'ex-siste pas de la sphère ? — Pour la raison que rien ne l'oblige à se fermer, puisqu'à rester ouverte elle y produit le même effet, qualifiable du trou, mais de ce qu'ici ce terme ne puisse être pris que dans l'acception imaginaireire de rupture de surface : évident certes, mais de réduire ce qu'il peut cerner au vide d'un quelconque possible dont la substance n'est que corrélat (compossible oui ou non : issue du prédicat dans le propositionnel avec tous les faux pas dont on s'amuse).

Sans l'homosexualité grecque, puis arabe, et le relais de l'eucharistie, tout cela eût nécessité ùn Autre recours bien avant. Mais on comprend qu'aux grandes époques que nous venons d'évoquer, la religion seule en fin de compte, de constituer l'opinion vraie, l'$\mathit{\grave{o}\rho\theta\grave{\eta}}$ $\mathit{\delta\acute{o}\xi\alpha}$, pût à ce mathème donner le fonds dont il se trouvait de fait investi. Il en restera toujours quelque chose même si l'on croit contraire, et c'est pourquoi rien ne prévaudra contre l'Église jusqu'à la fin des temps. Puisque les études bibliques n'en ont encore sauvé personne.

Seuls ceux pour qui ce bouchon n'a aucun intérêt, les théologiens par exemple, travailleront dans la structure ... si le cœur leur en dit, mais gare à la nausée.

《大意》
　それゆえ、トポロジーによって生まれる切断は、少なくとも私の用法では、そこでまさしく曲面を閉じたものにするのに注意していただきたい。それはランガージュにおける「言われたもの」である。だからといって、トポロジーでは、「言うこと」が忘れられるわけではない。
　もちろん、述語的論理の対象にされるような「言われたもの」はある。それが普遍的なものを想定するのは、もっぱら球面体そのものに由来するので、構造は、そこにおいて補足となる何かだけを、すなわち、より真実らしいもののフィクションを付け足すのである。
　球面体とは、トポロジーなしにすませられるものだと言えよう。切断は、たしかに概念を切り取って、そこで閉じる。概念は、ランガージュの市場や、交換、価値、共通する譲渡の原則などがそれによって維持されているが、その場で取引されるのは弁証法のための「物質」でしかなく、それは主人のディスクールに関することである。この「言われたものの次元」(dit-mension) を、そこで純粋に保つのは非常に難しい。たしかに、それはどこにでもあるが、けっして純粋ではない。だが、肝心なのは、それが構造ではないことである。それは、構造が身を包んでい

る表面のフィクションである。

　意味は、そこで奇妙にふるまう。例えば、「人間は善良である」は、同時に「人間は邪悪である」という反対の「言われたもの」でもあり、厳密には、一つの意味しかもたないものはないと言えるのではないか。だれもそのことに目を向けないとすれば、まさに驚くべきことであり、そこで球面体の明晰（évidence）は、非球面体のえぐられた部分（évidement）に戻される。そして、そのようなことが構造への参照を促すのである。われわれは、あえて球面体には切断がないと言うべきだろうか。なぜなら、何も球面体を強いて閉じさせようとはしないし、たとえ開いたままであっても、穴と呼べるようなもので同じ効果を生むからである。そして、この穴という用語は、たんに表面が破れたことの想像的な語義としてしか受けとられかねないからである。たしかに、その用語は明晰な語義をもっている。しかし、何か可能なものの空虚が探れるという点については、簡単に済ませている。すなわち、その可能なものの実質は、ただ述語に関係しているだけで、命題が正であれ誤であれ、気楽に楽しんでいる誤りのステップは、すべて閉じた論理における誤りとして、命題における述語に解決を委ねているのである。

　すべて以上のようなことは、ギリシアとアラブの同性愛や、その後の聖体拝受の秘蹟がなかったならば、ずっと以前に大他者への訴えを必要としていただろう。しかし、われわれは、これまでにふれた大時代には、結局、宗教だけが正しい意見、オルト・ドクサ（$\mathit{\mathrm{\dot{o}}}\rho\theta\dot{\eta}\ \delta\dot{o}\xi a$）を作りだし、じっさいマテームに投資されるような資金を供給することができたのを知っている。たとえ、ひとが正しい意見の反対を信じているとしても、そこにはいつもそれについての何かが残るだろうし、それゆえに、ひとの時代が終わるまで、＜教会＞に打ち勝つものはないと思われるのである。だから、聖書の研究なるものは、これまでに一人のひとも救ったことはないのである。

　ただ、こうした閉塞の栓に無関心なひとたち、例えば神学者などは、構造のなかで仕事をするかもしれない。だが、彼らがそう望むにしても、

吐き気に襲われないよう注意して欲しいものである。

《評釈》
　メビウスの帯は、表裏のない、一つの縁をもった、開かれた曲面であるが、それを中心線に沿って切っていくと、曲面はつながったままで、ふつうの帯のように表裏のある、二つの縁をもった曲面になる。これは表裏の両面が、どこまでもそれぞれの面として閉じている曲面である。
　ところで、球面体には、はじめから外の面と内の面があって、その曲面は全体として閉じているが、非球面体には外と内がなく、面は一つで、その曲面は開かれている。本文では、メビウスの帯の非球体的曲面がいちどの切断によって球体的曲面に変わるのを、「言うこと」と「言われたもの」に関連させている。それは一応、開かれた曲面が、切断によって閉じた曲面に変わることだと見なしてよい。そして、その変化がクロス・キャップのなかで起こる。
　ひとの「言うこと」は、「言われたもの」となって、ランガージュの世界で閉じる。このことは、ラカンが早くから述べているパロールとランガージュの関係に照らしてみると、より簡明になる。すなわち、ランガージュは、語るひとを存在に変えようとするが、パロールでは、ひとはそこから逃れて主体であろうとする。だから、精神分析は、ランガージュからパロールを解放しようとするのである、と。ひとを存在に変えるとは、むろん、クロス・キャップを球面体として閉じることで、そのとき、点は固定されて、補助となる円板が用意され、点はそこに投影されるのである。しかし、トポロジーでは、点はそこにずっと止まることはなく、次の切断によって、球面体はふたたび開かれる。すなわち、「言われたもの」は、ふたたび「言うこと」に向けられる。
　ランガージュは、たんに表裏のある球体的曲面に喩えられるなら、とくにトポロジーによって換喩的に表現される必要はない。それには、「AはBである」という述語的論理によって表現される「言われたもの」があれば十分である。たしかに、そのようなものはある。しかし、その

とき取扱われるのは、論理学における「量」であり、一般的には「物質」であって、それも現実的なものとして純粋に取り扱うのはきわめて難しい。というのも、それはあくまでフィクションとしてあるだけで、述語的判断の土台には構造はなく、むしろ、構造は、それによって包み隠されてしまう。構造がないとは、球体的曲面が、両面をもったままどこまでも続いている状態で、そこでは非球体的曲面のトポロジーは必要がない。

　曲面がねじれて、それが切断されることから、はじめて、ある総体における構造が生まれる。

　もちろん、ふつうの帯のある部分を切って、それを取り出すことはできる。するとその部分は他と切り離されて、閉じている。それは、ランガージュの市場で互いに取引される「概念」であるが、たんに論理学の命題としてもよいだろう。例えば、「人間は善良である」は、「言われたもの」としての命題である。この命題は、たしかに帯のある部分を切って取りだした閉じた概念で、明晰であるとも言えるが、意味はつかみにくく、一面的である。というのも、その命題は、明晰なものとして帯の表面をどこまでもたどることができると思われるからである。それが球体的曲面の特徴で、どこにもそれを切断して非球体的曲面に向かわせる強制力はないからである。かりに、帯の裏面には「人間は邪悪である」という、やはり「言われたもの」の別の命題があって、両者がお互いに関係するようにしようとするなら、どちらかの表面から「穴」と呼べるようなものを開けるよりない。それによって二つの命題は、はじめて正と誤のような関係をもつことができる。しかし、それはトポロジーにおける切断に照らせば、一つの意味をもっているにすぎない。命題の正と誤は、いわば同じ球体的曲面に穿った穴から、述語を表と裏にあれこれと変えて、想像界の関与による意味作用の真実らしさを競うゲームにすぎない。

　表と裏のある球面体的曲面の「明晰 (évidence)」は、その命題における主語によって「普遍 (universel)」を表わす。いまの二つの文で、「人

間」という主語は、「すべての人間」を目指している。しかし、それは様相的にとるならば、どちらも「可能」であるにすぎない。つまり、それらの普遍は、可能的なものの想定に頼っていて、それを覆す不可能を無視しようとする。すなわち、非球面体的なトポロジーには目を向けることができないのである。その論理は、性別化における男性の側の二つの定式、ものの言い方である。だから、いまのゲームは、男性の側には大きな意味をもっているのだ。ギリシアとアラブの同性愛、万人を救うというキリスト教の聖体拝受、これらはすべて球面体的な論理によっていて、もしそれらがなかったら、ひとは別の「大他者」に、すなわち非球面体的な論理に訴えていただろう。

しかし、これまでのところ普遍を標榜する「正しい意見」は、宗教と、それを維持する社会的組織である「教会」が占有し、それを教義として、そのかぎりで球面体的な論理を探究してきたが、その研究はあくまでも一面的な説明にすぎないのである。だが、それに反対を唱え、裏側の論理に訴えても、やはり両側をそなえた曲面では表側の論理が生き残るだろう。ここで言う「神学者」とは、神を信仰の対象として、それを存在にまで高めようとするのではなく、その両面的な閉じた論理そのものを突き抜け、不可能のトポロジーを探ろうとするひとである。そういうひとが、オルト・ドクサの閉塞を打ち破ろうとするかもしれない。

Ce que la topologie enseigne, c'est le lien nécessaire qui s'établit de Ia coupure au nombre de tours qu'elle comporte pour qu'en soit obtenue une modification de la structure ou de l'asphère (l, apostrophe), seul accès concevable au réel, et concevable de l'impossible en ce qu'elle le démontre.

Ainsi du tour unique qui dans l'asphère fait lambeau sphériquement stable à y introduire l'effet du supplément qu'elle prend du point hors ligne, $\mathrm{\mathit{\dot{o}} \rho \theta \dot{\eta} \; \delta \delta \xi a}$. Le boucler double, ce tour, obtient tout autre chose : chute de la cause du désir d'où se produit la bande moebienne du sujet, cette chute le démontrant n'être qu' ex-sistence à la coupure à double boucle dont il résulte.

Cette existence est dire et elle le prouve de ce que le sujet reste à la merci de son dit s'il se répète, soit : comme la bande moebienne d'y trouver son *fading* (évanouissement).

Point-nœud (cas de le dire,) c'est le tour dont se fait le trou, mais seulement en ce " sens " que du tour, ce trou s'imagine, ou s'y machine, comme on voudra.

L'imagination du trou a des conséquences certes : est-il besoin d'évoquer sa fonction " pulsionnelle " ou, pour mieux dire, ce qui en dérive (*Trieb*)? C'est la conquête de l'analyse que d'en avoir fait mathème, quand la mystique auparavant ne témoignait de son épreuve qu'à en faire l'indicible. Mais d'en rester à ce trou-là, c'est la fascination qui se reproduit, dont le discours universel maintient son privilège, bien plus elle lui rend corps, du discours analytique.

《大意》
　トポロジーが教えているのは、そこに含まれる切断の周回数によって決まる必然的な因果関係である。それによって構造の変化と、球面体から非球面体への、すなわち下方につけた省略記号（l, apostrophe）、つまり補助的な円板の省略記号への変化が生まれるのであり、これが現実界への唯一の入り口であると同時に、トポロジーが明らかにしている不可能への入り口である。
　そこで、非球体面を一度の周回で切断すれば、それは球体的な断片を生じるが、そのとき非球体面が線外の点、オルト・ドクサ（ὀρθὴ δόξα）から手にする補助的な効果が生まれ、それによって断片は球面的な意味で安定するのである。これに対して、二度の周回による二回の切断は、

まったく別の効果を生む。二回の切断は、欲望の原因（対象a）を落下させ、そこからメビウスの帯としての主体が生まれる。この落下は、主体がそのふためぐりの切断に対してそとに存在するものでしかないこと（ex-sistence）を明らかにしており、主体とはその結果なのである。

存在することは、ここでは「言うこと」であって、それは「言うこと」が「言われたもの」をくり返し、主体がその「言われたもの」をまたくり返しさえすれば、そのつど主体は「言われたもの」にそのまま身を委ねていることから明らかになる。すなわち、主体の消失（fading、évanouissement）は、メビウスの帯として見いだされる。

「言うこと」の好機は、一度と二度の周回のつなぎ目であり、その周回によって穴が生まれる。ただし、その周回は、たんに穴がそれによって想像され、ときには仕組まれもするという意味での周回である。

穴についての想像力は、たしかにさまざまな結果を生む。ここで穴の「欲動的"pulsionnelle"」な役目を、もっと適切に言えば、そこからやってくるもの（Trieb）を思い起こす必要があるだろうか。神秘主義者は、以前、それは言葉につくせないものとしてしか自分の試練を示すことをしなかったが、精神分析は、ディスクールのマテームを作ってそれを克服したのである。しかし、その穴には、いまだそこから再生産される魅惑がある。それは、とくに大学人のディスクールのもつ特権的な属性であり、その魅惑については、分析者のディスクールが明らかにしている。

《評釈》

メビウスの帯を中心線に沿って切断し、一周すると、帯は非球体的曲面から表裏のある球体的曲面に変わる。次に、その曲面をさらに切断して、二周すると、今度は球体的曲面がふたたび非球体的曲面になる。このように切断の周回数（1回・奇数か、2回・偶数）が構造の変化を決定する。これが帯のトポロジーの教えてくれることの基本である。

一回の切断によって、非球体的曲面は球体的曲面に変わり、メビウスの帯は消滅する。クロス・キャップのなかで、この切断は、交差線を一

回だけ通過するが、そのようすは平面的に内的な 8 として描かれた。このとき、その切断は非球体的曲面を、球体的曲面の断片（ふつうの帯）に変えるが、その断片とは対象 a（欲望の原因）であり、または社会的に承認されたオルト・ドクサであって、つまりはクロス・キャップの全体に球面的な外形を与えるための補助的な円板である。ところが、二回目の切断からは、それとはまったく異なった結果が生まれる。メビウスの帯は、この切断によって全体が三等分されるが、そのさいに、対象 a は落下する。その意味は、二回の切断によって、表裏のある球面的な 2 回ねじりの帯と、新たなメビウスの帯とが分離したことである（188 頁、図 1、2、および 265 頁、図 1、2、3 を参照）。そして、主体は、この二回の切断の結果として定義される。

　一回目の切断は、もとのメビウスの帯をたんに球体的曲面に変えて、非球体的曲面を消失させただけである。同じメビウスの帯であっても、二回目の切断の結果として生まれた帯が主体となる。それを言いかえると、対象 a の落下の結果として、次の補助的な円板に向かうことであり、さらに言いかえるなら、ディスクールを移動させることである。主体は、それによってそとに存在すること (ex-sistence) になるのである。

　ディスクールの移動は、「言うこと」からはじまる。そのチャンスは、ディスクールにおいて、各要素が「不可能」に直面したとき、そこで生まれる次のディスクールへのつなぎ目 (point-noeud) を通過することである。「言うこと」は、しばしば「言われたもの」をくり返す。言うなれば、メビウスの帯は切断されずに、「言うこと」によって帯の表面をたんに周回しているだけのことであるが、そうしているあいだ、主体の消失 (fading) はずっと続く。穴 (trou) は、そのような周回を続けているうちに生まれるのだが、そこがつなぎ目になるのである。

　対象 a は、この穴から生まれるさまざまな想像の結果を集めている。穴は、そもそも欲動 (pulsion) の運命と密接である。フロイトの欲動は、ドイツ語の Trieb で、その動詞形 treiben は、何かを「せき立てる」「駆り立てる」の意味であるが、同時に「漂う」「流れる」という自動詞

的な意味がある。穴は、口唇、肛門、性器などの身体の穴から対象 a が往来するリビドーの出入り口である。対象 a には、これという形がなく、目標としても一定しない。雲の形や水の流れのように、漂っているという表象が似合っている。それは、昔から言葉にできないものと思われてきたが、精神分析は、ディスクールのマテームによって、その姿をつきとめることができた。それによると、大学人のディスクールは、既得の知（S_1）から始めて、それを存在にまで仕立てあげようとする。そのディスクールは、いわば対象 a の幻想から生まれる魅惑の実現を目標にしているが、分析者のディスクールは、それを見かけの場所に据えて、ランガージュによって裂かれた主体に向かおうとする。両者のディスクールは、「不可能」との直面と、その対応しだいで、お互いにそのタイプを移動させることができるのである。

Avec l'image rien jamais n'y fera. Le semblable *s'oupirera* même de ce qui s'y emblave.

Le trou ne se motive pas du clin d'œil, ni de la syncope mnésique, ni du cri. Qu'on l'approche de s'apercevoir que le mot s'emprunte du *motus*, n'est pas de mise là d'où la topologie s'instaure.

Un tore n'a de trou, central ou circulaire, que pour qui le regarde en objet, non pour qui en est le sujet, soit d'une coùpure qui n'implique nul trou, mais qui l'oblige à un nombre précis de tours de dire pour que ce tore se fasse (se fasse s'il le demande, car après tout un tore vaut mieux qu'un travers), se fasse, comme nous nous sommes prudemment contenté de l'imager, bande de Moebius, ou contrebande si le mot vous plaît mieux.

Un tore, comme je l'ai démontré il y a dix ans à des gens en mal de m'envaser de leur contrebande à eux, c'est la structure de la névrose en tant que le désir peut, de la ré-pétition indéfiniment énumérable de la demande, se boucler en deux tours. C'est à cette condition du moins que s'en décide la contrebande du sujet, — dans ce dire qui s'appelle l'interprétation.

Je voudrais seulement faire un sort à la sorte d'incitation que peut imposer notre topologie structurale.

J'ai dit la demande numérable dans ses tours. Il est clair que si le trou n'est pas à imaginer, le tour n'ex-siste que du nombre dont il s'inscrit dans la coupure dont seule la fermeture compte.

J'insiste : le tour en soi n'est pas comptable ; répétitif, il ne ferme rien, il n'est ni dit ni à dire, c'est-à-dire nulle proposition. D'où ce serait trop dire qu'il ne relève pas d'une logique, qui reste à faire à partir de la modale.

《大意》
イメージからは、対象 a について何も与えられるものはないだろう。そのように見えるもの（semblable）は、種をまかれて増える（s'y emblave）もののために、ますます悪くなる（s'oupirera）ばかりであろう。

穴は、眼差しからも、記憶の消失からも、叫び声からも生まれない。言葉（mot）がラテン語の motus（運動、変化、刺激）からきたことを思えば、穴にトポロジーの端緒を求めることはできない。

トーラスには、それを対象と見なし、主体として見なさないひとにとってのみ、中心軸に沿った周回においても、環面上の周回においても、穴があるのである。つまり、それはいかなる穴もない切断で、たんに「言うこと」の正確な回数だけを求める切断から生まれるのであり、それによって、この穴はトーラスからの要請があれば、それ自体がメビウスの帯になるのである。それというのも、トーラスの曲面上を周回するのは、横断するよりはまだましであり、われわれはそう思って、用心深く満足するより仕方がないが、もっと適当な言葉を使うなら、その穴か

らできるのはメビウスの帯の蜜輸入品（contrebande）だと言えよう。

　トーラスは、私が10年前に、私を彼ら自身の蜜輸入品でいっぱいにしようとしたひとたちに向かって、それは神経症の構造であるのを明らかにした。神経症は、欲望が要求の数えることもできない、漠然とした反復のために、二度の周回として閉じている。しかし、密輸入品は、ともかくもそのような条件のなかで、解釈と呼ばれる「言うこと」によって作りあげられるのである。

　私は、ただ、われわれのトポロジーが何をどう教えてくれるかをはっきり伝えたいのである。

　私は、要求の周回は数えられるものだと言った。穴が、もしイメージを与えてくれるものでないなら、周回は、切断が刻む数だけによってそとに存在する（ex-siste）のであり、切断は、ただ何度閉じたのかを数えるのである。

　私は、周回がとくにそれ自体では数えることができないのを強調しているのであり、それはただ反復しているだけで、「言われたもの」ではなく、言うべきものでもない。つまり、何の申し出もしていないのである。けれども、それが様相に発して、そこから問題にされるべき論理に服していないと言えば、それは言いすぎであろう。

《評釈》

　トーラスは、タイヤのチューブのようなものを思い浮かべればよいが、国語辞典では、こう説明している、「平面上に円Cと、Cと交わらない直線Lがあって、Lを軸として円Cを回転したとき、作られる図形の表面」。すなわち、その表面は、なかの空間を包んでいて、それをそとの空間から切り離しているが、中心はやはり表面のそとにあって、そこは中空の状態になっている。この曲面を切断するには、二つの方法がある。一つは、中心の軸の周りを辿るのと、もう一つは、円柱を経線上にたどって切る方法である。ラカンは、前の切断が辿る行程を「欲望」とし、後の行程を「要求」とした。曲面のそとにある中心は、中空のなかに

あって、そこはまさに穴であり、もう一つのトーラスが「大他者」としてからみ合う空間とされている。

　ラカンは、トーラスのトポロジーについて、すでに本論から20年前に、いわゆる「ローマ講演」（1953年）のなかでふれているが、ここでは10年前の『同一化』（1962〜63年）と題したセミネールに言及している。二つのトーラスのからみ合いは、そのさい「神経症の構造」として詳しく説明されたが、今回はその内容についてはふれず、クロス・キャップ内の周回によってできる穴と、トーラスの二つの行程の関係について述べている。ディスクールの全体を眺めるなかで、そのトーラスとメビウスの帯の関係は、どのように考えられているだろうか。

　メビウスの帯は、表裏のない、うちとそとに開かれた、半回ねじれの曲面であったが、それを中心線に沿って、いちど切断すると、表裏のある、閉じた、2回ねじれの曲面になる。それはメビウスの帯に独自の特徴だったが、その曲面をさらにもういちど、2度目の切断をすると、今度はふたたびメビウスの帯と同じ開かれた曲面に戻り、さらに、その切断は帯を3等分して、表裏のない半ねじれのメビウスの帯と、2回ねじれの表裏のあるふつうの帯とに分離し、お互いに1回からみ合った状態にする。これらの特徴を、トーラスの曲面をとおして考えようとしている。

　どちらの曲面についても、そこをたんに周回するだけでは、欲望の対象についてのいかなるイメージも与えられない。ひとが想像界についてもつ考えから、たやすくそう思われそうだが、それはたんに見せかけを増やすだけで、ひとをますます袋小路に追い込んでいく。*soupirera* は、未来形の語尾をとっているが、本論執筆の直前まで行なっていたセミネールの表題 "… ou pire"（1971-72年））からの、mauvais（悪い、有害な）の比較級 pire と、soupirer（ため息をつく）を合わせた造語で、その意味は「もっと悪い状態に陥っていく」となろう。周回によってできる穴は、眼差しや叫びのような動作からは生まれない。トポロジーは、連続や極限の概念を含む運動に関係した言葉による表現であり、それは

想像界に直結したイメージにかかわるものではない。ラカンは、ここでフランス語の mot（言葉）が、ラテン語の motus からきているとして、トポロジーにおける運動や変化を強調している。ちなみに、motus は、そのままラテン語の綴りを残して、フランス語で「黙れ」「口を閉じろ」を意味する口語になった。

そうしてみると、周回の正確な数だけが、トーラスにおける要求と欲望の関係を示し、穴の性質についても教えてくれることになる。そして、その数が、メビウスの帯の曲面に変化をもたらした切断の数に対応するのである。トーラスは、それ自体では表裏のある球体的曲面をもっているが、それを非球体的曲面に変えるには、表の要求の曲面を一周し、同時に中心軸に沿った裏の欲望の曲面を一周しなくてはならない。これは、メビウスの帯では2周による3等分の切断に当たる。トーラスでは、こうしてはじめてメビウスの帯ができるのであって、それは曲面が半ねじれの曲面と、2回ねじれの曲面とに分離することである。ここでは、そこからできるメビウスの帯が密輸入品と呼ばれている。穴とは、そういう密輸入品が生まれる曲面の行程のなかのある場所である。その場所を縫合して、メビウスの帯を作るのである。

さて、トーラスの切断には、要求と欲望の二つの行程があったが、ラカンは、『同一化』のセミネールで、神経症を説明するのに、トーラスの中空にもう一つのトーラスをからませて、一方を要求、他方を欲望とした。「主体の欲望は、大他者の欲望である」から、他方は大他者を表わすトーラスとしてもよい。本文では詳説されていないが、要求のトーラスは、表面を経線上にたどって周行し、欲望のそれは中心軸の周囲をたどっている。本文の「神経症の構造」における神経症とは、神経症者が、それぞれに独自の周回をくり返して止むことのない二つの行程を合流させようとして、そこに生まれる幻想のために袋小路に入る仕組みである。幻想は、対象 a から発する。そして、対象 a は大他者のトーラスのうちにある。そこで、神経症者は、自分の要求と大他者の欲望、じつは自己の欲望とを一つにしようとして苦しむ者である。そこで曲がりな

要求

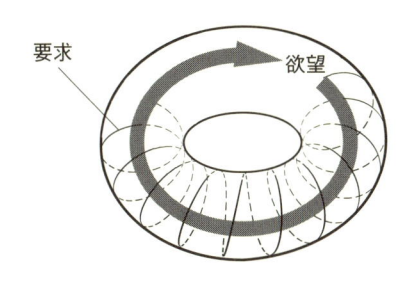

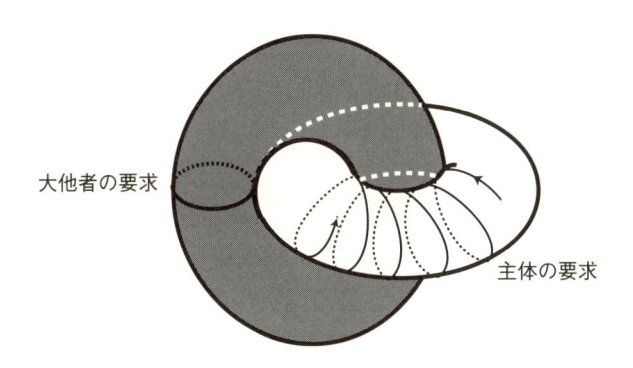

欲望

大他者の要求

主体の要求

りにも、二つの周回によってできる穴を埋めようとして、表と裏のない曲面を作るのである。

　しかし、ラカンは、そうしてできたメビウスの帯を、ここでは密輸入品と呼び、それを当時のフランスにおいて支配的だった精神分析理論になぞらえている。それは、もともとシカゴに本部をもつ国際精神分析協会が、フロイトの理論を不正に輸入して、それがフランスに再輸入されたということだが、どうして不正かと言えば、そのメビウスの帯は、ふたたび曲面が切断されることなく、「言われたもの」が知として見かけの場所に据えられ、それによって大学人のディスクールが、権威あるオルトードクサとして固定されようとしているからである。しかし、その行程が不可能であるのは、トーラスにおける二つの周回の、お互いに一方に還元できない行程が示している。そこで、密輸入品としての帯は、

じつは「言われたもの」でもなく、それは分析者に向かって、ただ対象 a に対するものの言い方を様相的に告げているのである。

Mais si comme l'assure notre figuration première de la coupure dont du tore se fait la bande de Moebius, une demande y suffit, mais qui peut se ré-péter d'être énumérable, autant dire qu'elle ne s'apparie au double tour dont se fonde la bande qu'à se poser du transfini (cantorien).

Reste que la bande ne saurait se constituer qu'à ce que les tours de la demande soient de nombre impair.

Le transfini en restant exigible, de ce que rien, nous l'avons dit, ne s'y compte qu'à ce que la coupure s'en ferme, le dit transfini, tel Dieu lui-même dont on sait qu'il s'en félicite, y est sommé d'être impair.

Voilà qui ajoute une dit-mension à la topologie de notre pratique du dire.

Ne doit-elle pas rentrer dans le concept de la répétition en tant qu'elle n'est pas laissée à elle-même, mais que cette pratique la conditionne, comme nous l'avons aussi fait observer de l'inconscient ?

Il est saisissant, — encore que déjà vu pour ce que je dis, qu'on s'en souvienne. —, que l'ordre (entendons : l'ordinal) dont j'ai effectivement frayé la voie dans ma définition de la répétition et à partir de la pratique, est passé tout à fait dans sa nécessité inaperçu de mon audience.

J'en marque ici le repère pour une reprise à venir.

《大意》

われわれは、トーラスからメビウスの帯が作られる切断の最初の状態についてすでに述べたが、要求は、それによって十分に示されている。ただし、要求の反復は数えられることもありうるし、また、それはカントールの超限数の概念に基づいて、欲望の2度の周回に対応しているとも言える。

さらに、メビウスの帯は、要求の周回が奇数であることによって、はじめて作られると言わねばならない。

われわれが言ったように、何かが数えられるのは、切断がそれによって自己を閉ざすときであり、それゆえに超限数が要請されるのである。いわゆる超限数とは、「神」のようなもので、それで神自身が満足しているのはご存知のとおりであり、その合計は奇数で閉じられるのである。

それゆえ、われわれは、「言われたものの次元(dit-mension)」を「言うこと」の実践経験につけ加えるのである。

トポロジーは、反復がそのまま放置されるべきではない以上、反復の概念にはまり込むべきではなく、すでに分析者のディスクールにおける無意識によって明らかにされているように、反復は、精神分析の実践によって、その筋道が与えられているのである。

私が、実践からから得た反復の定義によって道を開いた序数の順序は、私が言うことに照らして思い起こして欲しいのだが、聴衆に気づかれないその必然性によって、すっかりそのままになってしまった。

私は、ここで来るべき回復のための道しるべを示そう。

《評釈》

トーラスは、表裏のある球体的な曲面であるが、それを横断的に周回するのが「要求」の行程であり、縦断的に周回するのが「欲望」の行程である。いま、それら二つの行程をメビウスの帯が生まれる過程に照らしてみると、二つの行程がたどる円のうち、要求が曲面を一周する円は、欲望が二周する行程に対応するとされ、メビウスの帯は、その要求が二

周することによって、はじめて作られるとされている。そこで、メビウスの帯と主体の要求の関係についてふれてみよう。

　表裏のある帯を半ねじり（180度）して作った、ふつうのメビウスの帯は、主体にたとえてみると、まだランガージュの世界にいない、口をきかない（infans）、いわば裸の主体（S）である。そのメビウスの帯を中心線に沿って一度切断したのが、ランガージュによって分断された主体、いわばこの世のひとになった主体（$)である。しかし、ここまでの主体は、まだ主体そのものとは言えない。メビウスの帯を非球体的な曲面から球体的な曲面に変えた切断は、たんにそとに対して閉じたままの主体を生んだにすぎない。そこで、すでに述べられたように、主体は帯の二度の切断によって、はじめて生まれるのである。この主体は、メビウスの帯として開かれていながら、表裏のある閉じた曲面から分離され、同時にそれとつながっている。それがランガージュの世界において、主体がそれとして生まれたことである。また、ひとが言葉を使って何かを要求し、この世に住みついたことでもある。

　メビウスの帯が要求によって作られるとき、その要求の周回数は、「奇数」であるとされている。つまり、要求が生まれるためには、たんにメビウスの帯を一度切っただけではなく、それをもう一度切らなくてはならない。しかも、それをさらにもう一度切ると、今度はふたたび、全体が球体的な閉じた曲面に戻る。それゆえ、要求が、それとしてあるためには、そのトーラス面上の周回は、つねに奇数でなくてはならないのである。

　要求の周回数が、つねに奇数であり、それを数えることもできるのは、カントールの超限数の概念に基づくとされる。カントール（1845-1918）は、ドイツの数学者で、一般には集合論を創始し、「無限を数えた」天才として知られている。現代の数学において、数えるとは、二つの集合の要素を一対一に対応させることである。そして、その操作によって作られた対応関係は、「写像」と呼ばれている。要求も欲望も、それらがくり返される数は理論的には無限であり、その意味で、どちらも無限集

合である。それらは要求が一周するあいだに欲望は二周するから、要求の無限集合は、全体として欲望のそれより小さいかというと、ただちにそうは言えない。両者は、ともに無限集合のなかで、1、2という自然数によって数えられている。カントールは、無限を数えるために、個々の無限集合に含まれる要素の数を「濃度」と呼び、それに「アレフ、ℵ」（ヘブライ語のアルファベットの第一文字）という記号をつけて、自然数全体の集合をℵ0（アレフ・ゼロ）と呼んだ。

　そうしてみると、要求も欲望も、ともに自然数によって無限にくり返されるのだから、最終的にどちらが大きいとは言えない。両者は、つねに一方が他方の2倍であるが、無限から見れば等しいとも言える。ただし、要求も欲望も、自然数という無限集合のなかにありながら、それぞれがまた無限に数のある要素をもった無限集合をなしている。そのように、無限集合のなかにある、さらなる無限集合の濃度を、あるいは、そこにおける無限を超えた数が、超無限数（nombre transfini）である。同じように、要求と欲望は、どちらも超無限数として対応しているので、トーラスの周回において、数の大小をもってそれぞれの特性を規定することはできない。だが、両者を区別する目印が、あるいは要求を見分ける決定的な特徴があって、それは要求が、無限の周回数のなかで、つねに奇数の周回数によって生まれることである。

　要求は、少なくとも、だれかに何かを訴えるという表現形式をとっている。そのだれかとは、訴えている願いを聞いている何かである。ラカンは、それを「神」と言い、超無限数にたとえている。彼の理論からは、ここでは当然「大他者」と言うべきだろうが、同時に根本において、大他者の大他者は存在しない。それゆえ、彼の理論に「神」は存在しない。しかし、要求が訴え、それを聞くということについては、超限数と神と大他者には共通するところがある。要求は、無限の自然数のなかの奇数から生まれ、そこで主体とは分離しながら、いったん閉じて、神や大他者が訴えとして、それを聞くのである。それがどのように聞きとどけられるか、それは予測できない。神を本当に信じているなら、そこに救済

があるかもしれないが、分析の実践現場では、それを頼むことはできない。しかし、超限数の概念は、要求が、トーラスの曲面を横断的に奇数回まわることによって、いったん閉じた形となって、それが訴えとして聞きとどけられるのを裏づけてくれる。精神分析では、その訴えの宛て先を神ではなく、大他者と呼ぶのである。

　精神分析の実践は、「言われたもの」の反復のなかから無意識の筋道を明らかにしようとする。「言われたもの」が、同じ要求のくり返しとして閉じたまま、大他者の身体と想像的に癒着しながら、いつまでもその応答を待っているうちに、神経症の症状が形成される。分析者のディスクールは、そのくり返しに待ったをかけようとする。そして、いままで閉じこもっていたディスクールの殻を破って、別のディスクールへの跳躍を促す。要求は、つねに同じ超限数をもつ欲望を土台にして何かを懇願している。そこには、大他者の身体のどこにも見つからず、大他者との断絶そのものを指す対象 a があるのだが、神経症者は、それがどこにもないことを幻想によって隠蔽してしまう。分析者のディスクールは、要求を欲望の周回に対応させながら、そのしつこいくり返しに対処しなくてはならない。来たるべき再開とは、分析者のディスクールにとって、神経症からの回復に他ならない。

　Disons pourtant la fin de l'analyse du tore névrotique.

　L'objet (*a*) à choir du trou de la bande s'en projette après coup dans ce que nous appellerons, d'abus imaginaire le trou central du tore, soit autour de quoi le transfini impair de la demande se résout du double tour de l'interprétation.

　Cela, c'est ce dont le psychanalyste a pris fonction à le situer de son semblant.

　L'analysant ne termine qu'à faire de l'objet (a) le représentant de la représentation de son analyste. C'est donc autant que son deuil dure de l'objet (a) auquel il l'a enfin réduit, que le psychanalyste persiste à causer son désir : plutôt maniaco-dépressivement.

C'est l'état d'exultation que Balint, à le prendre à côté, n'en décrit pas moins bien : plus d'un" succès thérapeutique ", trouve là sa raison, et substantielle éventuellement. Puis le deuil s'achève. Reste le stable de la mise à plat du phallus, soit de la bande, où l'analyse trouve sa fin, celle qui assure son sujet supposé du savoir :

... que, le dialogue d'un sexe à l'autre étant interdit de ce qu'un discours, quel qu'il soit, se fonde d'exclure ce que le langage y apporte d'impossible, à savoir le rapport sexuel, il en résulte pour le dialogue à l'intérieur de chaque (sexe) quelque inconvénient,

... que rien ne saurait se dire " sérieusement " (soit pour former de série limite) qu'à prendre sens de l'ordre comique, — à quoi pas de sublime (voire Dante là encore) qui ne fasse révérence,

... et puis que l'insulte, si elle s'avère par l'ἔπος être du dialogue le premier mot comme le dernier (conféromère), le jugement de même, jusqu'au " dernier ", reste fantasme, et pour le dire, ne touche au réel qu'à perdre toute signification.

De tout cela il saura se faire une conduite. Il y en a plus d'une, même des tas, à convenir aux trois dit-mensions de l'impossible : telles qu'elles se déploient dans le sexe, dans le sens, et dans la signification.

S'il est sensible au beau, à quoi rien ne l'oblige, il le situera de l'entre-deux-morts, et si quelqu'une de ces vérités lui parest bonne à faire entendre, ce n'est qu'au midire du tour simple qu'il se fiera.

《大意》
　神経症のトーラス分析の終結。そう呼べるものについて語ることにしよう。
　メビウスの帯の穴から落ちた対象 a は、われわれが後に想像をたくましくしてトーラスの中央の穴と呼ぶもののなかへ、やがて投影される。その穴に沿って、要求の奇数の超限数は、二度の切断としての解釈によって、すなわち解釈の二周目によって解消する。
　そのようにして、精神分析家は、みずからの見かけによって対象 a を位置づけるという役目をはたしたのである。
　分析主体が、対象 a を分析者の表象代理に仕立てあげるまで、彼の分析は終わらない。それゆえ、精神分析における喪は、ついに分析主体が分析家を対象 a にしてしまうまでは、その対象 a のために終わることがなかったのであり、そのあいだ精神分析家の方が、むしろ自分の欲望を躁鬱症的に語り続けるのである。
　マイケル・バリントが述べている性の喜悦状態とは、そのような状態であり、それをわきにおいても、彼の少なからぬ「治療的成功」例が報告されている。それには訳があり、ときに、それは本質的理由によるのであり、喪は、そのようにして終結するのである。
　ともかく、ファルスの働きを、すなわちメビウスの帯の機能を安定させなくてはならず、精神分析は、そこに喪の終わりを認めるのであり、そのとき、次のような三つの知の場所にいると想定される主体が確かめられるのである。
　…最初は、一方の性の他方との対話が禁止されているということ。これは、どのようなディスクールであろうと、ランガージュがそこに不可能を、すなわち性関係をもち込むのを排除することによるのであるが、その結果、それぞれの性のなかに、何か対話に対する支障が生まれる。
　…次に、何も真面目には（sérieusement）言われないだろう。つまり、

ある境界内の系（série）をなすようには言われないだろう。ダンテの例をふたたび取りあげれば分かるとおり、崇高な畏敬の念を生むものはなく、そこに必ず喜劇的な次元の意味がともなうのである。

…そして、侮辱。これは、たとえ愛の神エロース（ἔπος）の名によるものであろうと、対話の始めも終わりも、断片的な語を集めた攻撃的な侮辱である。そこで、判断も「最終的」判断に至るまで、幻想としてとどまり、言うなれば、あらゆる意味作用を失い、それによって初めて現実界にふれるのである。

以上のことから、ある行動の方向が生まれる。それは一つではなく、たくさんあり、それぞれが性と意味と意味作用のなかで展開される不可能という、三つの「言われたものの次元（dit-mensions）」に適合している。

たとえ分析主体に、それが良いと感じられても、何もそれを強いたりはしないが、彼はそれを二つの死のあいだに位置づけるはずである。また、たとえそれらの真理の一つが、彼の耳に良いものであるかのように聞こえたとしても、それは彼がこれからする周回の途中の「半ば言うこと（midire）」にすぎないのである。

《評釈》

タイヤのチューブのような形をしたトーラスの切断には、中心の穴の周り、あるいは円周の穴の周りを巡る要求の行程と、円周の緯度に対して経度に当たる、トーラスの芯を内側に回る欲望のそれとの二つの行程がある。トーラスのトポロジーは、端的には、主体の要求をとおして、その欲望が大他者の欲望と、どう関係するかを示そうとしている。本文では、それがさらにメビウスの帯からクロス・キャップへ、どうつながるかを説明している。

解釈とは、主体の要求をそのつど特定することだと言ってもよいだろう。それはランガージュにおいて起こることなので、そのさい言葉は、欲望がねらっている対象を隠してしまう。ランガージュが、それぞれの

言葉に関連性を強いるのは避けられないので、言葉による欲望の対象の隠蔽は、その慣習的用法や、通常の決まり切った意味作用のために必ず起こることである。そこで、要求と欲望は、いつもすれ違い、最終的な解釈はもちろん、根本的には正しい解釈もありえない。だから、解釈は、次の解釈のための謎として提出されるのである。しかし、ディスクールのために、解釈はそのつどなくてはならない。すなわち、「言われたこと」は、そこで意味を定められ、意味作用を閉じなくてはならない。分析者のディスクールでは、それはトーラスのモデルで、超限数の要求の奇数の切断によって行なわれ、じっさいには解釈の二周目によってなされる。同時に、それによって欲望の対象は、そのときの要求からは姿を消すのである。

　ところで、解釈の二周目をメビウスの帯に照らしてみると、それは帯を３等分した二度の切断に当たる。一度目の切断からは、前述したとおり、偽のメビウスの帯が生まれるが、それはたんに言葉が閉じただけで、解釈ではない。つまり、それはたんに主語と述語が表と裏になって閉じたまま、帯としてつながっているだけで、解釈は、そこからふたたび開かれたメビウスの帯を生まなくてはならない。そのときの切断で、メビウスの帯は、閉じた帯から分離され、同時にそれとからまっているのである。したがって、解釈は、つねに二周目の解釈であり、一周目の解釈というものはない。二周目の解釈が要求の最初の切断、すなわち文字通りの解釈であり、それがトーラスの曲面上のつねに奇数の切断とされるのである。

　精神分析家は、分析者のディスクールを実践するときに、みずからを分析主体に対してみずからを対象ａの見かけとして、その役目を引き受けなくてはならない。そのとき、分析家は分析主体にとって、彼について彼以上に知っているはずの主体（知を想定された主体）である。分析家は、分析主体が抱くその幻想の主役である対象ａを彼から引き離すために、ディスクールを移動させようとする。

　表象代理は、喪とともにフロイトの用語として広く使われている。フ

ロイトは、心的な現象が生まれる過程を情動と表象の二つに分け、さらにその表象を事物表象と言語表象にわけた。そのうち、言語表象は心のなかに言葉という記号として記載される表象であるが、ラカンは、それを言語学用語のシニフィアンと結びつけた。事物表象は、言語表象になったときにはじめて記号として記載され、意識化される。同時に、言語表象もしばしば事物表象としてとどまり、それらはともにシニフィアンである。そこで、ここの表象代理とはシニフィアンであり、そのシニフィアンが分析家という代理をとおして、対象 a として記載される。分析者のディスクールは、その対象 a を、分析家の見かけがそれを代理している表象から引き離すのを役目としている。そうして分析主体は、分析家への転移を解消しながら、同時に対象 a を閉じた帯へと分離することによって、ふたたび別のディスクールへと開くことができる。喪（deuil）は、フロイトの論文の邦訳名「悲哀とメランコリー」から、悲哀と訳されることも多いが、それは代理表象と分離するさいの、ときとして極端な姿をとる苦しみの過程と考えられる。

　ところで、母子のあいだの愛は、いわゆる無償の愛の見本とされながらも、お互いにもっとも利己的であるという矛盾を含んでいる。ハンガリー出身の、後にイギリスに渡ったマイケル・バリント（1896-1970）は、成人した性のパートナーが、お互いにそういう初期の母子関係を、より成熟し、完成した姿に変えて、調和のある状態を実現することができると考えた（『一次愛と精神分析技法』、『治療論からみた退行』などの邦訳書がある）。喜悦状態は、分析治療のなかで起こる退行によって、たまたま調和的なパートナーシップがいっとき実現したことを指している。ラカンは、彼の技法による治療上の成功をすすんで認めているが、そこには、欠如と喪失についての本質的な洞察が見られるのである。

　精神分析の実践では、メビウスの帯の機能とファルスのそれとを、等しく安定的に維持することが求められると述べているが、ここのファルスは、クロス・キャップ内のファルスの働きを思い起こせば分かりやすい（195頁の図、参照）。ファルスは、そこではクロス・キャップ内で切

断を続行し、やがて対象 a が投影された円板を閉じさせる役目をはたしていた。ファルスは、一般には現実界がそこにはないものとして現われる大他者の欠けたところと、想像界がそこを埋めようとしてもたらす対象 a と、象徴界がその対象に意味を与えるために用意する材料という、それら三者のつながりを、ランガージュの世界で多少とも安定的に持続させる役目をもった、これという形象のない、機能だけをもつシニフィアンである。

そこで、メビウスの帯とファルスの機能は、ディスクールがどのように進んでいるときに、それなりの安定を維持できるのだろうか。ラカンは、その状態の特徴を、性、意味、意味作用の三つの面に照らして述べている。それらは、いずれもディスクールのなかに「言われたもの」の次元として現われ、根本の本質を同じくしている。それは「言われたもの」の次元が、「不可能」に基づいているということである。最初の不可能として、対話への支障（inconvénient）をあげているが、その言葉を分析すれば、in-con-venient となり、一緒になる（venir ensemble）ことができない、すなわち対話では、お互いの言葉を一つにつなげることはできないのである。これが、「性関係は存在しない」ということであり、ひとの性関係を表わす「言われたもの」はないということである。

次に、以上は「言われたもの」の次元において、「真面目に（sérieusement）」語ることができないことに直結している。すなわち、真面目に語るとは、つながり、連続、系（série）に従ってということだが、もともとディスクールでは、見かけから大他者への当初の行程において、各要素がつながることはできないからである。ある言葉が次の言葉に「系」をもって（真面目に）つながらないからには、個々の言葉の意味を系の要素として、しかつめらしく詮索しても始まらないだろう。そこで、崇高な悲劇は、どうしても最後には諧謔的な喜劇の意味をともなうことになる。

最後に、以上のような「言われたもの」の次元における性と意味の不可能から、ディスクールのなかで生まれる意味作用は、言葉がはじめに

そこから出た侮辱に終わる。すなわち、それは系としてのつながりではなく、個々の単語であって、そこに込められた攻撃性を伝えている。対話における最初の命題が「お前は、～だ」とすれば、最後の命題は「だから、お前は、～だ」であり、途中は言葉の断片を拾った寄せ集めである。conféromère は、ラテン語の confero（寄せ集める）とギリシア語の meros（部分、断片）を結合させた語で、ディスクールは一貫して言葉の断片の集積にとどまり、そこから生まれる意味作用は、たとえ判断の形式をとっていても、ただ幻想のみに支えられている。けれども、ひとにとっては、それが現実界にふれる唯一の仕方である。

　死は、だれも必ず受け取る現実界からのメッセージであるが、ひとは二つの仕方でそれに応えている。一つは、じっさいの死であり、もう一つは、身体の死後の象徴的な死である。これは、あるひとの死後に集団が行なう埋葬によってすぐにそれと分かることだが、二つの死のあいだに、集団のなかでは意味作用が生じる。埋葬は、集団の慣習と儀礼によって行なわれるが、それによって生前の死者の記憶が意味づけされるのである。意味も意味作用も、不可能という「言われたもの」の土台を離れることはできないが、集団では死が象徴化され、そこに想像界が関与して意味が生まれる。そのようにして、集団はランガージュの世界で不可能の土台から遠ざかり、ともかくもディスクールを安定的に保たなくてはならないが、これは個人としての分析主体にとっても、そのとおりに起こることである。つまり、分析主体において、「言われたもの」は、球面体的に閉じることが求められ、それによって分析はいっとき終わるのであるが、それはあくまでも「言うこと」の道半ばに起こることであり、やがて次の切断への行程に向かうのである。

Ces bénéfices à se soutenir d'un second-dire, n'en sont pas moins établis, de ce qu'ils le laissent oublié.

Là est le tranchant de notre énonciation de départ. Le dit premier, idéalement de prime-saut de l'analysant, n'a ses effets de structure qu'à ce que " parsoit " le dire, autrement dit que l'interprétation fasse parêtre.

En quoi consiste le parêtre ? En ce que produisant les coupures " vraies " : à entendre strictement des coupures fermées à quoi la topologie ne permet pas de se réduire au point-hors-ligne ni, ce qui est la même chose, de ne faire que trou imaginable.

De ce parêtre, je n'ai pas à exposer le statut autrement que de mon parcours même, m'étant déjà dispensé de connoter son émergence au point, plus haut, où je l'ai permise.

En faire arrêt(re) dans ce parcours serait du même coup le pén-êtrer, le faire être, et même presque est encore trop.

Ce dire que je rappelle à l'ex-sistence, ce dire à ne pas oublier, du dit primaire, c'est de lui que la psychanalyse peut prétendre à se fermer.

Si l'inconscient est structuré *comme* un langage, je n'ai pas dit : *par* —. L'audience, s'il faut entendre par là quelque chose comme une acoustique mentale, l'audience que j'avais alors était mauvaise, les psychanalystes ne l'ayant pas meilleure que les autres. Faute d'une remarque suffisante de ce choix (évidemment pas un de ces traits qui les touchaient, de les é-pater — sans plus d'ailleurs), il m'a fallu auprès de l'audience universitaire, elle qui dans ce champ ne peut que se tromper, faire étal de circonstances de nature à m' empêcher de porter mes coups sur mes propres élèves, pour expliquer que j'aie laissé passer une extravagance telle que de faire de l'inconscient " la condition du langage ", quand c'est manifestment par *le* langage que je rends compte de l'inconscient : *le* langage, fis-je donc transcrire dans le texte revu d'une thèse, est la condition de l'inconscient.

《大意》
「2番目の言うこと（second-dire）」によってもたらされる利得は、やはりその利得が言うことを忘れさせることから与えられる。

それは、われわれの出発となった言表がはっきり述べている。「言うこと」が、「存在として現われるかもしれない（parsoit）」、あるいは解釈から「存在が現われる（parêtre）」かもしれない。理想的には分析主体が思いきって差し出した当初の「言われたもの」は、以上の二つのことがあってはじめて構造上の結果を生むのである。

「存在が現われる」のは、何によってか。それは「真の」切断によって。厳密には、それによって閉じられる切断がなされることによって。トポロジーは、それによって線外の点に還元されることもなく、同じことであるが、たんに想像的な穴を作るのみに終わることもないのである。

私は、自分の経験以外のことからこの「存在が現われる」ことについて、すなわちメビウスの帯について述べたてるつもりはない。ディスクールの経験によって、私は、すでにこれまで認めていたことを語らずにすむのである。

ディスクールの輪舞を経巡りながらいくども立ち止まること（arrêt (re)）は、同時に、そこに侵入して存在する（pén-étrer）こと、それを存在にすること、または、ほとんど存在にすることであるかもしれないが、これは言いすぎである。

私がそとに存在（ex-sistence）するために呼びだす、この「言うこと」すなわち当初の「言われたもの」を忘れないための、この「言うこと」は、精神分析がそれによって終わりを告げることのできるものである。

私は、「無意識はランガージュのように（*comme*）構造化されている」と言ったが、「ランガージュによって（*par*）」とは言わなかった。しかし、当時の聴講生たちは、そこを何か精神的な難聴をもって聞きとったらしく、精神分析家にしても、他の人たちより耳が良いとは言えなかった。

私は言葉の選択について十分な説明をせずに、当然、それらにかかわる点や強調している点も説明しないで、たんにそれだけのことであったが、そのさい、私は大学の聴講生たちに対して、その場所ではいつも間違うことしかできないので、私の話が私自身の学生たちに届くのを妨げているような環境について、もっと言及すべきだった。そうして、無意識をもって"言語（ランガージュ）の条件"とするというような突飛な見解を見逃してしまったことに対して説明すべきだった。私は、はっきりとランガージュ（*le* langage）によって無意識を説明するのであり、提出された博士論文の一つで書き直させたように、ランガージュ（*le* langage）こそが、無意識の条件なのである。

《評釈》
　メビウスの帯は、表裏のない、そとに向かって開いた非球体的な曲面であるが、それを中心の線に沿って一度切断すると、帯はつながったまま、表裏のある、球体的な閉じた曲面になる。この切断は、ディスクールに照らしてみると、それまで口のきけなかった主体が、はじめて言葉を操って象徴界に参入したことになるが、それだけではそとに向かって閉じたままである。それを開くには、もう一度切断して、帯を三等分しなくてはならない。この二度目の切断が「二番目の言うこと」である。最初の「言うこと」は、一度目の切断にあたり、それによって作られるのは球体面的な、いわば偽の帯である。帯は、二度目の切断によって、はじめて開かれたメビウスの帯の曲面が、球体面的な曲面と分離され、しかも両者はからみ合っているのである。それが「二番目の言うこと」であり、主体はそれによって、まさしくランガージュの世界に参入するのである。
　けれども、ランガージュは、当初から主体に「存在」を押しつけるので、主体は、「言うこと」によって「語る存在（être parlant）」になる。「言うこと」は、それが聞かれることによって「言われたもの」になる。そこで、本論のはじめに紹介された文①（7頁）が述べているように、

「言うこと」は、聞かれることによって、「言われたもの」の背後に隠され、忘れ去られる。「存在」は、そこで「言うこと」が隠されたものの見かけとして現われるかもしれない何か（parsoit）（soit は être の接続法、三人称、単数、現在の活用形。paraître は「現われる」の意）である。また、精神分析における解釈は、メビウスの帯の切断であるが、それによって「存在が現われる（parêtre）」かもしれない。それは分析の実践において、曲面がいっとき閉じて、開かれた帯から分離される可能性である。そのようにして現われる存在は、いわば現実界を前にして、想像界と象徴界が一つになって調合した結晶体のようなものだろう。

　そのように、「言うこと」は、たんに主体が語るというだけでなく、はじめから主体を「存在」として、そとにあらしめる（ex-sistence）道を開く。ディスクールの移動がくり返され、そこでいくども立ち止まるうちに、主体はあるときその外在性を実現することがあるかもしれない。それはディスクールによって、「存在」のなかに入り込む（pén-êtrer）ことである。しかし、それによって、主体が「存在」として本当にそとにおかれたと言うことはできない。そこに入り込めたといっても、それは「ほとんど（pen はラテン語の paene から、presque（ほとんど）の意）存在になる」ということで、メビウスの帯の開かれた曲面が、本当に閉じた曲面として分離されるわけではなく、その存在はあくまでも、帯をクロス・キャップの球体の形にするための補助の円板に投射された、対象 a の見かけである。とはいえ、そこでいちど立ち止まり、「二度目の言うこと」によって曲面を閉じるのは、ディスクールの次の移動にとっては有益である。ランガージュの世界では、そもそも最初の「言うこと」は、はじめに「言われたもの」として忘れ去られている。その後のディスクールの輪舞は、その忘却をそのままにしながら続けられる、しかし、精神分析は、実践のなかでいつも性関係における意味−不在と、知に向かう意味作用の挫折に直面している。それはディスクールにおいて、その後の「言われたもの」がついに知に達することはないということである。

そこで、分析者のディスクールは、最初の忘却を忘れ去ることができない。解釈は、それを忘れることなく輪舞に参加していく。あるとき、その途中で立ち止まり、曲面を閉じようとするのは、そのために有益である。「言うこと」は、いつまでも「言われたもの」の忘却に委ねられているわけではない。ランガージュは、無意識によって、そのことも知らせている。分析者のディスクールは、解釈によって「言われたもの」の忘却を一度切断し、それをふたたび閉じようとする。そのようにしてメビウスの帯から閉じた曲面が分離し、次の開いた曲面に向かうところで、それぞれの分析は終わるのである。

　「無意識は、ランガージュのように構造化されている」。ラカンは、ここの「のように（comme）」は「によって（par）」ではないと、とくに断わっている。それは、彼が大学で行なった講義と、そこの聴講生たちを思い出しながら、分析者と大学人のディスクールの違いをはっきりさせたいからだろう。そのランガージュには、不定冠詞（un）がついていて、本文中、最後のランガージュにイタリック体の定冠詞（le）がついているそれとはっきり区別されている。一般的には、無意識は（定冠詞の）ランガージュによって条件づけられており、そのランガージュが無意識の条件である。一方、無意識は（不定冠詞の）ランガージュによって構造化されている。それは、どうしてか。条件と構造化は、意味は違うが、もし構造化されているランガージュに定冠詞がついていたら、それは分析の理論にならないと言うのである。

　大学人や、大学の言語学者は、既得の知を普遍とみなして、それが真理につながるのを疑わないから、ランガージュに個別性を示す不定冠詞をつけるのは奇異な感じを受けるだろう。しかし、分析者は、つねに無意識を個別的に追っているので、「言うこと」の主体を普遍性に還元することはない。ひとにあって、およそ普遍的と見なされやすいランガージュも、分析者にとっては、いつもある主体の個々のランガージュとして構造化されている。そこで、無意識は、（定冠詞の）ランガージュに先立って、その条件となっているのではなく、あくまでも（定冠詞の）

ランガージュが無意識の条件なのであり、また、その無意識は、それぞれの（不定冠詞の）ランガージュのように構造化されているのである。「提出された博士論文」とは、ベルギー出身の女性留学生アニカ・リフレ - ルメールが、パリ大学に提出したラカン論で、本論文を執筆する直前にブリュッセルで出版されている（邦訳は『ジャック・ラカン入門』誠信書房、1979 年）。ラカンは、その単行本に寄せた序文で、とくにランガージュと無意識について、以上のような関係を注意するように促している。

Rien ne sert à rien, quand on est pris dans certaines fourchettes mentales, puisque me voici forcé de rappeler la fonction, spécifiée en logique, de l'article qui porte au réel de l'unique l'effet d'une définition, — un article, lui " partie du discours" c'est-à-dire grammatical, faisant usage de cette fonction dans la langue dont je me sers pour y être défini défini.

Le langage ne peut désigner que la structure dont il y a effet de langages, ceux-ci plusieurs ouvrant l'usage de l'un entre autres qui donne à mon *comme* sa très précise portée, celle du *comme un* langage, dont justement diverge de l'inconscient le sens commun. Les langages tombent sous le coup du *pastous* de la façon la plus certaine puisque la structure n'y a pas d'autre sens, et que c'est en quoi elle relève de ma récréation topologique d'aujourd'hui.

Ainsi la référence dont je situe l'inconscient est-elle justemet celle qui à la linguistique échappe, pour ce que comme science elle n'a que faire du parêtre, pas plus qu'elle ne noumène. Mais elle nous mène bel et bien, et Dieu sait où, mais sûrement pas à l'inconscient, qui de la prendre dans la structure, déroute quant au réel dont se motive *le* langage : puisque le langage, c'est ça même, cette dérive.

La psychanalyse n'y accède, elle, que par l'entrée en jeu d'une Autre dit-mention laquelle s'y ouvre de ce que le meneur (du jeu) " fasse semblant " d'être l'effet de langage majeur, l'objet dont s' (a)nime la coupure qu'elle permet par là : c'est l'objet (a) pour l'appeler du sigle que je lui affecte.

Cela, l'analyste le paye de devoir représenter la chute d'un discours, après avoir permis au sens de s'enserrer autour de cette chute à quoi il se dévoue.

《大意》
ひとが心のなかにある何本かのフォークでものを取ろうとしても、そこに何もなければ、何の役にも立たない。というのも、私は、いま冠詞の働きを、とくにその論理的な面の働きを思い起こさずにはいられないからである。不定冠詞は、ただ一つのあるものによって現実的なものに限定の効果を与える冠詞であって、それ自体がディスクールの部分であり、文法的である。それゆえ、この冠詞は、私が使っているラング（国語）におけるその働きによって、限定された（défini）定冠詞（défini）である。

ランガージュが示すことのできるのは、それによってランガージュの効果が生まれる構造だけであり、しかもそのランガージュは一つではなく、いくつかのうちの一つが「〜のように（*comme*）」によって私が記したものとぴったり符合するような使用法に、すなわち「一つの（*un*）ランガージュのように」という使用法に開かれているのであって、ランガージュにおける共通の意味なるものは、無意識によってじっさいに分散されているのである。複数のランガージュは、まったくもって「すべてではない（*pastous*）」の支配下にあり、構造にはそれ以外の意味はなく、それは私が今日再説したようなトポロジーに拠っているのである。

したがって、私が無意識を位置づけるのは、言語学からは遠い土台からであるが、それは言語学が科学として、見かけの存在（parêtre）をなしているだけで、われわれを導く本体（noumène）ではないからである。しかし、それはまさしくわれわれを導くのである。どこへ導くのか。それは分からないが、無意識にでないことは確実である。無意識は、言語学を構造によってとらえて、定冠詞（le）の言語学が探究しようとしている現実界から、それを逸らせてしまう。ランガージュは、まさにこの無意識の漂流そのものである。

精神分析は、現実界に近づくために、もっぱら大他者の「言われたものの次元（dit-mension）」を発動させる。それによって、発動の仕掛け人は、個々のそれより広いランガージュの効果によって"見かけを作り"、道を開く。大他者の「言われたものの次元」がそれによって切断を可能にさせ、活発に働く（s'(a)nime）対象とは、対象aであり、われわれが略号によって（小文字の対象）aと呼ぶものである。

それゆえ、分析者は、犠牲を払っても対象aをわがものにするのだが、それは彼とのやりとりによって起こる、あるディスクールの失墜に意味を認めた後に、自分がその失墜を代理しなくてはならないという犠牲である。

《評釈》
ラカンが使用しているラング（国語）はフランス語だが、そこにおける定冠詞と不定冠詞の働きから、普遍性と個別性についてふれている。

ひとが最初にふれるものは、つねに不定冠詞（un）のつくような、あるものである。フランス語で、現実的なものは、はじめにいわば不定冠詞についた何かとして与えられる。そこから、定冠詞のついた一般的、普遍的な何かへの変化は連続的ではなく、そこに断絶があり、それは切断である。定冠詞は、そうして不定冠詞を普遍的な存在のなかに取り込もうとするが、個々に不定冠詞の付いた何かをすべて取り込むことはできない。フランス語にかぎらず、一般にランガージュにおいて、現実

なものがはじめに言葉によって探られるのは、つねに個別的、特殊的なものをとおしてだろう。そうして言葉によって「言われたもの」を、いかにも「あるもの（étant）」と思い込むのも、ひとの一般的な現象だろう。西欧語では、たまたまその現象をêtre、sein、beなどの「あること」、すなわち「存在」の観念を現わす基本動詞と結びつけて、古代から言葉と何ものかの存在との関係を問題にしてきた。

　定冠詞は、不定冠詞を抽象化し、普遍化して、何かを存在に近づけたように見えるが、じつは個別的なものによって限定されている。それが限定された（défini）定冠詞（défini）であり、論理的には、切断を経た不定冠詞である。ただし、この論理学は、大他者の外在性を土台にする、前述したヘテロス（他者）の論理学である。そこには、定冠詞の向かう存在の次元ではなく、大他者の「言われたもの」の次元があり、そこで対象aが活発に動いている。(s'(a)nime) は、対象aの（a）と、動詞s'animer（活発になる）を一語にした、言葉遊びである。大学の論理学は、定冠詞の普遍によって個別の現実的なものを取り込もうとしているが、同じように定冠詞のついた言語学も、普遍によって現実界を取り込み、そのうえで存在を探ろうとしている。しかし、それが探しているのは、存在の見かけ（parêtre）であり、大他者の「言われたもの」の次元で活発に動きまわる対象aの映像から、その一つを存在に仕立てて、ディスクールを固定としようとしているのである。

　ディスクールは、どのタイプであっても、見かけの場所から活動を始めるが、分析者のディスクールは、その初発の場所に対象aを据える。そして、実践においては、精神分析家がその役目を引き受ける。大学における科学としての言語学は、そのディスクールにおいて、見かけの知（識）を存在に高めて、対象aにつなげようとするが、分析者のディスクールにとって、見かけの対象aは存在ではなく、それをランガージュの世界に住む主体につなげることはできない。分析者が受け入れるのは、大他者の「言われたもの」であるが、それは存在ではなく、唯一でも普遍でもない。反対に、それは数えきれないほどたくさんあり、そのつど

クロス・キャップの円板に投射される対象 a の写像として現われる。だが、その存在につながらない大他者の「言われたもの」から、主体の「言うこと」が生まれるのである。そのさい、それまで見かけの場所にあった対象 a は、廃棄されて、ディスクールは移動する。それが対象 a としての精神分析家の役目である。

　大他者の「言われたもの」を存在につなぐのが不可能であるからには、そこから生まれる主体の「言うこと」が、さまざまであることは避けられない。そこには定冠詞を付けた科学が予想する現実的なものがあるわけではなく、現実的なものの「漂流」がある。われわれには、「ランガージュのように構造化されている無意識」が、つねにそのことを知らせてくれる。同時に、「言うこと」がさまざまであることは、大他者の「言われたものの次元」が「すべてではない (pastous)」によって成っているのを知らせている。すなわち、分析のディスクールは、性別化において、「すべて」を肯定して述語につなげる男性の側の最初の定言を「すべてではない」によって移動させようとしている。また、「漂流 (dérive)」は、フロイトの欲動 (Trieb) の通常の仏語訳 pulsion を、ドイツ語の動詞 (treiben) の意味（駆り立てる、漂流する）によって言いかえているのだが、欲動は、フロイトにおいても、言語表象からじっさいに言葉として表現されるまで、あちこちに動くと解される。だが、欲動は、言葉の壁のために現実界に達するのを妨げられる。ラカンは、とくにその面に目を向け、欲動はランガージュの世界で、言葉として意味をもつことができないまま、その言葉は、さまざまな意味作用を生みつつ漂うと言うのである。

Ce que dénonce la déception que je cause à bien des linguistes sans issue possible pour eux, bien que j'en aie, moi, le démêlé.

Qui ne peut voir en effet à me lire, voire à me l'avoir entendu dire en clair, que l'analyste est dès Freud très en avance là-dessus sur le linguiste, sur Saussure par exemple qui en reste à l'accès stoïcien, le même que celui de saint Augustin ? (cf. entre autres, le *De magistro*, dont à en dater mon appui, j'indiquais assez la limite : la distinction *signans-signatum*).

Très en avance, j'ai dit en quoi : la condensation et le déplacement antécédant la découverte, Jakobson aidant, de l'effet de sens de la métaphore et de la métonymie.

Pour si peu que l'analyse se sustente de la chance que je lui en offre, cette avance, ell la garde, — et la gardera d'autant de relais que l'avenir veuille apporter à ma parole.

Car la linguistique par contre pour l'analyse ne fraye rien, et le soutien même que j'ai pris de Jakobson, n'est, à l'encontre de ce qui se produit pour effacer l'histoire dans la mathématique pas de l'ordre de l'après-coup, mais du contrecoup, — au bénéfice, et second-dire, de la linguistique.

Le dire de l'analyse en tant qu'il est efficace, réalise l'apophantique qui de sa seule ex-sistence se distingue de la proposition. C'est ainsi. qu'il met à sa place la fonction propositionnelle, en tant que, je pense l'avoir montré, elle nous donne le seul appui à suppléer à l'ab-sens du rapport sexuel. Ce dire s'y renomme, de l'embarras que trahissent des champs aussi éparpillés que l'oracle et l'hors-discours de la psychose, par l'emprunt qu'il leur fait du terme d'interprétation.

《大意》

言語学者たちは、私が彼らに与えた失望を言い立てているが、私自身はすでに決着をつけているにしても、彼らにはそれに対する可能な解決法がない。

私が書くものを読んだり、話すことを聞いたりすることによって、精

神分析はフロイト以来、例えばソシュールのような言語学者よりずっと先に進んでいるのを、じっさいに認められない人がいるだろうか。ソシュールは、言語記号についてのストア派的な理解にとどまっているが、私は、とくにギリシアの伝統を中世哲学につないだアウグスティヌスの「教師について（De magistro）」に由来する「意味するもの－意味されるもの（signans-signatum）」の区別の限界を、ずっと以前に指摘している。

だが、どこがずっと進んでいるのか。それはすでに話したことであるが、フロイトの圧縮と移動が、ヤコブソンによってやっとなされた隠喩と換喩の意味の効果の発見に先立っているところである。

精神分析は、私が差し出している機会を利用するのがどれほど少なくても、これから私のパロールを受け継ごうとする動きがあるかぎり、その機会はなくなるまい。

言語学は、それに引きかえ、精神分析に何の道も開いていない。私がヤコブソンから受けた支持でさえ、数学においていちど歴史を抹消して新たな成果を生みだすのとは反対に、それは精神分析の事後性（l'après-coup）の次元にはなく、疾病利得（bénéfice）と、言語学分野のなかの「第二の言うこと」（二次的疾病利得）に舞い戻るのである。

精神分析の「言うこと」は、それが効果を生むかぎりで、修辞的なアポファンティック（陽否陰述法）である。しかし、それは「そとにある（ex-sistence）」ということ、そのことだけでいわゆる命題とは区別される。それゆえ、この「言うこと」が命題としての働きを確保するのは、すでに述べたはずだが、その働きがわれわれに性関係の意味－不在を補う唯一の支えとなってくれるからである。この「言うこと」は、ある障害のためにふたたび呼び出されるのだが、それは集団の受け入れる神託や、精神病の言外のディスクールなどと同じように広く行きわたった領域からもたらされる障害で、解釈は、そこから言葉を借りているのである。

《評釈》

　フロイトは、『夢の解釈』のなかで、無意識の心的過程における表象のありさまを「圧縮」と「移動（置き換え）」として説明した。ひと言で、圧縮は、一つの表象がいくつかの表象のつながりを代表して、そこにまとめることであり、移動は、ある表象が、その刺激の強さから離れて、別の表象に移ることである。ラカンは、この二つの過程を、言語学者ヤコブソンが失語症の研究からえたランガージュの基本的な修辞上の二極とされる、言葉の類似関係と隣接関係に結びつけた。ラカンにあっては、フロイトの表象ではなく、言語記号の構成要素とされるシニフィアンが問題になるが、前者の関係表現は「隠喩」、後者は「換喩」とされて、それらの修辞法におけるシニフィアンの働きの違いは、論文「無意識における文字の審級」（1957 年）のなかで詳しくふれられている。

　「シニフィアンは、シニフィエとは何の関係もないことによって措定される」あるいは「シニフィエは、耳とは何の関係もない。それは、シニフィアンの効果である」（『アンコール』）。こうした言葉からも、ラカンが言語記号における両者の紙の表裏のような関係とか、その交換価値の観念などに批判的であるのはすぐに分かる。彼は、セミネール第一巻『フロイトの技法論』の第 20 講（1954 年 6 月）で、アウグスティヌスの「教師について」を引用しながら、フロイトの理論と西欧思想における言語記号の概念とを照合している。それによると、ソシュールの区別は、アウグスティヌスの *signans-signatum* を翻訳したものだが、それはさらにストア派の *semainon-semainomenon* の翻訳である。しかし、ストア派では音声と概念の他に、言語記号には、それを支えている基体（***hypokeimenon***）、すなわちその材料となるものがあり、その構成要素は三つである。材料は、やがて中世の「もの（res）」につながり、それは意味されるものとは区別され、その実在性が問われる何かであって、真理の概念につながる。真理とは、そこでは言葉が最終の目標としてそこに向けられている実在である。シニフィアンは、そうしたことを踏まえて材料との関係から、その自律性の考察に向かうべきだが、言語学に

は、いまのところそうした段階がすっかりぬけ落ちている。

　数学において歴史を抹消するとは、歴史を無視することではなく、それが前提としていた観念を刷新することであるが、言語学は、いちど普遍化した観念を脱ぎ捨てることができないでいる。それはフロイトの言う事後性の現象ではなく、ある疾病利得から次の疾病利得へと舞い戻ることである。事後性とは、過去の経験からえた観念や言葉を、新しい経験によってその意味を変え、過去の言葉から脱け出ることである。

　アポファンティック（アポファシス）は、修辞学の反語法の一つで、陽否陰述法と邦訳されることもある。あることを、表面で否定しながら、じつはそれを暗に肯定する表現法である。ラカンが、それを精神分析の「言うこと」になぞらえているのを、メビウスの帯の切断としての解釈と、それによって生まれる閉じた曲面としての命題という、両者の関係に照らしてみることができよう。切断は、帯の開かれた曲面の否定であり、それによって曲面は閉じられ、命題が生まれる。この命題には表裏があり、普遍を前提とした真偽の判断を表現している。しかし、それはアポファシスによって、うわべの表現上のことになる。つまり、命題には二種類あって、一つは本当に閉じているかのような命題、もう一つは閉じているようにみえながら、それはメビウスの帯のそとにあって（ex-sistence）、しかも帯の開かれた曲面にからんでいる。これによって、その閉じた命題は、メビウスの帯から球形のクロス・キャップをつくるために補助として与えられ、そこに対象 a が投射される円板に見立てられることになる。

　そのように、「言うこと」は、閉じた命題となって性の意味－不在を補うが、いつまでも補えるわけではない。現実的なものは、象徴界からは追い出されたが、主体から追い出されることはない。ディスクールにおける対象 a は、主体が幻想をとおしてつねに現実的なものの近くにいるのを知らせている。それは主体に障害をもたらし、困惑を与えるが、主体はそこから逃れようと、ふたたび「言うこと」によって閉じた命題を求める。困惑は、象徴界における歴史、神託、慣習、精神病などのさ

まざまな言葉から主体にもたらされる障害であるが、主体はそこから逃れようと、ふたたび集団を支配しているそれらの閉じた命題を求め、また、それによって新たな障害に出会う。精神分析は、開いたディスクールを閉じた命題へ、閉じた命題を開いたディスクールへと、ディスクールのタイプを移動させようとする。そのたびにメビウスの帯を切断し、集団の言葉を借りることによって、解釈をくり返すのである。

C'est le dire dont se ressaisissent, à en fixer le désir, les coupures qui ne se soutiennent comme non-fermées que d'être demandes. Demandes qui d'apparier l'impossible au contingent, le possible au nécessaire, font semonce aux prétentions de la logique qui se dit modale.

Ce dire ne procède que du fait que l'inconscient, d'être" structuré *comme un* langage ", c'est-à-dire lalangue qu'il habite, est assujetti à l'équivoque dont chacune se distingue. Une langue entre autres n'est rien de plus que l'intégrale des équivoques que son histoire y a laissé persister. C'est la veine dont le réel, le seul pour le discours analytique à motiver son issue, le réel qu'il n'y a pas de rapport sexuel, y a fait dépôt au cours des âges. Ceci dans l'espèce que ce réel introduit à l'*un*, soit à l'unique du corps qui en prend organe, et de ce fait y fait organes écartelés d'une disjonction par où sans doute d'autres réels viennent à sa portée, mais pas sans que la voie quadruple de ces accès ne s'infinitse à ce que s'en produise le " nombre réel ".

Le langage donc, en tant que cette espèce y a sa place, n'y fait effet de rien d'autre que de la structure dont se motive cette incidence du réel.

Tout ce qui en parest d'un semblant de communication est

toujours rêve, lapsus ou joke.

Rien à faire donc avec ce qui s'imagine et se confirme en bien des points d'un langage animal.

Le réel là n'est pas à écarter d'une communication univoque dont aussi bien les animaux, à nous donner le modèle, nous feraient leurs dauphins : une fonction de code s'y exerce par où se fait la néguentropie de résultats d'observation. Bien plus, des conduites vitales s'y organisent de symboles en tout semblabls aux nôtres (érection d'un objet au rang de signifiant du maître dans l'ordre du vol de migration, symbolisme de la parade tant amoureuse que du combat, signaux de travail, marques du térritoire), à ceci près que ces symboles ne sont jamais équivoques.

《大意》
「言うこと」によって、いくつもの切断が、欲望を固定するためにくり返される。切断は、それが要求であるあいだは、閉じられていないままである。要求は、不可能から偶然へ、可能から必然へと移ることによって、様相を自称する論理学の主張に待ったをかけるのである。

この「言うこと」は、無意識から生まれるのであるが、それは「ランガージュのように構造化されている（structuré *comme un* langage)」無意識から生まれる、すなわちランガージュに住みついているララング（lalangue）から生まれるのであり、したがって「言うこと」は、ララングのそれぞれに違いを生む多義性に服しているのである。あるラング（国語）は、その歴史が存続させてきた多義性の集積でしかない。現実界は、分析者のディスクールにとって、その出口を見つけるための唯一の領域である。性関係は存在しないというその現実界は、長い年月のあいだに多義性の鉱脈となって集積されている。この現実界は、語る存在であるヒトという種において、一（l'*un*）の方へ向かって行く。言いかえると、器官をそなえた身体の唯一性へと向かって行く。しかし、その

ことがかえってばらばらに引き裂かれた器官を生み、そのさいには、おそらく現実界がいくつも干渉してくるだろう。だが、現実界への四つの接近方法は「実数」の誕生によって、はじめて無限化されているのである。

　総体としてのランガージュ（Le）は、このヒトという種がそこを住み家としているかぎり、そこに現実界の影響が働いている構造の結果でしかない。

　そこにコミュニケーションの見かけから現われてあるもの（parest）は、つねに夢であり、言い違いであり、ジョークである。

　それは、さまざまな点で動物言語のように想像され、それとして認められているものとは何の関係もない。

　動物言語において、現実界は一義的なコミュニケーションから離れていない。それについては、たくさんの動物たちが、われわれにモデルを与えてくれるかのように、同じイルカとなってくれるだろう。すなわち、そこではコードの機能が、観察結果の負のエントロピーとなって働いているのである。さらに、そこにおける生命行動は、われわれのものとまったくよく似た象徴によって組織されている。対象は、鳥の渡りのさいには主人のシニフィアンに昇格しており、愛と闘いの誇示行為におけるシンボリズム、労働へのサイン、縄張りのマークなどがその例である。ただし、それらの象徴には、ついぞ多義的な意味はない。

《評釈》

　ひとの「言うこと」は、ランガージュの世界において要求となる。それは欲望を固定する切断である。しかし、要求と欲望のあいだにはつねにギャップが生じているため、要求はいくどでもくり返される。それは、切断をともなった「言うこと」の移動である。ここでは、それを性別化の定式に基づく「言うこと」の移動として説明している。すなわち、要求は、「去勢されていない x は、存在しない（$\exists x \cdot \overline{\Phi x}$）」（不可能）から「去勢されているのは、すべての x ではない（$\overline{\forall x \cdot \Phi x}$）（偶然）へ。

これらは女性の側の定式である。また、「すべてのxは、去勢されている（∀x・Φx）」（可能）から「去勢されていないxが存在する（∃x・$\overline{\Phi x}$）」（必然）へ。これは男性の側の定式である。ひとの「言うこと」は、以上の四つの言い方の枠のなかで、要求となって聞かれる。むろん、生物学上の性が、どちらかの側に自然に組み込まれることはない。それらは論理学上の様相の規定と重なっているが、論理学では、それらの様相と判断との対応関係を問題にするのに対して、精神分析が問題にするのは、あくまでも移動の仕方である。

　無意識の形成と切っても切れない「言うこと」をめぐって、ランガージュとララングの関係が言及されている。ララングは造語で、本論より一年前のセミネールから使われ始めたが、本論では初出である。ラカンは、やがて「無意識は、ララングによって支えられており、ランガージュは、ララングを土台にして作られている」（『アンコール』）と言うまでになり、これはときが経つにつれて重要な概念になる。ランガージュは、ひとに存在を押しつけるが、ララングはそれをはねつける。ランガージュは、コミュニケーションの道具になると考えられているが、ララングは伝達ではなく、訴えであり、コミュニケーションには役立たない。端的に、ララングは、ランガージュがそれぞれのラング（国語）に分割される前の母胎となるラングで、無意識の知を告げている。

　ランガージュは、一方において、象徴界から追放された現実界の不在を補う役目をはたしている。しかし、精神分析は、その実践において現実界に近づき、ディスクールの移動を促すことを役目としている。それによって、分析主体は、それまで閉じ込められていたディスクールの檻を出て、別のディスクールに向かうのである。ランガージュは、どのディスクールにおいても現実界の不在を補うために、それを一（L'*un*）に向かわせようとする。一とは、根本において、ひとの身体の唯一性、統一性、全体性である。身体はいくつもの器官から成っているが、ひとの身体は、現実界から離れたランガージュの世界で、それらの性質を失っている。

319

フロイトは、欲動について、その特徴を源泉、衝迫、目標、対象に分けて、その対象は目標に届くためには何でもよいとした。それは、ラカンの欲望の原因としての対象aの前身である。両者に共通するのは、現実界に向かう欲動の目標は、そこで見いだす対象がつねに部分的だということである。フロイトにおいて、それらの対象は初期のばらばらな状態から、やがて組織化されることになるが、最終的な統合は不可能である。それらは乳房と糞便に由来する、いずれも身体のそとにある対象であるが、ラカンは、まなざしと声をそれに加えて、口唇的（oral）、肛門的（anal）、視的（scopique）、音声的（vocal）を、対象aによる現実界への四つの接近方法（quadruple）とした。それゆえに、ひとの身体が、唯一、全体的に、一として現実界につながることはない。というのも、ひとの要求となった「言うこと」と、その欲望のあいだにはつねにずれがあり、ぴったり対応することはありえないからである。その事情を、数学者のカントールが無限集合に関する対角線論法によって、実数（nombre réel）の全体は自然数の全体に等しくないことを証明し、その概念を刷新したことに喩えているのである。実数を欲望とし、自然数を要求としても、あるいはその逆を想像しても、いずれ両者の対応関係には、ギャップが生じている。

　ひとを主体として規定する象徴界、想像界、現実界を、ひと以外の動物たちに当てはめてうんぬんするのは見当はずれであるが、あえてそうしてみると、動物たちは現実界と想像界をみごとに対応させて生きている。ときには同じ動物たちの擬態や、ひとが作った擬似餌に騙されることはあるが、それも錯覚にとどまり、相手の想像界を想像して、その裏をかくということはしない。そこで、イルカのようにかなり複雑なコミュニケーションをする動物でも、その情報は現実界に対する一義的な意味を逸脱しない。ひとは、言葉を象徴界の土台として中心に据えたことにより、一義性（univoque）の世界から多義性（équivoque）の世界へ移ったのである。エントロピーは、ここでは情報理論上の意味で、情報の不確かさの度合いを示す量である。したがって、エントロピーの負

の値が大きくなるほど、情報の確かさ、すなわちその一義性は増大することになる。自然界における動物たちの象徴体系（シンボリズム）の本質は、ひとのそれと何ら変わるところはないが、以上のようなことから、そこにおける象徴の意味内容と意味の効果は、語る存在の世界のそれとはかけ離れている。

　Ces équivoques dont s'inscrit l'à-côté d'une énonciation, se concentrent de trois points-nœuds où l'on remarquera non seulement la présence de l'impair (plus haut jugé indispensable), mais qu'aucun ne s'y imposant comme le premier, l'ordre dont nous allons les exposer s'y maintient et d'une double boucle plutôt que d'un seul tour.

　Je commence par l'homophonie, — d'où l'orthographe dépend. Que dans la langue qui est la mienne, comme j'en ai joué plus haut, *deux* soit équivoque à *d'eux*, garde trace de ce jeu de l'âme par quoi faire d'eux deux-ensemble trouve sa limite à " faire deux" d'eux.

　On en trouve d'autres dans ce texte, du *parêtre* au *s'emblant*.

　Je tiens que tous les coups sont là permis pour la raison que quiconque étant à leur portée sans pouvoir s'y reconnaître, ce sont eux qui nous jouent. Sauf à ce que les poètes en fassent calcul et que le psychanalyste s'en serve là où il convient.

　Où c'est convenable pour sa fin : soit pour, de son dire qui en rescinde le sujet, renouveler l'application qui s'en représente sur le tore, sur le tore dont consiste le désir propre à l'insistance de sa demande.

　Si une gonfle imaginaire peut ici aider à la transfinitisation phallique, rappelons pourtant que la coupure ne fonctionne pas moins à porter sur ce *chiffonné*, dont au dessin girafoïde du petit Hans j'ai fait gloire en son temps.

Car l'interprétation se seconde ici de la grammaire. A quoi, dans ce cas comme dans les autres, Freud ne se prive pas de recourir. Je ne reviens pas ici sur ce que je souligne de cette pratique avouée en maints exemples.

Je relève seulement que c'est là ce que les analystes imputent pudiquement à Freud d'un glissement dans l'endoctrination. Ce à des dates (cf. celle de l'homme aux rats) où il n'a pas plus d'arrière monde à leur proposer que le système Ψ en proie à des " incitations internes ".

《大意》
それらの多義性から、言表行為にともなう副次的な産物が生まれるのである。それらは三つの結び目の点 (points-noeuds) に集中し、そこでは前に不可欠とされた「言うこと」の奇数回のくり返しがあるだけでなく、それらのうちのどれ一つとして最初に与えられるものはなく、われわれがこれから述べようとする順序は、たんに一回の周回によるというより、むしろ2度の切断による二重の環によって維持されているのである。

三つの結び目の点のうち、正書法がそれに基づく同音異義から始めよう。私の国語、フランス語では、前述したように「2 (*deux*)」と「彼らの (*d'eux*)」は同音異義語であり、それによって「彼ら」から「2 (の) 集合 (deux-ensemble)」を作ることは、「彼ら」から「2を作る (faire deux)」ことの限界を示す働きの痕跡をとどめている。

本論では、*parêtre* (存在が現われる) と paraitre (現われる)、*s'emblant* (現実界が直接に現われる) と semblant (見かけ) など、他の同音異義語にもふれている。

私は、いかなる同音意義も可能であると思う。というのも、詩人たち

がそれを計算のうえで利用したり、精神分析家が適当なときにそれを利用するのを別として、だれもがそれと気づかずに同音異義の支配下にあって、われわれがそれを弄んでいるのではなく、それがわれわれを弄んでいるからである。

　同音異義は、分析の終わりに向いている。つまり、主体の要求のしつこい自己主張に固有の欲望が、周回しているトーラスの曲面上にあるとき、「言うこと」は、主体をいちど消してしまうが、それによって欲望の写像を刷新するのに向いている。

　ここで、たとえ想像的に膨張した状態が、ファルスの超限数化を助けるとしても、私がある機会に褒めたハンス少年のキリンのデッサンのなかで、切断が、あのしぼんだ（*chiffonné*）ところにもたらす働きを見ないわけにはいかないのである。

　そこで、解釈は、ここにおいて文法に助けられるのである。フロイトはハンス少年の症例で、他の症例のときと同じく、文法に訴えるのをやめなかった。私は、それについてこの治療実践が多くの例によって強調しているところを、ここではふり返らない。

　ただ、精神分析家たちは、フロイトの教義がその点について変化しているのを控えめに指摘しているのをあげておこう。1910年頃の「ねずみ男」の時期には、「内部刺激」にとらわれていたシステムΨ（système psy）とともに、身体器官による内部刺激の考えを、彼らに語るべき背景としてもっていなかったのである。

《評釈》
　ひとの「言うこと」から生まれる意味の効果については、ひとの象徴界が現実界から離れているがゆえに、多義性を免れない。ラカンは、その多義性から生まれる言表行為の副次的な産物を、フロイトの理論に従って三つに分け、そこに無意識の標識を見る。その三つとは、同音異義的多義性、文法的多義性、論理的多義性である。それらをクロス・キャップについてみると、内部の切断を表わす「点のない線」と、それ

が運動を止める「線外の点」との関係から生まれる多義性である。この多義性は、もともとその母胎であるメビウスの帯の切断数に由来している。帯を一回切断するだけでは、たんに表裏のある閉じた曲面ができるだけで多義性は生まれない。それは、ひとがまだ「言うこと」による主体になっていないのである。二度目の切断によって、ひとはメビウスの帯を閉じた曲面から分離して、話す主体になる。それとともに、多義性が生じるのである。

　はじめの多義性は、言葉の同音異議から生まれる。本論の表題 étourdit は、フランス語では étourdi と同音であるが、すでにふれたように意味は異なる。日本語では夥しい数の漢字とその組み合わせを、少ない数の母音を使って音読みすることから、日常の言語生活は同音異義に満ちているので、それはすぐに分かるが、そのことは日本語の同音異義を分析の終わりの解釈に利用できることと同じではない。精神分析の実践は、分析主体がしつこくくり返すある言葉を、それと同音語の異義性を利用して別の意味の効果につなげ、それによって分析主体が閉じこもっていたディスクールを移動させようとする。それが分析の終わりに向いている同音異義の解釈による切断である。ひとは、同音異義を利用しながら言語生活を営んでいると思っているが、それは無意識の知が、ひとの日常生活において隠れているからである。知とは、ひとが同音異義をくり返して現実界に向かわざるをえない言葉の環境における現象であり、無意識の知は、そのような環境のなかで反復をくり返し語り続けることである。分析者のディスクールは、そのような知を分析主体の「言うこと」から切り離そうとしている。

　フロイトは、ハンス少年の症例（「ある五歳男児の恐怖症分析」、邦訳、人文書院、著作集第五巻収録）のなかで、父親の記録を報告している。ラカンは本文で、とくに次の三箇所を一つにして述べているようだ。「ハンスに、キリンの絵を描いてやる。彼は私にいう。『おちんちんも描いてよ』それに対し私、『自分で描きなさい』これに対し彼は、キリンの絵に次のような絵をつけ加える（スケッチが添えてある【省略】）最初は

その線を短く引くが、それから『おちんちんはもっと長いんだ』といいながら、それにもうすこしつけ加える」（邦訳、179 頁）。「彼『夜、大きなキリンとぐしゃぐしゃのキリンが部屋にいたの。ぐしゃぐしゃのをぼくがとったので、大きいほうがほえたの。それから大きいキリンがほえるのをやめたので、ぼくはぐしゃぐしゃのキリンの上にのっかったんだ』（同、195 頁）。「理論の要請するところでは、かつては強い快感の対象であったその同一物が、おそらくいまでは恐怖症の対象になっているという事態が起こっているにちがいない。子供に言えといっても無理なので、彼にかわってさらに補っておけば、wegen（〜のために）という語が wegen dem Pferd（馬のために）から Wagen dem Pferd（馬車）へ（あるいはハンスがいつも聞いたり話したりしている Wagen（車））への恐怖症の拡大に道を開いたのである。大人に較べると子供が言葉をどれほどより物的に扱うか、それゆえに子供にとっては言葉の同音がどれほど意味深いものであるかをけっして忘れてはならない」（同、211 頁）。

ラカンは、以上のエピソードから、父親である大きなキリンと、その「おちんちん」であるぐしゃぐしゃにしぼんだ線、これは母親の目から見た自分自身の姿であるが、その両者を比較しながら、やがてハンスのなかで「おちんちん（ペニス=ファルス）」が、ファルスの働きの別の一面に移っていく例としている。それは、すべてハンスのなかで想像界が膨張して起こったことであるが、フロイトはそのことを次の報告によって的確にとらえている。すなわち、私（父親）『ぐしゃぐしゃのキリンだなんて、それはどういう意味なんだい？　わかっているだろう、キリンは紙みたいにまるめられないじゃないか』。彼（ハンス）『わかってるよ。ぼくもほんとうにそう思ったんだよ。この世にはきっとそんなものはないんだよ』。これに対するフロイトの注、「ハンスはまったくきっぱりと自分の言葉で語っている。これは空想だったのである」（同、196 頁）。この空想（想像界の膨らみ）の過程で、「おちんちん」をファルスの象徴的機能に向ける助けになるのが、ランガージュにおける三つの多義性である。

ハンス少年の以上のエピソードには、文法的な多義性も見られる。wegen を前置詞とみれば、Pferd（馬）への恐怖症となるが、それを Wagen として名詞とすれば、馬車となり、そこからすでに文法的な多義性が生まれている。日本語でも、助詞の使用例などから、そのような多義性の例をみるのは難しくないだろうが、精神分析がかかわるのは、くり返しになるが、あくまでもそこにおける解釈である。フロイトは、それについてかなり早くから、多義性が生まれてくるところをニューロンにおけるシステム psy からではなく、言葉からのそとの刺激に求めていた。彼の通称五大症例（ドラ（1906）、ハンス少年（1906）、ねずみ男（1909）、シュレーバー（1911）、狼男（1918））のなかでも、ハンス少年の報告は、初期に属する。システム psy は、友人（フリース）に宛てた書簡の論文（通称「科学的心理学草稿」（1896）邦訳、人文書院、著作集第七巻）のなかで使われた用語なので、ハンス少年やねずみ男の時期よりかなり早いが、この頃には理論上の重点が移動していたとされているのである。

Ainsi les analystes qui se cramponnent au garde-fou de la" psychologie générale ", ne sont même pas capables de lire, dans ces cas éclatants, que Freud fait aux sujets" répéter leur leçon ", dans leur grammaire.

A ceci près qu'il nous répète que, du dit de chacun d'eux, nous devons être prêts à réviser les" parties du discours " que nous avons cru pouvoir retenir des précédents.

Bien sûr est-ce là ce que les linguistes se proposent comme idéal, mais si la langue anglaise parest propice à Chomsky, j'ai marqué que ma première phrase s'inscrit en faux d'une équivoque contre son arbre transformationnel.

" Je ne te le fais pas dire. " N'est-ce pas là le minimum de l'intervention interprétative ? Mais ce n'est pas son sens qui importe dans la formule que lalangue dont j'use ici permet d'en donner, c'est que l'amorphologie d'un langage ouvre l'équivoque entre " Tu l'as dit " et" Je le prends d'autant moins à ma charge que, chose pareille, je ne te l'ai par quiconque fait dire".

Chiffre 3 maintenant : c'est la logique, sans laquelle l'interprétation serait imbécile, les premiers à s'en servir étant bien entendu ceux qui, pour de l'inconscient transcendantaliser l'existence, s'arment du propos de Freud qu'il soit insensible à la contradiction.

Il ne leur est sans doute pas encore parvenu que plus d'une logique s'est prévalu de s'interdire ce fondement, et de n'en pas moins rester " formalisée ", ce qui veut dire propre au mathème.

Qui reprocherait à Freud un tel effet d'obscurantisme et les nuées de ténèbres qu'il a aussitôt, de Jung à Abraham, accumulées à lui répondre ? — Certes pas moi qui ai aussi, à cet endroit (de mon envers), quelques responsabilités.

《大意》
そこで、"一般心理学"の手すりにしがみついている分析家たちは、フロイトがみごとな症例をとおして、患者たちに彼らの文法にしたがって「レッスンをくり返させている」のを読むことさえできないのである。

ただし、われわれは患者それぞれの「言われたもの」について、それが前に言われたものを引き継いでいると思っているが、フロイトは、「ディスクールのあれこれの部分」は、いつも再検討し、修正する心構えがなくてはならないとくり返している。

もちろん、そうした修正は、言語学者たちが理想のモデルとして提供することでもある。しかし、チョムスキーにとっては、たとえ英語がそれに好都合な見かけの存在（parêtre）であるにしても、私は、すでに彼

の変形樹に対して、その多義性は偽造されたものであると、最初の文（「人が言うことは、聞かれることにおいて、言われたものの背後に忘れ去られる」）によって申し立てている。それは、次のような理由からである。

「私は、きみにそれを言わせていない」、これが解釈による最小限の介入ではないだろうか。しかし、ここで私の使用しているララングによる定式にとって重要なのは、言ったことの意味ではなく、ランガージュの不定形な表現から、以下の二つの言い方のあいだに生まれる多義性である。すなわち、「きみはそう言った」と「同じことだが、私はだれかにきみがそう言うようにさせたわけではないので、きみの言ったことに対するかかわりはそれだけ少ない」。

さて、三番目は論理的な多義性である。解釈は、それがないとばかげたものになろう。最初に利用される二つの多義性は、言うまでもなく無意識によって実在（existence）が超越化されることについて、無意識は矛盾を知らないというフロイトの言葉をもって、それと対抗するのである。

論理学は、一つならず、矛盾律を認めないと公言しているが、それでもやはり"形式化"は行なっている。それはマテームにとっては適切なことだが、分析者のディスクールの多義性についてはどうかというと、まだそこまでに至っていない。

だれが、そのような蒙昧主義と厚い暗闇の雲の結果をもって、フロイトを責められるだろうか。それは、ユングからアブラハムまで、フロイトが彼らから受け取った応答が積み重ねられて、彼もまたその結果をわがものとしたのである。私については、たしかにそうは言えないまでも、私もまたこの表向きについて、つまりそれは私の裏側であるが、それについて何らかの責任を負っている。

《評釈》

精神分析家は、分析主体をとらえているディスクールの細かい部分を

つねに修正する用意がなくてはならない。ラカンは、フロイトにおけるその修正（révision）を、アメリカの言語学者チョムスキーの理論における変形（transformation）と比べている。チョムスキーの変形は、「その基底をなす書き替え規則の集合が、この規定によって生み出される文（樹）に作用する変形の集合によって補われ完全なものとされる」（A. マルチネ編著『言語学事典』）というものだが、それは根本において、書き替えのさいに生まれる意味作用の不変性、一義性を前提にしている。だから、それを変形による多義性の偽造と言い、ふたたび「最初の文」をあげ、分析の実践における解釈の最小限の介入を例としてあげたのである。変形の理論では、主語になる言葉のグループ（集合）と述語のそれとが、書き替えによって、しだいに完全な文の主語と述語になるとされるが、そこには「だれが言うのか」という言表行為の主体がぬけ落ちている。

　そこで、分析家を解釈のさいの「言うこと」の主体として「私は、きみにそれを…」と言わせたのだが、分析主体にとっては、その「私（je）」は、「きみ（tu）」であり、分析家の「きみ」と同音の tu に替わる。「私」についても同じで、二人のあいだには、それぞれの同音の主語のあいだに横たわる多義性の広い領域がある。したがって、解釈では、同音による言葉の多義性とともに、文法上の主語の言い替えのさいの多義性も考慮に入れなくてはならない。文法上の表現につきまとう多義性を一義的に収束して文が完成されるというのは、ランガージュによる普遍化と一般化を前提にしており、そこから生まれる多義性は、偽造された観念である。

　次に、三番目の論理的な多義性であるが、これは解釈をばかばかしいものにしないために、なくてはならないものである。このばかばかしさ（imbécile）も、やはり普遍化と一般化に通じている。どちらも何かが不変で、永遠の性質をそなえると思い込んでいるが、これは何かを超越的なものにすること（transcendantaliser）である。無意識がそれを生むというのは、むろん、ひとが言葉を使うからである。「無意識は、ラン

ガージュのように構造化されている」が、そこで使われる言葉に論理的な多義性が欠けているとき、ひとの話すことは、ばかばかしいものになる。ラカンは、その最初の例として矛盾律をあげている。それは古典論理学では、同一律、排中律とともに三大原理の一つであるが、フロイトは、無意識は矛盾を知らないと言った。そこにおいては「AがAであると同時に、Aでない」のはふつうのことである。同一律も排中律も、同じように多義性を拒んでいるのだが、それは無意識の生む日常の言葉遣いの論理的な多義性を認めず、言葉のそとに、論理学を超越した何かが実在していると思っているからである。

今日では、例えば様相論理の立場から、矛盾律を認めない論理学も珍しくない。しかし、一方では、排中律を認めず、形式主義と激しく対立したオランダの数学者ブラウエルの直観主義の場合のように、みずからの理論を表現するためには形式化をすすめた。けだし形式化は、記号の一義性から逃れて、多義性の広い領野へ開かれているがゆえに、ラカンが使用するマテームのように、ランガージュにおける記号使用の可能性と限界を指し示していると考えられる。フロイトが論理的な多義性を認めていたのは、いくつかの症例報告によって明らかであるが、やはり、彼の無意識も蒙昧主義の波に襲われるのを防げなかった。それは、無意識を超越化して、それをランガージュのそとに置き忘れることであり、分析者のディスクールの裏側をなす表向きのディスクールに閉じこもることである。フロイトとその最初の弟子たちより若い世代に属するラカン自身も、その表向きのディスクールから生まれた結果について何らかの責任を負っている。

Je rappellerai seulement qu'aucune élaboration logique, ce à partir d'avant Socrate et d'ailleurs que de notre tradition, n'a jamais procédé que d'un noyau de paradoxes, — pour se servir du terme, recevable partout, dont nous désignons les équivoques qui se situent de ce point qui, pour venir ici en tiers, est aussi bien premier ou second.

A qui échoué-je cette année de faire sentir que le bain de Jouvence dont le mathème dit logique a retrouvé pour nous sa prise et sa vigueur, ce sont ces paradoxes pas seulement rafraîchis d'être promus en de nouveaux termes par un Russell, mais encore inédits de provenir du dire de Cantor ?

Irai-je à parler de la " pulsion génitale " comme du catalogue des pulsions pré-génitales en tant qu'elles ne se contiennent pas elles-mêmes, mais qu'elles ont leur cause ailleurs, soit dans cet Autre à quoi la " génitalité " n'a accès qu'à ce qu'il prenne " barre " sur elle de la division qui s'effectue de son passage au signifiant majeur, le phallus ?

Et pour le transfini de la demande, soit la ré-pétition, reviendrai-je sur ce qu'elle n'a d'autre horizon que de donner corps à ce que le deux ne soit pas moins qu'elle inaccessible à seulement partir de l'un qui ne serait pas celui de l'ensemble vide?

《大意》
次のことを思い起こしていただきたい。すなわち、論理学はソクラテス以前の時代からも、またわれわれの伝統とは別のところでも、必ず中心にあるパラドックスから練り上げられてきたのである。どこでも、パラドックスという用語を使えば受け入れてもらえるが、それはわれわれの言う多義性であって、ここでは同音的、文法的に続く論理的な多義性である。

論理的とされるマテームが、それによってわれわれに活力と影響力を再発見させることになった「若返りの泉」も、やはりパラドックスである。それはラッセルのような人の名前で若返っただけでなく、まだ名前もなかったカントールの「言うこと」からも湧き出したのである。今年

の講義から、そういうことを感じとってもらえただろうか。

　私は、"性器的欲動"について、前性器的欲動のカタログについてなされるのと同じようなやり方で語るべきだろうか。そのカタログのなかの欲動は、自分自身がそのなかに含まれていないで、他のところからやってくる。他のところとは大他者の場所で、それは大他者に含まれているのであるが、"性器的"なるものがその大他者に近づくのは、大他者がそれに対して二つの欲動を分割する仕切り棒になるかぎりであって、その分割は性器的なるものが主・シニフィアン（signifiant majeur）であるファルスに向かおうとするときに行なわれるのである。

　次に要求の超限数、すなわち反復についてみると、2は空集合ではない1によってはじめて近づけるのだが、1は0の次にくる数で、それによって定義される空集合であるから、2には近づけない。反復も同じように、近づけないものを具体化しているにすぎないのである。私は、そのことにまた戻るべきだろうか。

《評釈》
　ラッセルのパラドックスは、「理髪師のパラドックス」「図書目録のパラドックス」「市長のパラドックス」など、いくつか通称の名前で知られているが、ここでは「図書目録のパラドックス」が、フロイトの性器的欲動と前性器的欲動の分類に照合されている。目録はカタログ（cata-logue）で、もとのギリシア語（*katalogos*）では、言葉（logos）に前置詞（cata）がついて、数え上げること、名簿の意味である。ラッセルのパラドックスは、「ある図書館が、図書目録のうちで自分自身を載せていないものだけを集め、そのすべてを載せた目録を作ろうとするとき、この目録自体は、この目録のなかに載せるべきかどうか」。このとき発生する決定不可能性である。もし載せれば、自分自身を載せていないものだけを載せるという約束に反するし、載せなければ、同じ約束から載せなければならない。どちらにしても、論理的な袋小路が待っているのである。それを、フロイトの論文「欲動とその運命」（1915年）に照ら

してみよう。

　欲動は、まず「見る‐見られる」の能動態と受動態の文法的な多義性によって分類される。やがて、それが成熟した性器的欲動によって愛の形をとると、「愛する‐愛される」の文法的多義性の他に、「愛する‐無関心である」から「愛する‐憎む」という別の性質の関係を生むことになる。だが、そのように愛の形をとった性器的欲動は、それ自体は前性器的欲動とは区別されているが、はたして二つの欲動を統合することができるだろうか。答えは、もちろん否であり、性器的なるものは、前性器的欲動とそれ自体とを統合することはできず、前性器的欲動もまた性器的なもののそとに、それ自体としてあり続けるのである。ファルスは、ひとの性欲動がランガージュのなかにとらわれてしまったために、いわばその現実界におけるあり方が失われてしまったことの結果として与えられるシニフィアンである。

　ファルスが、どうして「主（majeur）」であるかといえば、それは表象のない、機能だけをはたすシニフィアンで、その機能からあらゆるシニフィアンの効果が生まれるからである。しかし、シニフィアンであるからには、その機能をもって他のシニフィアンを、大他者という他のシニフィアンの貯蔵庫につなげなくてはならない。ファルスは、あるシニフィアンが大他者の場所においてそれとつながったとき、その統合機能を完遂したと言えるだろう。しかし、それは不可能である。なぜなら、大他者の場所は、主体に対してあくまでもそとにあるという、絶対的な他者性をそなえているからである。それゆえ、いかなるシニフィアンも、大他者の場所においてファルスと同等のシニフィアンになることはできない。そこで、二つの欲動は、大他者によって分割されたままであり、そのために論理的な多義性が生まれるのを防ぐことはできないのである。

　前にふれたように、要求は、トーラスの曲面において、その表面を経線上にたどって廻り、欲望は中心軸の周囲をたどって廻る。どちらも超限的で、それはカントールの用語、超限数に由来している。超限数とは、無限を集めた数で、無限を越えているが、それによって無限が数えられ

るようになったことで知られている。したがって、それぞれの無限集合も互いに等しくはなく、数による大小がある。つまり、ひとことで無限と言っても、それぞれの無限の集まりには数のずれがある。その例として知られるのは、実数の全体が自然数の全体と等しくはなく、それよりずっと大きいとされることである。ラカンは、その超限的な無限集合どうしの関係を要求と欲望のずれた関係になぞらえている。さらに、フレーゲの数の概念をここに応用して、反復する要求の本質にふれている。

Je veux ici marquer qu'il n'y a là que recueil, — sans cesse alimenté du témoignage que m'en donnent ceux-là bien sûr dont j'ouvre l'oreille — , recueil de ce que chacun peut aussi bien que moi et eux tenir de la bouche même des analysants pour peu qu'il se soit autorisé à prendre la place de l'analyste.

Que la pratique avec les ans m'ait permis d'en faire dits et redits, édits, dédits, c'est bien la bulle dont tous les hommes se font la place qu'ils méritent dans d'autres discours que celui que je propose.

A s'y faire d'race guidants à qui s'en remettent des guidés, pédants ... (cf. plus haut).

Au contraire dans l'accession au lieu d'où se profère ce que j'énonce, la condition tenue d'origine pour première, c'est d'être l'analysé, soit ce qui résulte de l'analysant.

Encore me faut-il pour m'y maintenir au vif de ce qui m'y autorise, ce procès toujours le recommencer.

Où se saisit que mon discours est par rapport aux autres à contrepente, ai-je dit déjà, et se confirme mon exigence de la double boucle pour que l'ensemble s'en ferme.

Ceci autour d'un trou de ce réel dont s'annonce ce dont après-coup il n'y a pas de plume qui ne se trouve témoigner : qu'il n'y a pas de rapport sexuel.

Ainsi s'explique ce midire dont nous venons à bout, celui par quoi *la* femme de toujours serait leurre de vérité. Fasse le ciel enfin rompu de la voie que vous ouvrons lactée, que certaines de n'être pastoutes, pour l'hommodit en viennent à faire l'heure du réel. Ce qui ne serait pas forcément plus désagréable qu'avant.

《大意》
いまここにあるのは、ただ寄せ集めた言葉だけであると言っておきたい。それは、もちろん私が耳を傾けていた人たちが与えてくれる証言によって、絶えず積み重ねられているもので、だれでもたとえ分析家の資格をもたない人でも、その証言を与えてくれる分析主体の口から、私やその当人と同じくらいよく聞きとることができるものである。

私は、長年の実践経験から、文句やむだ口や命令や打ち消しの言葉を口のすることができるにしても、それらは私の提供しようとしているディスクールとは別のディスクールによって、まさしくだれもがその人にふさわしい場所を見つけるためのせりふになるのである。

そうして、みずからを奴隷にしようとする人に対しては、血筋のよい主人のディスクールの名残り（d'race）を提供したり、あるいは大学人やヒステリー者のディスクールを提供したりするのである。

だが、ときには反対に、私の言葉が私のいるところから届く場所では、そもそも最初に出会う条件としては、その人が分析家に分析家として分析を受ける人（analysé）であること、分析主体（analysant）の次の段階にいる人ということである。

それゆえ、私のディスクールは、他のディスクールとの関係からすれば、すでに述べたように、いつも反対の方向をとっている。そのために、私は全体を閉じるさいに、メビウスの帯を2周して切断した二重の環を要請するのである。

それはペンで書かれたものがすべて事後的に、「性関係は存在しない」と証言している、そのもとになっている現実界の穴をめぐっているのである。
　それゆえ、われわれがここで終わりに近づいたこの半ば言うこと（*midire*）は、それによってつねに女性というもの（*la* femme）であることは、おそらく真理の罠であるのを教えている。天空では、あなたが開く星空の道（天の川）はついに断たれたが、どうかある「すべてではない（pastoutes）」女性たちが、「男性の言われたもの（hommodit）」に対して、現実界のチャンスを与えて下さるように…。そうすれば、当然ながら、もう以前より不愉快ではなくなるだろう。

《評釈》
　分析者のディスクールは、他のディスクールと比べて、どのような特徴をもっているか。メビウスの帯を中央の線に沿って一度切断すると、それはふつうの表裏がある帯になる。もとのメビウスは、表裏のない、そとに対して開かれたままの帯であったが、切断されると、それは表側と裏側にそとを分ける、閉じた帯になる。精神分析にとって、その切断とは解釈である。だから、いちどの切断も、むろん解釈である。しかし、それは分析者のディスクールによる解釈ではない。分析者の解釈は、一度の切断によって閉じた帯を、もう一度切断するのである。この切断は、メビウスの帯を中央の線をはさんで二周することであるが、その結果は、よく手品の種に応用されると言われるように、一度切断されて閉じた帯に、もとのメビウスの帯が、からまりながら分離するのであり、これが分析者による解釈にたとえられる。すなわち、「二重の環」となった切断である。
　解釈は、言葉のつながりから生まれる意味作用の結果として、一般には「AはBである」という、主部と述部で閉じた文を口にするものであるから、それをしないディスクールはない。分析者のディスクールも、その意味において、むろん閉じている。そこで、分析者のすることは、その閉じた解釈の結果に、何度でも穴をあけることである。そのことが、

メビウスの帯からクロス・キャップを作るさいの交差線として表象されている。分析者は、ディスクールによって、その交差線を何度でも横切るのである。ラカンは、精神分析の実践の過程で、分析主体はある閉じたディスクールから、その人にふさわしい別の閉じたディスクールに移ると言っている。閉じたディスクールは、集団のなかで通常に行なわれているディスクールであって、集団は、言わばそれを一番の頼りとして運営されている。しかし、分析者のディスクールは、それに合流することはできない。分析者のディスクールは、集団のなかで閉じた複数のディスクールをもう一度開いて、その予想できない結果を、ランガージュの世界に委ねることである。

　分析主体は、その人が生きていくのに耐えられる別のディスクールに移動するとしたら、それについて他の人にどうこう言われることはない。d'race は、de race（血筋のよい）と trace（名残り）を合成した造語だが、他人と「主人と奴隷」の関係を求めている人は、それにふさわしいディスクールを身につけて他人とうまくやっていけるなら、それでよい。しかし、精神分析に携わろうとする人は、そうはいかない。精神分析家にとって、分析主体は、当面の閉じたディスクールによって苦しみを味わい、一度それを開いて、要求と欲望の関係を見つめ直そうとする人である。そこで、分析家は、ともかくも解釈によってその閉じたディスクールが開き、新たにそれが閉じるのを見届けようとする。そのためには、分析家自身がどのような形であれ、つねに分析を受けていなくてはならない。そこで、彼は分析主体から、分析家によって分析を受ける者（analysé）になる。そのように、分析主体（analysant）、被分析者（analysé）、分析家（analyste）は、区別されている。

　分析者のディスクールにとって、落とし穴は、ランガージュがひとに「存在」を押しつけ、それによって言葉のそとに、ひとの求める何かがあると思い込ませることである。それは「真理」の罠と言ってもよい。ひとの求める何かがそとにあって、言葉がそれとぴったり合致すれば、その言葉は真理である。パルメニデスは存在について、何かがあるとい

うことだけでなく、存在そのものがあると語った最初のひとであり、それが「一」であり真理である。カントが、それから2000年以上の後に語った「最高善」も、やはり真理である。それが罠だというのも、ランガージュは、そう語っているのが彼ら自身であるのを忘れさせるからである。言いかえると、彼らは、「一」や「最高善」によってそれらの言葉について語っているのに、ランガージュは、そうして語っていることを彼ら自身に忘れさせてしまうからである。ラカンは、それが現実界から身をかわすことだと言っている。

そのようにして、ひとは現実界を遠ざけたので、ひとがランガージュの世界でそれとつながることは「不可能」になった。閉じたディスクールは、それによって不可能に直面するのを避けようとする「ものの言い方」である。カントは、「私の上の星をちりばめた天空と、私のうちにある道徳律」によって、自分の心は満たされると言った。道徳律は、定言命法によって言葉となり、それ自体として意志の必然性から命じられる。しかし、言葉は、それ自体としてあるものとはつながらない。そのようなものがあるなら、それはまさしく普遍的で、全体的な属性をもつだろう。しかし、それは性別化の定式において、男性の側から最初に言われたもの（hommodit）（「すべての x は、去勢されている（$\forall x \cdot \Phi x$）」）であって、自分の存在に対する幻想（「去勢されていない x が、存在する」（$\exists x \cdot \overline{\Phi x}$））から口にされる言葉である。

男性の側からの言われる真理は、自分と女性の側を一つにした、普遍的、かつ全体的な真理があると思い込ませる。しかし、女性を全体として定義する（*la* femme）ことはできない。女性にとって、「去勢されている x は、すべてではない（$\overline{\forall x} \cdot \Phi x$）」からである。だが、一方で女性の側も、その存在については、「去勢されていない x は、存在しない（$\overline{\exists x} \cdot \overline{\Phi x}$）」と言う。これはランガージュの世界において、ある閉じたディスクールが、別の閉じたディスクールに移動する通常の営みのためにはいっそう好都合で、もしかすると、ある面では現実界に近づきやすいかもしれない。ラカンは、少なくとも、そこは男性の側の幻想を土

台にした「言われたもの」が支配するランガージュの世界に比べて、いっそう住みにくいことはあるまいと言っている。

Ça ne sera pas un progrès, puisqu'il n'y en a pas qui ne fasse regret, regret d'une perte. Mais qu'on en *rie*, la langue que je sers s'y trouverait refaire le joke de Démocrite sur le $μηδεν$: à l'extraire par chute du $μη$ de la (négation) du rien qui semble l'appeler, telle notre bande le fait d'elle-même à sa rescousse.

Démocrite en effet nous fit cadeau de l'$ἄτομος$, du réel radical, à en élider le " pas ", $μὴ$, mais dans sa subjectivité, soit ce modal dont la demande refait la considération. Moyennant quoi le $δέν$ fut bien le passager clandestin dont le clam fait maintenant notre destin.

Pas plus matérialiste en cela que n'importe qui de sensé, que moi ou que Marx par exemple. Pour Freud je n'en jurerais pas : qui sait la graine de mots ravis qui a pu lever dans son âme d'un pays où la Kabbale cheminait.

A toute matière, il faut beaucoup d'esprit, et de son cru, car sans cela d'où lui viendrait-il? C'est ce que Freud a senti, mais non sans le regret dont je parlais plus haut.

Je ne déteste donc pas du tout certains symptômes, liés à l'intolérable de la vérité freudienne.

Ils la confirment, et même à croire prendre force de moi. Pour reprendre une ironie de Poincaré sur Cantor, mon discours n'est pas stérile, il engendre l'antinomie, et même mieux : il se démontre pouvoir se soutenir même de la psychose.

Plus heureux que Freud qui, pour en aborder la structure, a dû recourir à l'épave des mémoires d'un défunt, c'est d'une reprise de ma parole que naît mon Schreber (et même ici biprésident, aigle à deux têtes).

Mauvaise lecture de mon discours sans doute, c'en est une bonne : c'est le cas de toutes : à l'usage. Qu'un analysant en arrive tout animé à sa séance, suffit pour qu'il enchaîne tout droit sur sa matière œdipienne, — comme de partout m'en revient le rapport.

《大意》

これまで述べたことを、前進とするわけにはいかないだろう。というのも、そこには必ず後悔が、つまりディスクールにおける意味作用の弱まりに対する後悔が生まれるからである。しかし、それを笑いとばして (*rie*) 欲しい。私の使っている国語は、そこにデモクリトスの $μηδεν$ についてのジョークを復活させるはずだからである。つまり、何か ($δέν$) と言えるようなものを否定の $μη$ を使ってそとへ出すことによって、われわれがメビウスの帯で行なったことを援護してくれるからである。

じっさい、デモクリトスは、われわれに根源にある現実的なもの、すなわち原子 ($ἄτομος$) の贈り物をしてくれたのであって、それは否定の $μηδεν$ (= ne…pas (rien)) から $μη$ (pas) を落として、$δέν$ を何か (rien) として取りだし、その主観的な（接続法による）表現によって、要求を練り直したのである。その結果、$δέν$ は rien（何か）として、隠れた密航者 (passager clandestin) となったが、その密かに隠れたもの (clam) は、いまもってわれわれの運命を支配している。

デモクリトスは、ふつうの分別をもった者、例えば私やマルクス以上の唯物論者であるわけではない。フロイトについて、彼はユダヤ教のカバラがたどった国の精神から生まれた法悦の言葉の種子を知っていたが、私はそう断言するのを差し控える。

いずれにしても言葉には、その人の自家製の機知が必要であり、それ

がなかったら、その人に由来するものはいったいどこからくるのだろうか。フロイトは、そう感じてはいたが、それには私が述べたような意味作用の弱まりに対する後悔がともなっていた。

だが、私は、フロイトの真理の耐えがたさにともなうあれこれの症状を少しも嫌がりはしない。

それらの症状は、フロイトの真理を確証するものであって、私に力を与えてくれるようだとさえ思える。ポワンカレがカントールの主張を、不毛ではないが矛盾と不可能がともなうと言った、あの皮肉を借りるなら、私のディスクールも不毛ではない。それは二律背反を生みはするが、それ以上のものでもある。つまり、それは精神病のディスクールによっても擁護されるのである。

フロイトは、精神病の構造に近づくために、故人シュレーバーの記憶の漂流物に頼らざるをえなかったが、私は彼より幸運である。というのも、私のシュレーバーは、一人二役の議長であり、シュレーバーの『回想録』と、フロイトによる解釈という、あの二重の環になったような双頭の鷲であって、それを私のパロールがふたたびくり返せばよかったからである。

おそらく、私のディスクールはシュレーバーの悪い読み方であろう。それゆえに、良い読み方でもある。利用されるものは、すべてその例にもれない。分析主体が、その悪い読み方に元気づけられて面接に臨むなら、それはちょうど、不在の性関係がいたるところから私に戻ってくるように、分析主体を彼自身のエディプスの材料の方へまっすぐ向かわせるのである。

《評釈》

デモクリトスは、いわゆる原子論（atomism）を完成させた古代ギリシアの哲学者として知られている。「ないものは、あるものと同じように存在している」（断片）と言ったとされるが、ラカンは、ギリシア語の否定表現（meden）から、彼の原子（$\check{α}τομο\varsigma$）をない（$μ\grave{η}$）から分離

した何か（*δέν*）であって、それ自体では分割できず、ない（*μή*）を実現した空虚な場所で活動するものとして取りあげている。meden を *μή* と *δέν* に分けてしまったのをデモクリトスのジョークと言ったのであろう。ギリシア語の通常の否定表現では、*μηδε*（〜ではない）であるが、それを文法的には無関係だが音声的に近い *μη* と *δεν* に分離したのである。しかし、フランス語の否定は、"ne…pas" "ne…rien" など、多くは２語によって表現するので、それについて考えるのに都合がよい。*μή* は ne で「ない」、*δέν* は rien で、否定における quelque chose「何か」になる。すなわち、*μηδεν* における「何か」は、それが否定され「ない」ものとなり、かつ「何か」としてあり続けるものである。ラカンは、ここで、*δέν* に当たるフランス語の rien を、さらに二語（en と rie）に分割し、その言葉遊びによって、自分の述べたことが前進でないことを笑いとばして（en rire）欲しいと言っている。

　原子は、その「何か」を言いかえたもので、ひとの目に映る森羅万象の根底にある現実的なものを指している。そして、この現実的なものを、ひとの世界における密航者としている。それは、隠れて（clandestin）航行する者（passager）であり、この語の pas は、否定辞「ない」であるとともに、名詞となって「歩み」を表わしている。また、clam はラテン語（「隠れて、秘密に」の意）で、それを密航者の語頭（clan）の文字にかけて、「隠れたもの」と名詞化している。つまり、その隠れた「何か」の歩みが、ひとの運命を作りだしている。それが隠れていて、この世に「ない」というのは、ランガージュの世界で言葉にならない対象であるということだから、たんに小文字の a として指し示すしかない。それがひとと言葉のあいだに立ち塞がって、しかもひとの運命を支配していると言うのである。

　デモクリトスは、原子論者であるがゆえに、徹底した唯物論者であると思われている。しかし、彼は「ないもの」をめぐってこの世が動いているとしているのであり、「あるもの」についてはあると言う、通常の唯物論者と同じである。ただ、いわゆる唯物論は、世界がその材料として名指せる対象だけで動いているとするので、それは彼の唯物論につい

ては当たっていない。フロイトは、精神分析の治療経験を重ねるあいだ、そういう「ないもの」に対する感覚をもち続けていたが、症状から主体の構造を考究するにあたって、それを最後まで生かしたかどうかは確言できない。

　シュレーバーは、フロイトとほぼ同年代の人で、彼が没した1911年は、ちょうどフロイトが彼の『回想録』（1903年）から、その症例研究を発表した年でもある。シュレーバー、フロイト、ラカンの関係をみると、フロイトはシュレーバーの残した文字という遺留物によって、はじめての解釈を行なった。それはメビウスの帯の最初の切断と言ってよい。つまり文字として残ったものを読んで、解釈によって開き、ふたたび「言われたもの」として閉じたことである。ラカンは、それをフロイトの「言うこと」として聞き、症例研究として残った文字を、ふたたび彼の解釈によって開き、やがて「言われたもの」として閉じたことである。ちなみに、シュレーバー症例に関するラカンの「言われたもの」は、1955年-1956年のセミネールの記録『精神病』と、1958年に発表された論文「精神病のあらゆる可能な治療に対する前提的な問題について」（『エクリ』収録）の文字によって残されている。

　こうしてみると、シュレーバー症例に関して、ラカンの「言われたもの」は、いちど閉じたものがフロイトによって開かれ、やがて閉じたものが彼の解釈によってふたたび開かれ、それが記録や書きものによる閉じたものとして残っているということになる。ラカンがフロイトに比べて幸運だったというのは、彼には一度「言われたもの」を切断したフロイトの「言われたもの」が与えられていて、それは双頭の鷲のようなもので、そこから2度目の切断によって、閉じて分離した曲面の部分を、もう一度開こうとすればよかったからである。テキストは、それが読むために利用されるときは、どういう読み方も、そのような切断のくり返しをたどるはずである。ラカンの「言われたこと」も、まったく同じである。ある分析主体が、ラカンのセミネールの記録や書きものを「悪い読み方」として切断し、分析主体自身の「言うこと」をもって面接に臨

むなら、彼はそのことによって、自身のエディプスのもつれた材料から、まっすぐその意味へと進めるかもしれない。精神分析は、分析主体が必ずディスクールにおいて「性関係は存在しない」ことによる意味の不在に直面するとしても、あくまでそのことが生みだす産物の意味を読もうとする営みである。

Évidemment mon discours n'a pas toujours des rejets aussi heureux. Pour le prendre sous l'angle de l'" influence " chère aux thèses universitaires, cela semble pouvoir aller assez loin, au regard notamment d'un tourbillon de sémantophilie dont on le tiendrait pour précédent, alors d'une forte priorité c'est ce que je centrerais du mot-valise... On movalise depuis un moment à perte de vue et ce n'est hélas ! pas sans m'en devoir un bout.

Je ne m'en console ni ne m'en désole. C'est moins déshonorant pour le discours analytique que ce qui se produit de la formation des sociétés de ce nom. Là, c'est de tradition le philistinisme qui donne le ton, et les récentes sorties contre les sursauts de la jeunesse ne font rien de plus que s'y conformer.

Ce que je dénonce, c'est que tout est bon aux analystes de cette filière pour se défiler d'un défi dont je tiens qu'ils prennent existence, — car c'est là fait de structure à les déterminer.

Le défi, je le dénote de l'abjection. On sait que le terme d'absolu a hanté le savoir et le pouvoir, — dérisoirement il faut le dire : là semblait-il, restait espoir, que les saints ailleurs représentent. Il faut en déchanter. L'analyste déclare forfait.

Quant à l'amour dont le surréalisme voudrait que les mots le fassent, est-ce à dire que ça en reste là ? Il est étrange que ce que l'analyse y démontre de recel, n'y ait pas fait jaillir ressource de semblant.

Pour terminer selon le conseil de Fenouillard concernant la limite,
je salue Henri-Rousselle dont à prendre ici occasion, je n'oublie pas qu'il m'offre lieu à, ce jeu du dit au dire, en faire démonstration clinique. Où mieux ai-je fait sentir qu'à l'impossible à dire se mesure le réel — dans la pratique ?
et date la chose de :
BELOEIL, le 14 juillet 72

Beloeil où l'on peut penser que Charles 1er quoique pas de ma ligne, m'a fait défaut, mais non, qu'on le sàche, Coco, forcément Beloeil, d'habiter l'auberge voisine, soit l'ara tricolore que sans avoir à explorer son sexe, j'ai dû classer comme hétéro —, de ce qu'on le dise être parlant.

《大意》
　もちろん、私のディスクールは、いつもそれほど幸運に投げ捨てられるわけではない。
　それは、大学の論文で日頃親しい"影響"の面から取りあげられると、あらぬ方向に進むかのようであり、とくにそれが意味偏愛的なめまぐるしい動きに先行するものと見なされると、私がカバン語（mot-valise）として一括したいもの、それがとくに際立つようになる。しばらく以前から、ひとは私の言葉をカバン語として使っている（movalise）。それは悲しいことだが、私にもその責任がないとは言えない。
　私は、そのことについてみずから慰めもしないし、悲しみもしない。分析者のディスクールにとっては、協会なるものが、その名で大学人のディスクールを生みだすことの方がずっと恥ずべきことである。それは

実利主義的な俗物根性の伝統がしからしめるところで、若者の奮起に対する最近の対処法では、その伝統に従うこと以外には何もやっていない。

私は、それらすべてが大学の課程にいる分析者たちにとっては良いことだと言っているのである。彼らは、私が分析者の存在理由であると考えている脅威から、それによって逃れることができるからである。私は、彼らが分析者であるのを決める構造は、その脅威にこそあると思っている。

その脅威を、私は浅ましさ（abjection）と名づける。ひとは、絶対的なものが知識と権力につきまとっていたのを知っており、こっけいにも、そこには聖人たちの伝える希望が残っていたかにみえると言わねばならない。しかし、その希望は捨てるべきである。分析者は、それを重大な違反であると宣言している。

シュールレアリスムは、言葉によって愛が生まれるのを欲していたようだが、その愛については、その通りだと言うべきだろうか。しかし、精神分析が、そこに隠蔽があるのを見るのは奇妙ではあるが、それは見かけを生みだす材料が出現するのを妨げているのである。

最後に、国境の向こうに境界があるという、あの続き漫画フヌイヤールの助言に従いたい。

私は、この機会に、臨床実演によって「言われたもの」から「言うこと」へのゲームを行なう場所を与えてくれたアンリ・ルーセル病院に敬意を表したい。この場所とは他のどこで、現実界は口にすることの不可能をもってはかられるのを、これ以上にうまく伝えることができただろうか。

次の文字は、この「書かれたもの」の場所と日付である、

ベルイユ、72 年 7 月 14 日

ベルイユ、ひとはここで英国の処刑された王チャールズ一世を思うことができる、また、彼は私の家系でないにせよ、私には彼の絶対的なものが欠けていることを思うことができる。もちろん、私にはそれが欠けている。知っていただきたいが、あれ（Coco）は、当然、美しい目（Bel oeil）をもっていて、隣の宿屋に住んでいる。そう、あれは三色の（tricolore）コンゴウインコで、自分の性を探究することをしない。しかし、私は、ひとがあれを「語る存在」だと言ってくれるように、異性愛者として分類しなくてはならなかった。

《評釈》

　カバン語は、ある二語の一部分を切り取り、結合させてもとの二語の意味を伝えようとする。ラジ・カセ、パソ・コンのたぐいの造語であるが、日本語には旧制高校の寮歌で、デカルト、カント、ショーペンハウアーの3人の名前からとって一般に流布したとされる「デカンショ（節）」もある。ラカンは大学人のディスクールから、その造語法を連想させようとしている。その場合、結合させた語のそれぞれの意味は考究されず、たんに音声上の多義性を残したまま、その多義性が拠ってくるところはまったく問題にならない。大学人のディスクールには、知識を実利や実益に役立てようとする一面があり、ひとの生活に役立たない知識には何の価値もないという暗黙の前提がある。しかし、それならば人の生活とは何ですかという問いは、遠ざけられて、まったく忘れられている。精神分析家が、その問いを忘れて、ひとの世の実利主義的な伝統に合流することを恥ずべきことだと言うのである。

　しかし、それにはひとを「語る存在」たらしめていることに起因する脅威から身を護るさいの利点がある。その脅威が浅ましさであることのゆえんは、ヘーゲルの絶対知と西欧君主の専制的権力との関係や、マルクス・レーニンの理論とスターリンの絶対的権力との関係をふり返れば分かる。絶対的なものとは、ひとがランガージュの世界で失ったものを、もう一度とり戻すのが不可能なことである。ひとがその世界で、ひとの生きる条件から身をかわそうとすると、そこに不可能の脅威に代わる浅ましさとして、絶対的な知識と権力が登場するのである。

　シュールレアリスムは、例えばアンドレ・ブルトンの『狂気の愛』にあるように、言葉で愛を実現しようとしていたが、そこにも隠匿があっ

た。それによって、ディスクールの始まりである見かけから、何がそれを生みだしているかという対象を隠したのである。分析者のディスクールにとって、それは対象 a である。そのディスクールは、シニフィアンから翻訳された言葉ではなく、見かけの場所にくる対象 a からはじめて、それが性関係の不可能によって、つまりそれが言葉につながることの不可能によって、この世の対象ではないことを引き受け、それをメビウスの帯の切断、すなわち解釈によって閉じたものとして切り離し、同時に、主体をもとのメビウスの帯として開かれた状態に保とうとする。

　フヌイヤールは、1889 年（明治 22 年）にフランスで最初に出たコマ漫画で、ここでは、そこから吹き出しの台詞が連想されているのだろう。

　ベルイユは、ベルギーの都市で、16 世紀の旧教同盟が本拠とした城があることで知られている。この城には、清教徒革命のさいに処刑されたイギリスの王チャールズ一世の肖像画が保存されている。ラカンは、そこで本論を書き終えたと記し、自分はチャールズ一世のようにイギリス人ではないが、もちろん、彼のような絶対君主の権力につながるディスクールも自分のものではないと言っている。Coco には、「カバン語」を最初に命名したルイス・キャロルの『鏡の国のアリス』に登場する「卵」の意味もあるが、ここでは、たんにコンゴウインコとフランスの三色旗の両語にかけて「あれ」とした。ちなみに、前出の「私の言葉をカバン語にする」と訳した造語 movalise にも、「卵（ovale）」の意味が含まれている。ラカンは、三色旗のコンゴウインコであるフランスは、美しい目（ベルイユ）をもつベルギーの隣国で、地球上のひとはすべて「語る存在」なのだから、そこでも性別化を免れることはできないはずなのに、今のところ、それに無関心である。ラカンが、それでも異性愛者として分類しなければならなかったと言うのは、たんに同性愛者と比べているのではなく、言葉と対象 a のつながりに固執する男性の側に立ってものを言うひとを指しているとみられる。

補足的評註
―「あとがき」にかえて―

ディスクール

　たいていのフランス人は、タイトルの「レトゥルディ」(L'étourdit) を耳にすると、モリエールの喜劇『L'étourdi』を連想するだろう。日本では、『粗忽者』と訳され、うかつな、あわて者のことである。主人公の恋を成就させようと、下僕が知恵を絞るが、うまくいきそうになるたびに、浅薄な当の主人公がそれをぶち壊してしまい、堂々めぐりをくり返す、陽気な劇である。しかし、モリエールの喜劇のタイトルには、語尾に t はない。ラカンは、そこに t をつけて、動詞 étourdire（うんざりさせる）の活用形とし、意味を曖昧にしている。日本語では、そういう書字上の現象を、日常のいわゆる同音異義語からたやすく思い浮かべることができるが、その現象がここでは、本論の骨子をうかがわせるタイトルとして利用されている。

　ここで、L'étourdi が L'étourdit になったのは、本論での「言うこと」と「言われたもの」のへだたりを表わしている。そのあいだに「聞かれること」が入る。そこから、ディスクールにおける意味（sens）と意味作用（signification）の問題が生まれるのである。タイトルの音声を耳にして、すぐに「粗忽者」を連想するのは、彼自身がそそっかしい、「あわて者」だからであるが、「語る存在」としての人間は、だれひとりとして、この軽薄さを免れることはできない。ひとの語る言葉は、それが音声として実現されるかぎり、そこに同音異義による意味のずれが生まれる余地があり、そこで、どんな言葉から生まれる意味作用も、それによって意味を全うすることはできない。十全な意味とは、言葉が、それの指す対象と一致していることだが、その対象とは、じっさいにあるもので

あって、そのあるものとは「存在」である。

　そのように、言葉にはタイトルが示すとおり、多義性を免れない本質的な一面があるとともに、それには、ひとにあたかも存在を言い当てているかのように思わせる別の一面がある。ひとが生きるのは、そのような言葉を使用する活動を土台にしており、それをランガージュと呼んでいるが、そこで、ラカンは、「ランガージュは、ひとに存在を押しつける」と言い、そこから無意識が生まれると考えるのである。昔から、ひとの「言うこと」が対象と合致していれば、その言葉は「真理」だとされてきたが、言葉は、たとえ独り言であっても、聞かれなくては言葉にならない。言葉は、「聞かれること」によって、はじめて「言われたもの」になるのである。だが、「言うこと」と「言われたもの」をつなぐ「聞かれること」では、そこにひとの想像力が働き、ひとが何かを想像することは、その精神活動と同義であって、そこに無意識の源泉があると考えることができる。こうして、言葉は「聞かれること」によって「言われたもの」となり、そこから生まれる想像によって存在に近づき、ひとは何を言おうと、そのことによって「言うこと」そのものから遠ざかる。無意識は、そのへだたりから生まれ、本論で「ララング」と呼ばれている、もう一つのランガージュである。

　ディスクールについて、ラカンは、本論を書く3年前のセミネール『精神分析の裏側（L'envers de la psychanalyse）』(1969-70) のなかで、「四つのディスクール」と呼ばれる理論によってふれている。ひとは言葉を使って生きる。その活動をもっとも広く指す用語はランガージュであるが、ディスクールは、それを土台にして行なわれるひとの話し方であり、言葉の使い方である。ひとはそれによって他人との関係に入り、あらゆる社会的な絆を生んでいくのである。その意味では、ひとがじっさいに行なっている言語活動は、すべてがディスクールであるとも言える。精神分析はそのディスクールを、主体（ひと）のあり方と切っても切れないものとして問題にする。そのさい、ひとがあるディスクールを生むのではなく、ディスクールがひとを生みだすのである。それゆえ、

個人の生活史や、さらには生きものとしての人類の歴史は、ディスクールの歴史であるとも言える。

「四つのディスクール」は、じっさいには非常に複雑なひとつの話し方を、極限にまで集約して、それらを四つのタイプにまとめ、マテームと称される形式化された記号の表現によって提示している。本論では、その表現の内容をおもに二つの手段によって説明しようとしている。一つは、それぞれのタイプに共通する言語活動の本質を数学の分野の知識を借りたトポロジーに基づいて、それを特定のイメージから生まれる意味作用に煩わされずに、換喩的に使用することによって。もう一つは、やがて「性別化の定式」と呼ばれる別のマテームについて、あらかじめ本論においてその内容にふれることによって説明しようとしている。そこで、まずトポロジーについて、説明を補足しておこう。

トポロジー

トーラスとメビウスの帯

トポロジーをとおして、「四つのディスクール」のマテームを見ていこうとするとき、ここにおける言葉と主体の関係は、トーラス、メビウスの帯、クロス・キャップの順に追うことができる。

ラカンは、すでに1950年代のはじめにはトポロジーについて言及しているが、本論に先立つ10年前のセミネール『同一化 (L'identification)』(1961-62) から、講義においてトポロジー的な形象を使っている。トーラスは、それによって主体における「要求」と「欲望」の関係を説明しようとしたものである。既述したように、トーラスの表面には、膨らんだ円周の回りを巡る経線がたどる円と、中心の穴を巡る緯線がたどる円の、二種類が描かれる。そして、経線をたどる円が主体の「要求」（言葉）を、緯線のそれが「欲望」（幻想）を表わすとされた（180頁の図を参照）。ここで特筆されるのは、二種類の円は、それぞれがどれほど巡

回を重ねても、トーラスの表面で一点に還元されることはなく、そのことが言葉と主体の関係における要求と欲望の齟齬を表わしている。精神分析の理論と実践の当初からの基本的な問題は、その行き違いをどう考え、それにどう対処するかということである。

　ひとは、その願望（le souhait）を記号によって表現する生きもので、その記号が言葉と呼ばれる。そして、その願望を言葉で表現したものが要求である。そのさい、この要求と生物学や心理学で欲求と呼ばれるものとが分離する。欲求は、個体の生存と種の保存にかかわる現象で、ひとの要求は、たんにその求めを満たそうとするのではなく、心のなかのイメージにかかわる対象をもとめている。そして、こちらの求めが、すなわち欲望であるが、その対象はない、欠けているものとしてしか与えられない。そこで、欲望は主体のなかに欠けているものとして、その願望表現である要求にかかわるのである。言いかえると、欲望の対象は、主体にとってはどこまでも行ってもないものであり続けながら、要求によってそれを求めようとするものである。トーラスは、それを目に見える形によって説明するために使われているのだが、そのためにはもとの形を変形しなくてはならない。

　トポロジーでは、一般にある図形を連続的に変形することによってお互いに移行し合う図形は、例えばドーナツと湯呑み茶碗を同じものと見なして、それらは位相が同型だとしている。連続的に変形するとは、図形の表面の点に切れ目がないということである。しかし、湯呑み茶碗に取っ手をくっつけてコーヒーカップにすると、この図形は二つの部分からなり、表面の点は連続的ではなく、茶碗とカップは同相ではない。そのように、二つの図形の位相が同型でないときは、それらの表面には連続性を断つ切れ目があることになるが、トポロジーでは、それらをくっつけて一つの図形にする操作の結果を、「連続性（continuité）」が変化したと言っている。それをドーナツ型のトーラスについて見ようとするなら、トーラスのある箇所に切れ目を入れ、それを平面的に引き伸ばして、帯状の長方形にした図形を想像すると分かりやすい。平面化された長方

形の帯は、両端をそのまま結べば、ふつうの帯のような円環帯の輪ができあがる。しかし、その帯を180度（半ねじり）ねじってから両端を結ぶと、ふつうの円環帯とはまったく性質の違うメビウスの帯になる。

トーラスは、そのまま切れ目を入れずに平面化すると、大小の二つの円として描くことができる。そして、要求と欲望は、それら大小の円のあいだを巡って一点に還元されることのない二種類の円環運動として想像することができる。ところが、その運動が、トーラスの表面上であたかも交差しているかのように描かれているのが、「内転する8」の図である（181頁、図参照）。そこでは、要求と欲望が、ちょうどその交差点において一つになるかのように見える。しかし、言うなれば、それは切断を表わす瞬間であり、長続きする合流や一致を表わしているのではない。やはり、要求がそれ自体を含んでいるなかの小さな円と、それを含まないそとの大きな円によって、トーラスの内部における要求と欲望という二種類の運動の齟齬を知らせているのである。交差と合流を内部で続けていくことのできないトーラスの表面は、それを実現するために外部からの運動を求めなくてはならない。

ラカンは、そこで、トーラスをもとの立体的な形に戻し、そこの中心の穴にもう一つのトーラスをからませ、それを大他者のトーラスとした（289頁、図参照）。これによって、主体のそとにある大他者のトーラスの表面に主体の要求の広がりと、それが欲望と交差するようすを示そうとしたのである。そうすると、主体の要求も欲望も、大他者とのかかわりをぬきにしてはありえないことになり、主体の内部を巡る欲望を要求と一致させようとすれば、主体はそとの大他者のトーラスの要求に接しなくてはならない。こうして、主体における二つのトーラスの「抱き合わせ（embrassement）」が生じ、その合わせ具合が、主体のあり方にかかわることになる。また、それが主体のトーラス、大他者のトーラス、神経症の構造を示すのであり、その主役は、交差による切断である。ちなみに、神経症の主体とは、その欲望によって執拗に大他者の要求を満たそうとする者であり、ふつうには、それによって主体が満足をえられ

るかどうか、そこに切断の問題がかかわるのである。

　さて、くり返しになるが、トーラスを切断して平面化した長方形の帯を180度ねじって両端をふたたび結べば、それがメビウスの帯であった。この帯は、たやすく立体的に想像できるが、それを縁に沿って切断すると、そのねじれは180度の半ねじれを四回加えた二回ねじれの帯になる。ふつうの帯は、切断すれば、分かれて二つの帯になるが、メビウスの帯の切断は、帯を分離しない。それがいちばん目立った特徴であり、注意すべきところである。

　そのようなメビウスの帯を、ラカンは、しばしば立体的な図形から平面図に移して使用し、その図形による説明が、むしろふつうになっている。それと似た図形は、帯の性質を発見したメビウスの著書にもあって、恣意的とは言えないが、帯を平面化すると、もとの立体的な帯に、それを裏返しにしたようなねじれ（半ねじれ）が三回できる。また、それを一度切断して二分すると六回、さらに、帯を二度切断して三等分すると九回のねじれができる（265頁の図を参照）。そのせいで、全体の説明にいくぶん分かりにくさが生じているかもしれないが、ここで注意すべきは、ねじれの数が偶数か、奇数かということである。すなわち、メビウスの帯は、どちらの図形においても、奇数回の切断（四回と六回の半ねじれ）では、表裏のあるふつうの連続した帯となり、偶数回の切断（五回と九回の半ねじり）では、ふたたびメビウスの帯と、それがふつうの帯にからまった一本の帯になるのである。

　トポロジーは、数学で「柔らかい幾何学」と言われる、数量計算に頼らない一分野である。ラカンは、言葉を使って生きる動物の人間について考えるために、それを援用しているが、そのさい、トーラス、メビウスの帯、クロス・キャップなどは、あくまでも欲望、要求、対象a、ファルス、同一化などの相互関係を説明するために利用する便利な道具である。そして、言うまでもなく、それは理論を構成するために必要な基本概念とは別なものである。ラカンは、その道具には隠喩的なところはまったくなく、つまり、よけいな想像をめぐらすことなく、そのまま

換喩的に使用して欲しいと言っている。

　ところで、本論でトポロジーにふれているところは、とくに最初が分かりにくい。それは、彼がはじめからトーラスをメビウスの帯に見立て、二つの形象をつなごうとしているからである。それは必ずしも不自然なやり方ではないが、通常、メビウスの帯は、ふつうの長方形の帯を180度ねじり（半ねじり）、そのまま貼り合わせて作るとされている。それなら分かりやすいが、彼があえてトーラスから始めた理由は、主体の欲望と欲求のすれ違いという根本の発想から必然的なことで、そのためにタイヤを指ではさみ、そのまま半ねじりして、しかもそのさい、同時にタイヤのチューブから空気をぬいて折り重ね、平面化して生まれた二つの円から、内転する8の字の図形を作って、それをメビウスの帯のみせかけとしたからである。というのも、その図形では、内転する8の交点があたかも切断のように見えるからであるが、じっさいは、平面化された二つの円によって、切断は表現できない。

　そこで、次に、メビウスの帯を中心線にそって二分し、ふたたび縫合して「真の」メビウスと呼んでいる。しかし、それはメビウスの帯を一度切断して、表裏のあるふつうの帯を、つまりそれ自体ではたんに閉じている帯を、内部に切断をかかえた帯として無理に縫合したもので、これをそのままランガージュの世界に生きる主体とすることはできない（「切断と縫合の図」184頁の図を参照）。「語る存在」としての主体は、次の二度目の切断によって三等分されたメビウスの帯から、もとの開かれた帯と、閉じた帯のからまる存在として生まれるのである（188頁の図を参照）。そうして、以後の切断は無数に続き、主体は、奇数回と偶数回の切断のたびごとに、もとのメビウスの帯として開かれ、また、たんに表裏のある帯として閉じる行程をくり返すのである。

クロス・キャップ

　クロス・キャップのデッサンは、「交叉した縁なし帽」に「円板」をはり合わせた図形によって描かれる。前者は、メビウスの帯の外側の面と

内側の面を交差させた状態を表わしており、その交差点をはさんで、ちょうどメビウスの帯と同じように、表と裏が連続している曲面である。クロス・キャップは、それに円板をはり合わせて作る。あるいは、逆に、縁なし帽の内部に穿たれた交差点を連続的に示す「無限遠直線」にそって、それをどこまでも切り開けば、円板ができる。そして、その図形は、二次元的に平面図として描くことができ、三次元の形象として、立体的に想像することもできるが、じっさいには存在しない。無限に遠い直線上の点を表現するには、時間をふくむ四次元の空間を表現しなくてはならないが、それは静止的な物体としては表現できない。

　もともと交差していないメビウスの帯のねじれた曲面を切断して、交差させ、それを点として想像するのは、トポロジー的思考の産物である。すなわち、二つの曲面が交差するところは、じっさいにはどこにもない思考上の交差点であるが、クロス・キャップは、それを連続する一本の線としてつつんだ虚構の曲面である。けれども、その抽象的な球体は、言葉と主体の関係を考えるにあたって、じつに好都合なモデルを提供してくれる。ラカンは、それを構成する二つの図形のうち、メビウスの帯を主体に、円板を対象aになぞらえている。これを主体の要求と欲望の関係に照らしてみると、円板は、幻想に支えられた主体の欲望の原因を示していて、メビウスの帯は、主体がそれに向かって無限に要求をくり返し、それを大他者の欲望と混同しながらも、主体の欲望は、いつまでもその要求に還元されない状態を表わしている。

　クロス・キャップは、閉曲面の球体として描かれるが、理論的には、内部の無限回数の切断によって開かれている、縁のない、向きつけ不能な、非球体的な曲面である。円板は、それがあたかも球体的に閉じるかのようにするために用意されているのだが、それは対象aとして、主体の幻想がそこに投射され、それによって、要求はディスクールのなかで閉じるのである。メビウスの帯は、一度切断されるとふつうの帯のように、表裏のある、閉じた曲面になる。しかし、二度目の切断によって三等分されると、今度はメビウスの帯とそれにからんだふつうの帯に分か

れる。それをさらに切断すれば、メビウスの帯の部分からはふつうの帯が、ふつうの帯の部分からはメビウスの帯ができる。このことは、もともと表裏のない、開曲面のメビウスの帯が、二度目の切断からは開いていると同時に、最初の切断のときのように閉じたままではいられないことを示している。こうして、もとの帯は、開閉をくり返しながら、どちらか一方であり続けることはできない。そのさい、反復される切断の回数（奇数か偶数）が問題になるのである。

　要求では、例えば「欲しいのは、ミルク」と「言うこと」は、それが「聞かれること」によって、「言われたもの」になり、閉じた曲面として言葉を表現しているようにみえるが、しかし、また「それでも、地球は丸い（のを分かって欲しい）」と言うときのように、そこにおける主語と述語のつながりは偶然であって、一定の意味作用を保証するものはない。どのような言葉のつながりについても、それは言えることで、言葉をつなげることは、それ自体が曲面を表から裏へと、あるいはその反対へと移ることである。これを欲望との関係に照らしてみると、要求におけるどのような言葉のつながりも、それが欲望の表現として最終的に閉じることはなく、要求は、ふたたびその反対側へと移る。すなわち、曲面は、また非球体的な曲面として開かれる。クロス・キャップの内部では、そのような運動が、無限遠点に向かって続くのである。

　主体は、そもそもランガージュの世界で、メビウスの帯として開いたままでいることはできない。「語る存在」は、たとえ失語症者であろうと、黙ったままではいられないのである。ラカンは、ディスクールの切断をクロス・キャップのなかで連続している交差線になぞらえ、それを「点のない線」と呼び、下方にある円板を「線外の点」と名づけた。この円板は、たんにクロス・キャップを球形にするための付属部分とみなすことはできない。たしかに、それはクロス・キャップを、外見上、球体面にする役目をもっている。だが、一方ではクロス・キャップのなかでディスクールの切断が無限にくり返されるにもかかわらず、そこはディスクールを閉じるための「線外の点」が、そのつど投影される場所でもあ

る。言いかえると、そこは主体を対象 a に向けるヌーメノン（noumène－われわれをそこへ導く「本体」の場所）があるところで、内部の交差線のつながりからは離れた場所である。

　ディスクールのなかで、言葉のつながりに一定の意味作用を保証するものが何もないのは、あらゆる「言われたもの」が、シニフィアンを材料にした言葉の偶然的なつながりによっているということである。主体を欲望の「本体（原因）」に導くはずの「線外の点」は、いっときディスクールがそこで閉じはしても、やがて根底をなす「無－意味」が露呈して、ふたたび切断に向かう。ディスクールが、いっとき固定されているかにみえるのは、「言われたもの」をそのまま反復してくり返す「言うこと」が、「聞かれること」をとおして、そこに想像界が関与し、虚構を生みだすからである。「語る存在」は、そのようにしてランガージュの世界から現実界をしりぞけ、象徴界と想像界が癒着した融合の世界にとどまろうとする。しかし、ラカンは、そこにふたたび切断をもたらし、現実界をふくめた三領域を連接するシニフィアンを想定する。ひとは、生きているあいだに象徴界から離脱することはできない。三領域を連接するのも、象徴的なものの働きである。ラカンは、われわれを欠けている対象に導きながらも、そうした働きをする、一定の形象のないシニフィアンを「ファルス」と呼んでいる。

性別化のマテーム

　性別とは、ここではひとについて、男性と女性の区別を指しているのは言うまでもない。しかし、ディスクールに関して、フランス語でちょっと興味をひく点がある。それは大他者（Autre）と対象 a のどちらにも、アルファベットの最初の文字があることだが、その文字は、例えば a-sexué（非あるいは無・性化された）のように、日本語で非、不、無、欠などを連想させるような否定辞（ne pas、sans、英語では not、without）として働くということである。

　はじめから余計なことを述べたのは、あらかじめひとの「欲望」につ

いてふれておきたかったからである。ラカンは、「主体の欲望は、大他者の欲望である」と言った。この文句はかなり知られているが、すると、ひとの欲望は、欲望する方もされる方も、また欲望を生む原因である対象aも、性別とは無関係ではないか。じつはそれが基本的にだいじな点で、ひとが誕生して間もない頃の母親は、よく大他者にたとえられるが、その母親も女性の形象とはとくに関係がないのである。

　そうしてみると、「話す存在」としてのひとの性別は、もっぱらひとの話し方に、ものの言い方にかかわる。もちろん、ひとの生物学上の性別は、外見からも明らかで、とくに男性の外性器であるペニスは、生殖上の役割分担を目に見せているかのようである。ラカンの性別化も、むろんそれに無関係とは言えないが、本文でもたびたびふれたように、ペニスはファルスとして徹底的に抽象化され、理論化されている。言いかえると、その性別化はランガージュの効果として、はじめてひとの世界に現われる。すなわち、それはひとの男性、あるいは女性としての話し方によって生まれる。もちろん、それは生物学上の性別から自然に生まれてくるものではない。しかし、男性と女性が、それぞれどういう立場からものを言うかを考えようとするとき、そのひとの自然の性別とは直接に関係がないまでも、性の相違を示す象徴化された身体器官に、それぞれのひとがどのようにかかわるかを指し示す標識が必要とされる。ペニスを象徴化したファルスは、その必要に応じた、言わば機能だけを表わした記号である。ペニスは膨張と収縮をくり返し、男性のなかに生まれる幻想の根源が目に見えるような身体の付属器官である。それゆえ、性別化されたそれぞれのひとの話し方に、それのくり返す運動がどういう影響を与え、どういう結果を生むかを考えるのである。そのようなペニスの、形象を離れた運動を伝える記号がファルスであるが、これはあくまでも象徴化された機能概念であって、ランガージュのなかでものの言い方を左右する働きにかかわるのである。

　こうして、精神分析にとって、ひとの性別にかかわるのは、身体器官（オルガン）ではなく、論理（オルガノン）である。この論理は、歴史的

にもっとも古いアリストテレスの古典論理学に拠っている。そのなかから、四種類の「言われたもの（定言命題）」について、「対当関係」と呼ばれる相互関係が、後にアプレイウスによって整理された（146頁、参照）。それらは、普遍（全称）と特殊（特称）の量的判断と、肯定と否定の質的判断を骨子としたもので、定言命題は、疑問や感嘆の表現とは別に、すべてがそれら四種類の「言われたもの」に集約され、今日の論理学においても、それは認められている。

　ラカンが性別化について語った言葉のなかで、「性関係は存在しない」と「女性なるものは存在しない」は、とくに論議の的になった。それらを論理的にみるなら、もし「性関係が存在する」なら、「すべてのＳはＰである」という「言われたもの」は、普遍性をもつことがありうるし、また、同じように「女性なるものが存在する」とすれば、すべての女性は、その「言われたもの」によって規定されることが可能だろう。しかし、ラカンは、どちらも不可能であると言う。一方、男性は、その「言うこと」が「聞かれること」によって「すべてが去勢されている」という「言われたもの」になり、それが男性を規定している。しかし、それはあくまでも「言われたもの」という象徴的なものの範囲内で規定されているのであって、その範囲は「去勢されていない」例外者がいるという存在判断によって保たれているにすぎない。ラカンが語った言葉は、性別化における規定されるものとされないものとの、また、すべてとすべてではないものとの対立を伺わせている。

　そこで、以上のことから問題になるのは、それぞれの性に適用される「すべて（普遍）」の観念であると言えよう。すなわち、男性の「すべて」と女性のそれであるが、男性のそれは象徴化されたもの（「言われたもの」）の「すべて」であって、女性のそれは象徴化されたもののそとにあるということになる。ところで、精神分析の立場では、実践的にも理論的にも、「すべて」を象徴化するのは不可能であり、全称は特称を含むことができない。そこで、四つの定言命題は、書き変えられなくてはならない。古典論理学では、全称は特称を含んでいるから、全称肯定の

「すべてのPはSである」が、特称肯定の「あるSはPである」と同じことになり、全称否定の「すべてのSはPでない」は、特称否定の「あるSはPでない」と等しくなる。しかし、その「すべて（普遍）」は、量的なもの（象徴化されたもの）には還元できない。その結果、女性の側の全称肯定の反対対当（全称否定）では、述語のPではなく主語のSが否定されて「すべてではない」となり、特称否定の小反対対当（特称肯定）は、語る存在としてあるSで、象徴化されていないものはないとなり、SとPがともに否定される。

　しかし、もう少し近づいてみると、男性の側の「すべてのSはPである」は、女性の側の「PでないSはない」と等しく、「あるSはPでない」は、女性の側の「PであるのはすべてのSではない」と同じことになり、それはその通りだと言わざるをえない。つまり、ラカンが定言命題の古典的な対応関係を書き変えて明らかにしたのは、命題から想像される意味にかかわる内容ではなく、両性のあいだにみられるものの言い方の違いなのである。だが、この違いは性別化の重要なポイントであって、看過することはできない。そして、その違いにたずさわるのが機能的なシニフィアンとしてのファルスであり、その表現がファルス関数（＝機能）の定式である。それゆえ、ファルスは、男性の側だけにかかわる機能ではなく、いわんや男性に所属するものではなく、語る存在の両性に等しくかかわっている。ただし、ファルスの機能によって、ひとがはじめに口を開き、語るのは男性の側からである。言いかえると、ランガージュによるひとの世界の象徴化は、男性の側の全称肯定命題（「すべてのSはPである」）からはじまる。精神分析では、「すべてのひとは去勢されている」である。

　男性の側は、その命題によって、ひとの象徴的な世界を区切り、そこに普遍の観念をもち込む。ところが、一方では同じ男性の側に、それとは矛盾する特称否定命題（「あるSはPでない」）が割り当てられる。精神分析では、「去勢されていないひとが存在する」である。二つの命題は、明らかに矛盾しており、古典論理学では、ともに真であることも偽

であることもできない。それゆえ、この世でひとを規定している三つの領域（象徴界、想像界、現実界）が、それぞれに自律的で、とくに矛盾した二つの命題からは、象徴界と想像界がどちらか一方に還元できないのが明らかになる。男性の側は、ファルスの機能によって対象aに向かい、自分を例外として想像する幻想に支えられながらも、その動きが袋小路の壁に出会って、そこでの象徴界に出ざるをえない。それが二つの命題となって表われるのである。そこで、それらの命題によって「言われたもの」になる「普遍」と「例外」は、論理（オルガノン＝道具）における両立不能性からなっていると言える。

　一方、女性の側におけるファルスは、そこでのものの言い方において、どのように働いているだろうか。女性は、はじめにはものを言わない。しかし、女性もランガージュの世界に生きて、男性とまったく同じ発話能力をもつからには、むろん口を開かなくてはならない。しかし、女性の「言うこと」は、男性の「言うこと」に応じて、それが「聞かれること」によって、それを否定する形で「言われたもの」になる。男性の側における真理の普遍性と例外の自己規定は、特称否定が表現する幻想によって矛盾的に支えられた全称肯定から始まるが、それは昔から言葉とひとの関係が考察されて以来、ひとが言葉のオルガノン（道具）を使ってものを言う始まりである（ラカンも、古典論理学の全称肯定と特称否定の二つの命題式は変更しない）。その面からみると、女性の側には普遍性も例外もない。つまり、そこで「言われたもの」には、それ自体のポジティヴな内容も自己規定もない。ファルスは、あくまでも男性のものの言い方に「否」を「言うこと」として働いているのである。

　ところで、ひとはだれでも、ランガージュを根幹とする象徴体系が根を下ろした世界に生まれる。そこはひとが生まれる以前からすでにあるところで、換言するなら、ランガージュが生みだした「言われたもの」がすでに集積されている世界である。ひとは、そこで身近な他人の言葉を真似て、くり返し、「言うこと」を始めるのである。ただし、それはたんなるオウム返しの模倣ではない。他人の言葉を聞き、それに答えな

がら、「言うこと」によって何かを訴えようとしているのである。

　精神分析は、創始された当初から、そもそもひとの性欲はランガージュによってかき乱されているので、その訴えにはきまって否定の表現をもってする答えがともなうと考えてきた。「否（ノン）と言う（dire que non）」、これは、ひとが「言うこと」を始めるやいなや、必然的にともなう一面である。しかし、それを表現する言い方には、両性において違いがある。すなわち、ランガージュによる性の惑乱に対して、両性の側から同じ否定表現の応答があるわけではない。ラカンが nianya という造語によって伝えているのは、「性関係は存在しない」についての、それぞれの側からする応答の違いである。

　既述したように、男性は、「否定する（nier）」の単純過去形 nia によって、すでに存在判断では自己の「例外」幻想からファルス関数の普遍性を否定しながら（$Ex・\overline{\Phi x}$）、述語判断においては、それを主張している（$\forall x・\Phi x$）。一方、女性は、述語判断において普遍性を否定しながら（$\overline{\forall x}・\Phi x$）、同時に存在判断においてファルス関数に支配されていないものの存在を否定している（$\overline{Ex・\overline{\Phi x}}$）。つまり、男性は、その幻想を過去の歴史に投影して、「言われたもの」を否定しながら、かつて去勢されていないものが存在していたのを肯定し、自分はその例外者に同一化して、その存在を除いたすべての普遍性を主張している。むろん、その「歴史」は実証しようがなく、つねに「神話」として表象されるのだが。女性は、言わば、より現実主義的であり、その存在判断から、現在において去勢されていないものの痕跡はない nya（「～がない、(il n'y a pas)」の現在形）としながら、男性の幻想を土台にした普遍性の主張に「否（ノン）」と答えるのである。

　ここで、両側の命題式から、男性の存在判断（$Ex・\overline{\Phi x}$）と女性のそれ（$\overline{Ex・\overline{\Phi x}}$）を比べてみると、男性の「去勢されていないものがいる」は、女性の「いない」によって否定され、男性の述語判断（$\forall x・\Phi x$）は女性の側（$\overline{\forall x}・\Phi x$）から、「すべてのものは去勢されている」が、「すべてではない」として否定されている。しかし、男性の述語判断と

女性の存在判断は、どちらもランガージュの世界においてはだれもが去勢されていると言っているので、その内容に変わりはない。女性が男性による「言われたもの」に背を向けて、「否（ノン）」と応答している相手は、男性の例外と普遍性を支えている幻想なのである。そこで、つまるところファルスの機能については同じことを言いながら、それぞれの言い方に違いが生じて、これが看過できない問題になる。むしろ、それは精神分析が取り組むべき根本の課題になっていると言えよう。

　ラカンは、両性の言い方の違いに関連して、本論から約半年後のセミネール（「アンコール」）で、性別化の命題式とともに、その内実をマテームの記号で記し、次のような図を掲げている。

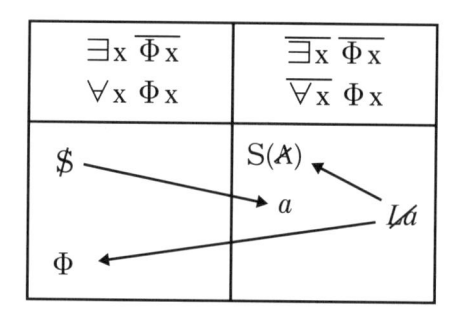

$\exists x \, \overline{\Phi x}$ $\forall x \, \Phi x$	$\overline{\exists x} \, \overline{\Phi x}$ $\overline{\forall x} \, \Phi x$
$\$$　　　　　→ a　Φ ←	$S(\bcancel{A})$ ← $\bcancel{L}a$

　図において、上方の命題式を成立させている両性の立場が、下方の記号によって記されている。矢印は、記号が向かう関係の方向を示している。

　左方の男性の側には、$\$$とファルスΦがある。$\$$は、ランガージュの世界で分割された主体を代理表象しているシニフィアンで、換言すると、性において壊乱され、その現実的な対象から引き離された主体である。ファルスΦは、そのような主体を象徴界で規定する機能をもったシニフィアンである。右方の女性の側にある三つの記号のなかで、$S(\bcancel{A})$におけるSは、まだ象徴界において分割されていない、言わば裸の主体のシニフィアンで、それが大他者の裂け目（$\bcancel{A}$）と直接に対面している。その裂け目は、大他者に欠けているもの、そこで不足しているものであ

る。女性にとって、去勢は、フロイトが述べているように、そもそも自分と母親（大他者）の現実的な身体におけるペニスの欠如から始まる。女性は、言わば現実的な主体として、大他者の欠如と向き合うのである。a は、対象 a で、男性の欲望の対象であり、それが矢印によって、女性の側に内蔵されているのを示している。

　フランス語の定冠詞（女性形）la は、それのついた単語の普遍的な性質を表わすことができる。La は、定冠詞に斜線を引いて女性におけるその働きを無効にしている。つまり、女性の側には、普遍性はないのを示している。そのわけは、男性における去勢の普遍性は、例外によって支えられ、ファルスの機能によって閉ざされているが、女性は、そのような普遍性のそとにあって、男性の「すべて」は、女性のそれではないからである。そこで、女性の欲望は、男性の側にあるファルスの象徴的な機能に向かうこともできるが、他方では大他者の欠如へ直接に向けられることもあるのを、La から引かれた二つの方向の矢印が示している。女性の欲望は、そのように両方向に向けられて、男性の例外と普遍を否定するのだが、かといって、その「否」は、ひとの去勢の普遍性そのものを否定しているわけではないのである。

　ディスクールにおいて見逃せないのは、両側の「言い方」の違いから生まれる意味作用であり、それがたどる道筋である。男性は、「例外」の存在を根拠にして、みずからの「すべて」の表象に普遍性を与えようとしているが、同時に、それに対して「否（ノン）」と言う女性の側に、みずからの存在の絶対的な条件である対象 a を見いだしている。しかし、男性にとって、欲望を生みだすその対象 a は、ファルスの機能から生まれる象徴的な対象ではありえながらも、つまりはこの世で一つになることのできない幻想的な領域の対象である。すなわち、ファルスの機能をめぐって、男性は「すべて」を主張しながら、自分はその「すべて」のなかにはいない。女性は、男性の「すべて」を否定しながら、「すべて」のなかにいないものはないと言う。ひとは日常の言語活動で、たいていは男性も女性も、すでに「言われたもの」を暗誦し、それをくり返して、

矛盾を気にかけない。そこで、ひとが言っていることの意味は、つねに宙吊りにされているのである。

　ランガージュの世界で、意味がつねに不安定で、落ち着くところがないのは、ひとがそこで意味−不在の性と、性−不在の意味のはざまにいるからである。ひとの欲望は、そこで最終的な落ち着きを見いだすことがない。それでも、ファルスは、その象徴的な機能によって、去勢と引きかえに、ひとの欲望を調整しようとする。その過程で、意味は、やがてそれが失われるまでのあいだ、ひとに与えられるのである。分析家は、そのさいに、意味が生まれるのを助ける役割を職務にしている。そのとき、無意識が、分析家と分析主体のあいだに生まれる。どちらも、相手の「言うこと」を「聞くこと」によって、それを「言われたもの」として受けとめ、みずからの「言うこと」については忘れるからである。ディスクールを進めるなかで、そのことは男性にとっても女性にとっても避けることはできない。無意識は、ひとがみずからの「言うこと」の意味を忘れているところから、その人の欲望を荷なった表象が、あらぬ言葉となって口にされることだと考えられているが、それはけっして突飛な言葉ではなく、通常の言語活動と同じように、あるいはそれ以上に、そのひとの「語る存在」を支えているのである。

再び、ディスクール

　ランガージュは、無意識の培地であり、ディスクールは、それがじっさいに現われる姿である。ひとが話すことによってお互いの社会的な絆を確かめる面を、とくにディスクールとして取りあげたのは、ラカンの精神分析の目立った特徴である。その絆には、広く社会的な慣習や習俗からはじまって、家族や階級などの社会体制や、道徳的、宗教的、政治的、経済的なあらゆる社会関係がふくまれている。無意識は、そうした社会的な絆の網の目から言葉となって現われるのである。ランガージュには、たんにいわゆるコミュニケーション（伝達）をしようとする面だ

けでなく、それによって何かをアピール（訴え）しようとする面がある。コミュニケーションは、意思や感情をふくむ情報を相手に伝えようとするので、つまりはそこで知（識）が問題になるが、訴えはそうではなく、それ以上に、言葉をかけた相手の側からの応答を求め、それを待っている。精神分析は、ランガージュにおける二つの面をはっきり区別して、訴えの方に目を向ける。ディスクールにおける社会的な絆は、そうしたランガージュにみる訴えと応答によって支えられていると同時に、そこからランガージュのどうにもならない欠損が生まれるのである。精神分析は、いつもその欠損に向かう対処法を実践的、理論的に探っている。

　ラカンが四つに煎じ詰めたディスクールのタイプは、どれも、そうしたランガージュの欠損を埋めようとする試みである。ディスクールの理論は、言葉を操るひとたちの社会現象に関する説明として、応用範囲が非常に広い根本理論であると思われる。そこで最後に、そのなかの分析者のディスクールの立場から、それぞれの特徴を一瞥しておこう。はじめに、四つのタイプのなかで分析者のディスクールに、何か理論上の特権的な地位が与えられているわけでないのを断わっておきたい。精神分析家は、立場上、分析者のディスクールを遂行するのが義務とされているが、それは、あくまでも諸タイプの一つであって、つねに輪舞のなかで移動をくり返す可能性をもっている。

　西欧の社会では、古代のギリシアから哲学者と呼ばれるひとたちの存在が認められ、そのディスクールが、ある社会的な役割をはたしてきた。そのような歴史のいきさつから、フロイトへの回帰を主張するラカンのディスクール論を、ランガージュに関するこれまでの常識から眺めるために、哲学者のディスクールと対比しようとする向きも少なくない。しかし、ラカンの理論には、哲学者のディスクールという特定のタイプがあるわけではなく、それは主人、ヒステリー者、大学人のいずれのタイプを実践することもできる。もちろん、ある哲学者が精神分析家となって、そのディスクールを実践することもできようが、あえて、いわゆる哲学者のディスクールを分析家のそれと区別してみると、分析者のディ

スクールと他のディスクールの違いが鮮明になるというわけである。

哲学者のディスクールは、言葉と存在（あるもの）との関係について語ることから始まった。そこから、当然、ひとが語ることと事物とが合致しているかどうかということが、すなわち「真理」が問題にされることになった。紀元前6、5世紀頃のパルメニデスは、ひとが「考えること」とそれが「あること」を最初に問題とした哲学者で、「あるものは一つ」、つまり思考と存在は一致するという文句を残した。それは空間と時間にかかわりのない「一なる存在」、すなわち「一者」において統合されているのである。それは、主人のディスクールにおけるシニフィアン S_1 であり、哲学者はそこから出発した。しかし、彼より一世代後のソクラテスは、ディスクールの歴史における最初のヒステリー者と目されているが、一者に対して「否」と言った。パルメニデスよ、あなたは自分が語っているということを忘れている、と。こうして、ソクラテスは、ヒステリー者のディスクールの動因 $\mathcal{S}$ から語り始めた。パルメニデスによって閉じられたディスクールを切断し、ふたたび開いたのである。そこへ、ソクラテスの弟子プラトンが登場し、師によって切断されたディスクールの裂け目を「イデア」によって塞ごうとした。もちろん、ヒステリー者は、たんに閉じたディスクールを開くだけではない。彼は大他者の欠如を埋めているかのようなシニフィアンを、新たなシニフィアンによって変えようとする。そのさいには、まず既存のディスクールは開かれなくてはならない。

以上のような主人と、ヒステリー者のディスクールに対して、大学人のそれは知（識） S_2 から出発する。分析者にとって、知は、そこに手がとどかないにもかかわらず、隠された真理として、そのディスクールを必然的に支えているのであるが、主人にとっては、それを目ざし、ヒステリー者にとってはディスクールの産出物として、いずれにおいても不可能と偶然の結果として生まれるものである。大学人は、そのような知を動因として、大他者と向き合い、それによって欲望の原因である対象 a を探ろうとする。しかし、対象 a は、それによって大他者と一つにな

ろうとするものではあるが、幻想による以外は表象もできない何かであるから、その探究の道筋を論理的、合理的、科学的などの、いかなる言葉で形容しても、つまりは紛い物に出会うだけである。知と欲望を繋ぐ道筋は、ランガージュの世界で見つけることはできない。大学人のディスクールは、そのことを教えている。しかし、それはどのディスクールにとっても本質的なことであり、それゆえに、ディスクールはどれも原理的に閉じたままでいることはできないのであって、短いときのあいだに移動と反復をくり返すのである。ちなみにアメリカでは、分析者のディスクールは、総じて大学人のディスクールとなり、日本では、哲学者のディスクールが、総じて大学人のディスクールとなっている。

　さて、ディスクールでは、「言うこと」が「言われたもの」になるのを避けることはできない。それとともに、どのタイプにおいても、ひとの「言うこと」をいつまでも「言われたもの」の伝達のなかに閉じ込めておこうとする動きがある。それによって、ある言語集団のなかで、あるディスクールを持続的に安定させ、堅固なものにしようとするのである。しかし、それが長く続くと、やがてひとの「言うこと」は、たんなる情報の伝達に還元され、そこから生まれる意味作用はきわめて限定されて、ひとの欲望は「言うこと」からますます遠ざかるだろう。そうなると、そこで拒否された欲望から生まれる症状は、動きのとれない状態となって、出口を見つけるのが難しくなる。精神分析家は、まずもってそのような状態にある分析主体を前にして、症状からの出口を探ろうとする。精神分析においても、むろんそのさいには先達によって「言われたもの」が既存の知となって、それを形式的に運用する解釈が、かえって症状を固定させることは、ふつうに起こっていることである。その場合、分析主体の「言うこと」は、慣習となった通常の意味作用のなかに閉じ込められる。つまり、その解釈には分析主体にとって、何の新しい意味もないのである。

　ラカンは、メビウスの帯を使って解釈を説明しているが、それによれば、解釈は帯の閉じた曲面を切断によって開き、それを分析主体がもう

いちど閉じることであり、その過程で、分析家の解釈から新しい意味が生まれるのである。メビウスの帯は、もとは表裏のない、開いたままの曲面で、そこでは「言うこと」が、いわばたんなる音声であるのが、いちど縁にそって切断されて、表裏のある閉じた曲面になる。それがランガージュの世界で象徴化された「言われたもの」であり、分析主体が最初に分析家に告げる情報である。分析家は、「言うこと」そのものには意味がないので、それが「言われたもの」となった情報から意味を読みとろうとする。しかし、それはメビウスの帯がすでにいちど切断されて、閉じた結果としての情報である。解釈はそのような情報を、もういちど切断して、それによって新しい意味が生まれるのに手を貸そうとするのである。

　意味は、分析家の分析主体に対する応答から生まれる。分析家は、分析主体に「そう言っているものの意味は何か」とは尋ねない。いつも相手に「そう言っていることの意味は何か」と尋ねながら、自分自身に対するその問いに応答しようとする。といっても、それによって相手の「言うこと」から、俗に言われるその「動機」を探ろうとしているわけではない。言葉の通常の意味は、何かの存在を前提にしており、動機は、その本質を狙っている。だが、言葉によって存在や本質が与えられるのは、もっぱら想像界の働きによっているのであり、それを象徴界の材料である言葉そのものと区別するのが、意味を考えるための前提である。しかし、分析家の解釈は、どんな話題でもひとの性欲に結びつけて、それに集中しすぎていると、あちらこちらでよく言われている。既得の知に頼った常套的、形式的な解釈が、性を特定の表象に結びつけて、その意味を戯画的に敷衍し、誇張している、と。この見方には、むろん理由がないわけではなく、フロイトの象徴解釈にも、それを助長する面があった。しかし、これは解釈についての、まるで反対の見方であるとも言える。

　「性関係は存在しない」。この文句は、いっとき意表を突いたが、いまではラカンの理論のキャッチフレーズの一つになっている。彼は、さら

に、性関係は書き込むことができない、あるいは、性関係は書かれないことをやめないと言う。書かれることは、文字を想定しており、そこから意味を探ることができる。性関係は、したがってその意味を探ることができないのであり、そのことから、性には意味がない、あるいは「意味不在の性」と言われるのである。ひとの想像界には、性をめぐるイメージが充満し、つねにめまぐるしく動いているが、性そのものに意味がないとは、それにまつわるあまたのイメージからいかなる確定的な意味を探ることもできない、すなわちいくら書いても、その書き込みは不完全だということである。

　分析家は、そのような「意味不在の性」に、どのように対処するのか。それは、むろんある類型的なイメージに特定の意味を与えることではないが、かといって、解釈は、意味にかかわるのをやめることはできない。性と意味を一つにすることはできず、「意味不在の性」と「性不在の意味」は、分離している。しかし、両者を想像的につないで、分析主体に何らかの新しい意味が生まれるのを見とどけようとするのが、精神分析の仕事である。その意味は、あくまでも個体としての分析主体にかかわるもので、社会慣習や既存の知が押しつけようとする意味ではない。分析主体は、集団の圧力とひとの欲望のあいだに生まれる苦境から、個体としてのいきさつをたどって、新しい意味への道を開いていく。その過程で、解釈が作りあげようとするのは、「性不在の意味」である。すなわち、性の現実界から離れて、意味の象徴界に向かう道である。意味は、象徴界と想像界の交わりから生まれる。想像界には、新しい意味の誕生にとっても大きな役目がある。現実界は、象徴界のそとにあって、それをランガージュの象徴的記号表現によって排除しようとする科学ではとらえようがない。それはしばしば想像界に現われて、そこで出会うことはできるが、書き込むことはできない。しかし、精神分析は、創始された当初から想像界の決定的な役割を認めており、その実践においても、象徴的記号（マテーム）と想像界とのかかわりをとおして、現実界に近づくことができると考えている。

以上のような、性から意味への道が一方向でないのは、すでに明らかだろう。そのことは、性別化の定式にみる、ひとの話し方における両側の表現上の矛盾がはっきり示している。そこのファルス関数とは、ひとが何を言っても、それはファルスとの関係をとおした表現になるという意味である。言いかえると、ファルスという特殊なシニフィアンは、その機能によって、ひとの話し方を性別化として実現させている。つまり、その働き方によって、社会的な絆としてのディスクールにおけるひとの話し方の違いを生んでいるということである。そして、その違いを生むファルスに与えられた役目は、「意味不在の性」を「性不在の意味」につなぐことである。

　ラカンは、「女性というものは存在しない」と言い、これもキャッチフレーズの一つであるが、ディスクールが生みだすひとの世界には、男性というものも現実的には存在しない。そこでは、男性と女性はともにシニフィアンとして現われるだけである。ところが、一方の側から、ひとは「すべて」をあらしめる例外者に同一化して、男性というものがあると言い出し、「言われたもの」に普遍性を与えようとする。そこで、ファルスは現実界と象徴界の板ばさみになって、二つの側を統合できず、その働きには終結もなくなるのである。また、ディスクールのなかで、シニフィアンは一義的な意味にたどり着くことはない。すなわち、そこでは真理が言われることはないのである。

　精神分析にとって、真理をそれとして言表することはできず、「言うこと」は、つねに「半ば‐言うこと」である。世界があると言うことによって、それを現実存在（実在）すると思わせるのは、ディスクールにおけるシニフィアンの断裂に目をふさぎ、言葉によって概念を作りあげようとする無意識のいとなみである。哲学者のディスクールは、そのような主人のディスクールから出発したとしても、それ以来、ヒステリー者のディスクールを迎えて、ひととランガージュのかかわりを語り続けてきた。それは分析者の隣人のディスクールであるが、やはり「すべて」についての思い込みから脱け出すことができないでいる。そこで、

分析者のディスクールは、実践において哲学者のそれと袂を分かたなくてはならないのである。
　性別化の定式で、女性の側では、存在判断においてファルスの機能に服していながらも、それがディスクールのなかで関係の普遍性を生むのを否定している。男性の側は、「すべて」が言われることを目ざしているが、女性は「すべてではない」と言うことによって、真理がつねに「半ば-言われたもの」だという立場をとっている。そこで、両側の動きは、開閉をくり返すトポロジーの運動に似ている。クロス・キャップは、どこまで行っても切断が完了しない、全体化の不可能な壁に沿った終わりのない運動を表わしている。それは一面において、「すべてではない」と「半ば-言うこと」の運動であるが、他面では、「言われたもの」が「すべて」を生みだすのをやめさせることはできない。ひとが「語る存在」としているあいだ、二つの側を一つの関係にまとめることは不可能である。それぞれの言い方は、そのままにくり返され、どのディスクールも、どちらかの側に編入させることはできない。ディスクールは、それらがひとつにならないまま、移動をくり返すのである。

　本書は、テキストとして、『シリセット』誌、第4号、スイユ社、1973年（*Scilicet*, No4, Seuil, 1973, Paris, p.5-52）を用い、『オートル・ゼクリ』（J. Lacan : *Autres Ecrits*, Seuil, 2001, Paris, p.449-495）を参照した。
　テキストの分量は、上記のように、どちらの版も50頁に満たない。だが、1966年の『エクリ』出版以後に書かれたものとしては、もっとも長文で、30年以上にわたる精神分析の経験と理論の到達点をコンパクトに伝えている。また、内容は、聴講生たちへの話から始められていて、全体に区切りや見出しはない。しかし、晦渋な文に表現された思索の中身は、きわめて密度が濃く、本書のとった形式（原文、大意、評釈）を念頭に置いて、あまり単調になるのを避け、三部に分けたことをお断り

しておきたい。第Ⅰ部は、アンリ・ルーセル病院の創立記念行事に参加して、そこで話したこと（ディスクール）を文字にした部分。第Ⅱ部は、そこから本論の前半に当たる部分まで。第Ⅲ部は、そこだけが引用符にかこまれ、スフィンクス（女性）が「お前（エディプス）」に直接話しかけている、本論のちょうど中央に当たるところから、最後までである。

本書の原稿は、ワードを打ちはじめてから、日本語で3万字近くになるたびに、40年ほど以前にパリ・フロイト派へ留学していた頃からの学友である市村卓彦氏と、30年ほど以前に医学生の頃から小生のゼミに出席され、その後も勉強会でずっと協力していただいた林行秀氏にメールで送付していた。市村氏は、途中で体調を崩されたが、林氏は、最後まで詳しく検討され、数多くの貴重なご意見を頂いた。また、制作にあたっては、前書の『ラカン『アンコール』解説』のときと同じく、せりか書房の船橋純一郎氏にお世話になり、たいへんな労を頂いた。諸氏に心から感謝を申し上げたい。

フロイト、ラカンの著作を除いて、直接に参考とした文献は、次のとおりである。

Chritian Fierens：Lecture de L'étourdit, Lacan 1972. L'Harmattan, 2002.

Christian Fierens：Le discours psychanalytique, une deuxieme lecture de L'étourdit de Lacan.érès, 2012.

A.Badiou, B.Cassin：Il n'y a pas de rapport sexuel, Deux lessons sur "L'étourdit" de Lacan. Fayard, 2010.

Marc Darmon：Essais sur la topologie lacanienne. Ed de L'Association, 1990.

Jeanne Granon-Lafont：La topologie ordinaire de Jacques Lacan. Point Hors Ligne, 1985（邦訳、『ラカンのトポロジー』、白揚社）.

Joël Dor：Introduction à la lecture de Lacan 2, La structure du sujet. Denoël, 1992.

Alain Juranville：Lacan et la philosophie. PUF, 1984（邦訳、『ラカンと哲学』、産業図書）.

Monique Davidc-Ménard：Les construction de l'universel. PUF, 1997（邦訳、『普遍の構築』、せりか書房）.

Pierre-Christophe Cathelineau：Lacan, Lecteur d'Aristote. L'Association Freudienne internationale, 1998.

Yan Pelissier：789 néologismes de Jacques Lacan. E.P.E.L, 2002.

Donis Lecuru：Thésaurus, volume I. Joël Dor：Thésaurus, volume II, E.P.E.L, 1994.

J. Laplanche, J-B.Pontalis：Vocabulaire de la psychanalyse. PUF, 1967（邦訳『精神分析用語辞典』、みすず書房）.

R. Chemama, B. Vandermersch, Dictionaire de la psychanalyse, Larousse.1998（邦訳『新版・精神分析事典』、弘文堂）.

Pierre Kaufmann：L'apport freudien, éléments pour une encyclopédie de la psychanalyse. Bordas, 1993（邦訳、『フロイト＆ラカン事典』弘文堂）.

E. Roudinesco, M. Plon：Dictionaire de la psychanalyse. Fayard, 1997.

2015年8月25日

執筆者紹介

佐々木孝次（ささき　たかつぐ）
1938年生まれ
著書　『母親・父親・掟』（せりか書房、1979年）、『ラカンの世界』（弘文堂、1984年）、『文字と見かけの国――バルトとラカンの「日本」』（太陽出版、2007年）、『「気」の精神分析』（2011年、せりか書房）、『ラカン『アンコール』解説』（共著、せりか書房、2013年）他。
訳書　J.ラカン『エクリ』Ⅰ,Ⅱ,Ⅲ（共訳、弘文堂、1972-1981年）、P.コフマン『フロイト＆ラカン事典』（監訳、弘文堂、1997年）、J.ラカン『無意識の形成物』上・下（共訳、岩波書店、2005-2006年）他。

ラカン「レトゥルディ」読解

2015年10月13日　第1刷発行

著　者　佐々木孝次
発行者　船橋純一郎
発行所　株式会社 せりか書房
　　　　〒101-0064　東京都千代田区猿楽町1-3-11 大津ビル1F
　　　　電話 03-3291-4676　振替 00150-6-143601
　　　　http://www.serica.co.jp
印　刷　シナノ書籍印刷株式会社
装　幀　工藤強勝

ⓒ 2015 Printed in Japan
ISBN 978-4-7967-0346-8

精神分析関連書

ラカン『アンコール』解説	佐々木孝次・林行秀・荒谷大輔・小長野航太	本体 4300 円
フロイト講義＜死の欲動＞を読む	小林敏明	本体 2,500 円
「気」の精神分析	佐々木孝次	本体 2,800 円
普遍の構築	モニク・ダヴィド＝メナール　川崎惣一 訳	本体 2,500 円
女の謎	サラ・コフマン　鈴木晶 訳	本体 2,800 円
ラカンと文学批評	パメラ・タイテル　市村卓彦・荻本芳信 訳	本体 3,200 円
フロイトかユンクか	エドワード・グローヴァー　岸田秀 訳	本体 2,500 円
無意識と精神分析	ジャン−ポール・シャリエ　岸田秀 訳	本体 1,300 円
ファシズムの大衆心理（上）	ヴィルヘルム・ライヒ　平田武靖 訳	本体 2,000 円
ファシズムの大衆心理（下）	ヴィルヘルム・ライヒ　平田武靖 訳	本体 1,800 円

せりか書房